【文史资料百部经典文库】

全国政协文史和学习委员会 编

HUIYI WANQINGGONGTINGSHENGHUO

回忆晚清宫廷生活

中国文史出版社

《百年中国记忆·文史资料百部经典文库》编辑委员会

出版说明

本书是由本会征集的有关清末宫廷生活的资料选编而成的。内容主要是反映这一时期清宫帝后及王公贵族的生活和彼此矛盾斗争的情况。

本会征集这些资料，开始于一九五九年，到一九六六年共收到来稿六十四篇，约四十五万字。现在本书从中选了二十七篇，计二十五万字。

本书所选的二十七篇文章，绝大多数都是清室或接近清室的人士撰写的，而且多系亲身见闻的第一手资料。内容详实具体，叙事生动活泼，具有一定的史料价值。

根据这些文章的不同内容，本书分为宫廷、内部矛盾、帝后、礼仪、太监、王府六部分，并一篇附录。现在出版本书，主要是供广大读者了解那时清宫贵族们穷奢极欲的生活方式，以及他们之间的矛盾斗争；同时也为国内外史学部门和个人提供研究资料。

在编选本书时，编者力求忠实于原文，并尽量保持原作的风格。除因重复而做了某些删节外，大多只做了文字上的加工。凡属见闻性的资料，都尽量予以保留。唯因编者水平所限，不妥之处，恳请作者和广大读者予以指正。

本书在选编过程中，得到了故宫博物院的同志很大帮助，新华通讯社申万起同志付出了辛勤的劳动，特在此致谢。

全国政协文史资料研究委员会

1982年6月

CONTENTS 目 录

目 录 CONTENTS

清宫回忆

溥　佳

我写的这篇回忆录，是从一九一九年我到宫中伴读时起，到一九二四年溥仪出宫时为止。在这五年中，我的任务虽说仅是陪伴溥仪读书，却也目睹了宫中的不少事件；现在把它写出来，目的是给愿意了解那时宫廷情况的人们，提供一些感性知识。只因事隔多年，一定会有不少错误，希望了解情况的同志加以纠正。

一、毓庆宫伴读英文

一九一九年，我到毓庆宫伴读的时候，清廷虽然早被推翻，民国成立已有八年之久了，但按着民国政府与清室签订的所谓“优待条件”的规定，溥仪在宫内仍然保持着他的“皇帝尊号”。因此，这个“小朝廷”对外虽不能再发号施令了，可是在紫禁城内，清王朝时代的一切旧制陈规和穷奢极欲的生活方式，并没有丝毫改动。紫禁城内外，照旧驻有大批护军和军队，森严气氛一如往昔。满、蒙王公和旧臣遗老以及活佛们，依旧进进出出，向高踞宫中的溥仪叩头礼拜，把他拱若神明。即使是北洋政府的一些高官显宦和封疆大吏，也总以得到“皇帝”的青睐为荣。每逢婚丧嫁娶，光弄到大总统的匾额还不过瘾，总要设法让溥仪也“赐”给一块，才觉得体面。当时，有位翰林把李白咏《上皇西巡南京歌》中的两句改为：“少帝清宫开紫极，双悬日月照乾坤”，却也反映了当时的这种怪现状[①]。

我在毓庆宫是伴溥仪读英文的。溥仪要学英文，首先是由李鸿章的第四子李经迈向我父亲载涛建议的。他认为，自张勋复辟失败以后，形势对于清室日益不利，恐溥仪不能久居宫中。应当趁此苟安时机，让溥仪学习英文和一些新的知识，日后一旦有变，或出国留学，或到海外作寓公，都是极为有益的。我父亲对李经迈的这个建议十分重视，因为他们早就有往来，我父亲到欧洲考察陆军时，李曾做过他的首席随员。辛亥革命后，李匿居上海租界内，每年还总要到北京来一次，一来就到我父亲处盘桓数日。因此，我父亲就把李的这个建议向我五伯载沣（溥仪之父）以及陈宝琛、朱益藩（溥仪的两位汉文师傅）提出；其间自然免不了遇到一些曲曲折折，但最后总算都同意了。太妃方面，也费了许多唇舌，后来虽未表示赞成，但也没加反对。于是，就把聘请英文师傅这件事交给我父亲来办理。

自辛亥革命以后，我父亲为避免北洋政府的注意，很少和外国人来往，就请李经迈代为介绍。李由于他父亲李鸿章的关系，自清末以来就和帝国主义，尤其是英帝国主义上层分子的关系极为密切；又因他精通英语，清廷每次向英国借款，都由他从中磋商。据说，每次借外债他所得的回扣，都在百万两以上，因此家资豪富。他家不但备有汽车数辆，还备有专用的轮船、汽艇。李经迈受我父亲之托，果然很快就请到了庄士敦做溥

① 这两句诗原文是：“少帝长安开紫极，双悬日月照乾坤。”

仪的英文师傅。

庄士敦是英国苏格兰人。他在牛津大学读书的时候，就专门研究东方古典文学和历史，毕业后先被派到香港任英国总督的私人秘书，后又被派到山东任威海卫殖民地行政长官。最初他只能讲广东话，到威海卫后北京的官话也说得很流利了。他曾经对我说过，他在青年时期就研究过中国的古典文学，到中国以后又读了不少佛家释典，感到东方的佛教理论要比基督教的圣经不知高深多少倍，从此对基督教非常鄙视，也不到教堂作礼拜了。他写过一本书，名为《大地众生成佛》；还和英国一个神甫经常通信，用佛教理论来驳斥圣经，后来也把他们的来往信札辑录成书。他为了研究佛家释典，曾到过我国不少名山古刹，向那些法师高僧探讨释典的妙谛。在政治方面，他还写了一本《威海卫》，我现在还存有一本。从这本书里，可以看出英帝国主义侵略中国的情况和他对殖民地的看法。不过这与本文无关，不再多叙。

庄士敦于一九一八年夏天来到北京，首先拜访了我父亲。当时，我们家里很少有外国人来访，我和弟、妹都偷偷地跑到客厅外边来看。恰巧，我父亲正同庄士敦从客厅出来，庄士敦把我叫到跟前，问了我几句话，就对我父亲说："我每天下午到宫里教英文，上午一个人在家也没有事，就叫他上午到我家学英文吧。"临走，还一再叮嘱我一定天天去，大概这也是向我父亲表示酬谢的意思吧。从此我每天上午就到安定门外张旺胡同庄士敦的家里去学英文了。

和庄士敦接触多了，我便逐渐感到他是一个性情非常孤僻的人。他住着一所有三十多个房间的大宅院，但除了一个管事的和看门的，就再也没有别人了。他曾对我说："我是一个独身主义者。按照我们欧洲人的习惯，结婚以后，就得殷勤地伺候妻子，一切行动都要受她的约束，实在麻烦。我现在有了这些书籍，它们就是我的妻子，能和我作无声地谈话，我也不必伺候它。"他所收藏的古今中外的书籍号称万卷。在他住的那五间大厅里，摆的全是由地板到顶棚的大书架。我看没有万卷，也有五六千卷。无论我什么时候到他那里，总是看见他坐在那张特制的书桌旁读书。

庄士敦对中国封建官僚的派头极为欣赏。他在家里或是拜访王公大臣时，总愿意人家称他“庄大人”。他的名片上用中文印着“庄士敦”，下面还印上“志道”。这是他的别号，非常喜欢人家称他“志道先生”。他每次和陈宝琛、朱益藩以及王公旧臣见面，也总爱学中国官场的样子，拱手为礼。

庄士敦对我们管教很严，凡是他不愿意做的事，从不教我们做；他不愿意见的人，也不叫我们去见。我记得一九二九年二月，庄士敦和我父子二人到上海看李经迈时，犹太人大资本家哈同夫妇请我们吃饭。庄士敦对犹太人本来就有些轻视，及看到哈同的妻子罗迦陵（广东人）那种傲慢的态度，以及管事人满手的钻石戒指，便说成是有意识地向他夸富，于是就用极其尖刻的语言来笑骂他们；哈同的妻子也反唇相讥，庄士敦就一怒而去。从此也不许我同他们往来了。我父亲常说，庄士敦是一个外国“书呆子”。

到了一九一九年春天，宫内传出消息，要在近支王公子弟中挑选一个伴读英文的。所谓“近支”子弟，就是皇帝的直系子孙。因同治、光绪两个皇帝都没有儿子，我和溥杰就是与溥仪最近的王公子弟了[①]，因此成了“竞选”的主要对象。按照亲疏和年龄而论，当然溥杰更为适当，可是把他的名字提上去以后，庄士敦却不同意。理由是我的英文已有相当基础，而溥杰必须从头学起，他感到太麻烦。为此，我五伯对我父亲还产生了误会，以为是我们托了庄士敦的人情了。这样僵持了多日，最后还是尊重了这位外国“帝师”的意见，我被“荣选”为溥仪的英文伴读。但为了敷衍一下我五伯的面子，又挑选溥杰做了汉文伴读。

溥仪为酬谢庄士敦教他英文，下了一道“上谕”，赏他“头品顶戴、毓庆宫行走、紫禁城内赏乘二人肩舆（即二人抬的一种小亮轿）”，月俸是银圆一千元。我被挑选为伴读后，溥仪也下了一道“上谕”，派在“内廷行走，伴读英文，赏在紫禁城内骑马”；另外，每月还赏月例八十两（一百余银圆）。我父亲接到这道“上谕”，立刻教给我朝见皇上的礼

① 溥仪、溥杰为兄弟，溥佳与溥仪为堂兄弟。

节，次日便带着我进宫去“谢恩”。一路上，我看见那些护军们一个个那样威严可怖，以及太监们那种诚惶诚恐的样了，心里跳得发慌。父亲领我先到尚书房，又到奏事处，不知经过了多少道手续，才到了养心殿朝见溥仪。我们侧身进入殿内，先向他请了一个跪安，接着又跪下，我父亲便说：“奴才带领溥佳叩谢皇上天恩！”然后这才把官帽摘下放在地上，以额触地，叩了三个头。溥仪那天穿的是袍褂，端坐在东暖阁的宝座上。我在恍惚之间，似乎听溥仪说了声“伊力”（满语，起来的意思），我们才戴好官帽，侧身退出来。之后，父亲又带着我分别到四位太妃那里去谢恩。待到这场“谢恩”戏表演结束时，我已汗流浃背了。

自我被“荣选”为伴读后，祖母等都说我有“造化”，亲友们纷纷前来道喜。其实，我看了宫里那些烦琐的礼节，森严的气氛以后，总觉得那样念书，确实和受罪没有什么两样；但是“君父之命”，是不可违抗的，过了几天，我就“走马上任”了。

溥仪读书的地方是在毓庆宫的西间，里边没有什么珍贵的陈设，摆的尽是书籍，靠北墙有一个大钟表，高度几乎与那墙相等。宫内有专门伺候溥仪读书的太监，还有伺候师傅的坦达（满语）、太监和匠役四五人。他们除伺候师傅们的茶饭等杂役外，几名匠役还得管理溥仪和师傅们的书写事务。这些匠役不光有较高的文化水平，而且擅长书法，凡溥仪赏人匾额或对联时，一般是师傅先把拟好的词句写在纸上，再由匠役们按笔画用针刺成小孔，撒上白粉；白粉漏在另一张纸上，溥仪就照那白粉的字形来描写。有时他认为是不甚重事的人物，就干脆全叫匠役们代笔。反正印上他那颗“宣统御笔之宝”的“玺”，受赏者也就心满意足了。

溥仪每天下午到达毓庆宫的时间都很准确。头一二年，他从养心殿到毓庆宫都是坐轿子；轿的围垫都用明黄缎子制成。明黄色是皇帝专用的颜色，其他任何人都不得妄用，否则就是“大逆不道”。就连后、妃也只能用杏黄色。在溥仪轿前大约六七十米的地方，有一个太监一路走，一路用嘴发出“哧、哧”的声音，叫作“打吃”。那时，只要一听到这种声音，凡在屋里的人都要停止说笑，在外边的人都要急忙躲藏起来；实在躲藏不及的，就得面向墙壁而立，以免“惊驾”。轿子前后，还有不少太监，有的负责护卫，有的挑着圆笼，内置茶水、点心等东西。

我每天进宫，都必须穿长袍马褂、戴官帽、穿靴子、腰间系上一根黄带子。那时在宫内当差的都留着长辫子，因我从来就没有留过辫子，我父亲就给我买了一条假辫子，挂在官帽上，害得我老是担心它掉下来。

我第一次进宫伴读那天，是和庄士敦一起去的。御前太监把我们引到毓庆宫，只见溥仪穿着长袍马褂，脑后拖着一条长长的辫子，站在八仙桌前，等庄士敦向他行过鞠躬礼后，他才坐下。据说，这就是皇帝的尊师之礼了。可我每天见他，总得给他请跪安，然后才坐在八仙桌旁开始读书。我与溥仪相对而坐，庄士敦坐在中间。我偷偷一抬眼，就看见溥仪那张没有一丝笑容的脸，我坐在那里就如同坐在针毡上一样难受，几乎连ABC都忘记了。心里只是盼着赶快下学，好容易盼到下学的时间，我就像野鸟出笼一样奔回家去了。

这种枯燥无味的读书方式，持续了将近一年之久，连庄士敦也感到很不好受了。为了使气氛轻松一些，他几次让我跟溥仪说些笑话；可我惶恐犹不暇，哪里还敢同他说笑话呢！庄士敦无法，只好自己讲一些外国故事和笑话，这样我俩才慢慢厮熟起来，我也敢和他说笑了。有一次，溥仪趁老师不注意，偷偷地用铅笔给我画了一张速写相，把我的脸画得圆圆的，递给我看；我也把他画成一个上宽下窄的长脸，偷空送给他。溥仪的速写确实不错，我还曾收集过一百多张。还有一次，我俩用脚在桌子下面打起来，开始庄士敦还不理会；渐渐打得激烈了，他不好对溥仪怎么样，就向我怒目而视，我们这才暂告“停战”。

庄士敦认为光教我们英文单词和会话，过于浅显，因而在我们读完《英文法程》初集后，就开始教我们读《伊索寓言》、《金河王》、《阿丽斯漫游奇遇记》，以及许多英文短篇故事和西洋历史、地理等。后来，又开始要我们用英文翻译《官话汇编》，没翻译一半，又改为翻译四书。庄士敦教我们读其他的书，往往没读完就又换新的书了；唯有对四书，他最喜欢，读的时间也最长。可是对于我来说，读这种书简直和受罪一样。

我们每隔两天就翻译一回四书，每次都是溥仪先译前一段，我再译下一段。溥仪古文基础较好，还能勉强译出来；轮到我译时，除了把“子曰”译成“Confucius said”之外，其他的就谁也看不懂了。因为我在家里虽也读过四书，而且能够学唱歌儿一样地背出来，但对其中的意思却总是茫然。记得我每次把译文送给师傅时，庄士敦气得总是红着脸，怒冲冲地给我修改。本来，这已使我够窘的了，可溥仪的脸上却还流露出得意和讪笑的神气，简直急得我要哭出来。庄士敦把这些情况告诉了我父亲；我父亲就给我想了个办法，就是请王府的老师把古文译成白话，然后再交给我译成英文。溥仪的笔译虽比我强，可是在英语会话方面，他就不如我了。因为我除了在宫中学习外，庄士敦还叫我到他家里去学，并且不准用汉语同他讲话；他还经常带着我到外国使馆和他的朋友家里，参加宴会、茶话会等。这样，我说英语的机会比溥仪多，所以在会话方面就比他略胜一筹了。

按照宫内向来的规矩，每月逢二放假休息，春节放假十天。节后开学，溥仪照例赏给师傅、伴读每人一套殿版书、一匣极为精致的古墨。端午、中秋两节，由懋勤殿出名，请我们吃一顿丰盛的酒席。夏天由初伏到末伏放假一个月，照例赏给每人祛暑药两匣、乾隆贡扇一把。冬至节前，每人赏一幅《九九消寒图》、一块宫内自制的硃砂墨。这幅消寒图有由九字组成的题词：“庭前垂柳珍重待春风”，据说是乾隆之作。每个字都用红笔双钩下来，装在木柜里，裱工极为精细。因每个字都是九画，从一九开始每日描写一笔，到九九八十一天正好描完。有的人还在每个字的笔画中，用朱笔勾出晴、阴、雪等日的天气。从一九二〇年起，庄士敦每年夏季都要去京西樱桃沟避暑。这块地方是内务府的官产，只是拨给他使用。庄士敦除在这个风景优美的山沟盖了一所住宅外，还修了一座小庙，取名为“五柳先生祠”。里边供着数十个牌位，其中除了五柳先生陶潜外，还有李白、杜甫、苏轼等我国著名的诗人和文学家，以及外国的荷马、莎士比亚等。庄士敦说，这些都是他所钦慕的中、外名人，每天烧香供茶。那时，因我在那里住了十几天，故略知其详。

一九二二年溥仪大婚之后，每天下午，在神武门内又增加了两乘二人肩舆。一乘是教溥仪之妻学英文的师盈女士（美国人，美以美会一个牧师的女儿）所坐，一个是教溥仪之妾的英文女教师（美国人，名字已忘）所坐。表面看来，他们学英文的兴趣颇浓，实则大部分时间都花在玩乐上了。

我在宫中伴读了五年，直到一九二四年溥仪被驱逐出宫，准备考中学的时候，才发现自己除了英文以外，其他课程都必须从头学起。在这五年中，我受到了只有亲、郡王或一品大员才能得到的种种“殊遇”，但是对于我的学业来说，大好时光就这样白白地消磨过去了。

二、我所见到的宫廷生活

清代宫中的祖宗家法虽然严厉，但由于我在那里伴读的时间长了，就和溥仪以及他的汉文伴读溥杰、毓崇逐渐厮熟起来；溥仪也时常叫我们到他所居住的养心殿去玩，有时甚至还在一起打闹。因此，对于那时宫廷的生活也渐渐地了解了。

清代的王府一向是竞相奢华的，可是要与宫里比起来，即使以我这个王公子弟的眼光来看，那也不知要差多少倍了。

一走进溥仪居住的养心殿（清朝历代皇帝都住在这里），我就感到那气魄确非一般王公府第所能比拟。从表面上看，殿内的陈设虽然不多，但一应家具，诸如几案、桌椅、橱柜等，尽是由紫檀等珍贵木材制成；一色淡黄色宫缎所做的垫褥，铺陈其上。随着节令的变化，还要随时更换，如夏天用葛布、夏布，冬季换上水獭、貂皮、海龙皮。在东暖阁的南窗与炕桌上，摆着两件唐代瓷器，记得溥仪告诉我，像这样的瓷器，就是在整个宫廷里也为数不多，真是稀世之珍。东北角还摆着一个刀架，架上插着一把刀。据说这是一把“宝刀”，当年康熙皇帝出征时曾经佩带过，刀上至今还遗留着血迹。至于殿中陈设的玉器、瓷器和书画等等，那就更多了。但我们最喜欢的还是那些带机器的玩意儿，如大八音盒和假鸟等。鸟笼全是用金丝编织而成，鸟儿也都是用黄金做的，上面涂以各种颜色，简直与真鸟无异。把发条上好以后，悬挂于殿廊之上，登时便会众鸟齐鸣，悠扬宛转，展翅摇翎，真令人有栩栩如生之感。

宫里除了有这么多珍宝供溥仪玩赏之外，还有许多太监供他役使。只要过了乾清门，进入所谓“内廷”，简直就像到了“太监世界”。据我所知，这时清宫尽管是太监最少的时候，但仍有八九百名之多。这些太监，除了有四百余名伺候四位太妃以外，其余都是直接或间接供溥仪驱使的。光养心殿一处，就有一百余名太监来照料他的日常生活。太监之中，地位最高的是“督领侍”张德安，二品顶戴，我们都称他为“谙达”（满语），溥仪对他也比较客气。他平时只是偶尔到养心殿来问一问溥仪的生活情况，实际管理养心殿事务的太监，是大总管阮进寿，花翎二品顶戴，派头很大；他出入宫内，也跟着几个太监专门伺候他。在溥仪身边伺候的太监叫“御前太监”，大约有五十多人，都是从太监中挑选的一些年轻、伶俐而又熟悉礼教的太监来充当的。他们穿的是绫罗绸缎，待遇也较高。另有几十名叫“殿上的”，穿的都是布衣布靴，只能在殿外听候御前太监的吩咐。我看见每逢开饭时，溥仪吩咐一声“传膳”，御前太监就照样向殿外高喊一声，殿上的太监便赶忙应一声“嗻”！真是堂上一呼，阶下百诺。上菜时，“殿上的”把菜饭送到东暖阁门外，然后再由御前太监摆到桌上，没有溥仪的吩咐，他们是不能随便进入东暖阁的。太监们见溥仪时，必须先向溥仪“打扦”，即右腿下屈，双手搭在左膝上；见毕仍须打扦，才能侧身而退。他们对溥仪连“皇上”也不敢称呼，只能呼“万岁爷”或“老爷子”。我初到宫内时，看了这些感到很奇怪，其实这不过是历代封建统治者为了保持自己“至高无上”的地位，所采取的一种手段罢了。

宫内的饮食也达到了穷奢极欲的程度。我初到养心殿时，溥仪曾叫我同他一起吃饭，宫中叫“同桌”。这也是皇帝对臣下一种了不起的“殊遇”，按规矩是要叩头谢恩的，不过溥仪嫌麻烦，以后就免了。溥仪用饭是在东暖阁，每餐的饭菜，总要摆三四张八仙桌。据说，皇帝每餐都有定制，辛亥革命后已有所削减，但菜还是有六七十种之多。这些都是御膳房做的，另外还有四位太妃送来的二十几种精致的家常菜。米饭有三四种，小菜有十几种，粥有五六种。在宫内流传着这样一句话："吃一看二眼观三"，大概就是形容饭菜多的意思。实际上也正是这样，尽管摆了这么多饭菜，但溥仪只是吃他面前的几样而已。后来，溥仪对这样豪华的"御膳"，也许是吃腻了，又经过朱益藩的介绍，把北京忠信堂的著名厨师郑大水叫到宫中给他做福建菜。

溥仪饮用的水，是每天远从西郊玉泉山运来的"玉泉水"。我每天下午下学，总要见到一辆毛驴拉的水车，上面插着一面小黄旗，慢慢地进入神武门内。据宫内的老太监们说，这辆水车还是乾隆时遗留下来的。当年，乾隆皇帝曾把北京市郊的泉水、井水全尝遍，并用称计量了水的轻重。最后，以玉泉山的水既甘而重，被评为第一。因此，后来皇帝们每天的用水，都要从玉泉山运来，直到溥仪出宫以前都是如此。老太监们还说，在辛亥革命以前，这辆插着黄旗的水车夜间通过西直门时，城门必须特别为它启闭（从清朝至民国十三年前后，北京各城门每晚十时关闭），并且要走在马路中央，就是王公大臣见了，也得给它让路，谁也不敢碰它一碰。辛亥革命以后，这辆车虽然不像当年那样"威风"了，可每到夜间，西直门还得专为它启闭。最可笑的是，军阀内战的时候，各城门关闭甚严，除了军人和外国人，任何人不许出入，可这辆插着黄旗的水车，照旧通行无阻。有人嘲笑它是一辆"外国水车"。

宫里设太医院，是专为皇上和后妃们看病的。太医院的医生称为"太医"，我经常看见溥仪叫太医来给他诊脉。起初，我还真以为他病了，后来我才知道，没有病也可以叫太医来诊脉，这叫作"请平安脉"。太医给溥仪诊脉时，还得跪在地上，诊毕即使没病，也要开一个药方，叫做"代茶引"。至于溥仪是否服用，那就不得而知了。

大概是一九二〇年前后，满、蒙王公们为了溥仪练习骑马的事，还特别开会研究了一番。他们一致认为，清朝历代皇帝都是"马上天子"，现今上正处春秋鼎盛之年，如果不会骑马，是有违祖制的。我五伯把这些意见向溥仪奏明，并取得他的同意后，即日派了一些人来筹备。总负责的是蒙古亲王那彦图，他是管理"上驷院"（掌管宫内马驼事务）的长官；同时派奉恩公载泽教给溥仪骑马的姿势。听我父亲说，载泽的骑术很平常，可是他的姿势却在王公中数第一。另外，还在王公中选派了八个“压马大臣”。

负责溥仪骑马的人定下来了，可是又在挑选“御马”时发生了困难。上驷院的马虽说有一百四五十匹，但百分之九十以上都是些老弱病残，有人讥讽上驷院都变成“养老院”了。其实，蒙古王公和活佛每年都要向“皇上”进贡许多马和骆驼，其中自然不乏良骥。据说，从光绪以来，因不再喜欢骑马了，上驷院无人过问，营私舞弊成了他们的家常便饭。据我所知，每次进贡的马匹在未牵进宫以前，上驷院的官员就把好马以高价卖了，然后再用低价买进劣马来顶替，并克扣马的草料费，从中大饱私囊。在这样的上驷院，还怎能挑选出好马来呢？最后，只好从马店里买来一匹小黑马，就算作溥仪的“御马”了。

这匹小黑马，配上宫内那些明黄的鞍具。看起来倒也富丽堂皇，可就是过于驯顺了，有时非用鞭子打着才肯走。然而即是这样一匹老实马，又有压马大臣跟随“护驾”，溥仪骑着还是害怕，没练多少日子，溥仪就不练了。结果，这次兴师动众的练马活动，就这样虎头蛇尾地结束了。

不过，溥仪这时也不是一点没有变化。随着年龄渐长，他多少也受到了一点新的影响。例如，那时他周围的人都还留着辫子，他见庄士敦常说辫子不好，又见我也没留辫子，就想把自己的辫子剪掉。大约是一九二〇年，尽管太妃和师傅们都苦苦劝阻，他还是自己亲手把它剪掉了。记得当时宫内没有理发的，就由我父亲到理发馆请人来，给他理了一个“学生头”。接着，溥杰、毓崇等也相继剪掉了辫子，只有陈、朱二位师傅还是把辫子留着，一直到死。

一九二一年夏天，溥仪见庄士敦穿了一双白帆布鞋，他也叫人买了一双，可是这又惹起了太妃和师傅们的不满。因为按着满族的规矩，向例是不准穿白鞋的，就是父母死了也不许穿，但溥仪不顾这些，还是坚持穿上了。还有戴眼镜，现在看起来是件极平常的事，宫中又从没有不准戴眼镜的规定。溥仪是近视眼，就叫精益眼镜公司给他配了一副戴上，结果在宫中也引起了纷纷议论，说是清朝历代皇帝都没有戴过，有违祖制等等，但溥仪还是把它戴上了。最初，他在典礼的时候还不敢戴，以后就经常戴了。后来我也配了一副戴上，但向溥仪及长辈们请安时，还得摘下来，否则就算“失仪”。我每天进宫穿什么衣服，事先都要看一下“忌辰单”（即清朝历代皇帝的死亡日期），每逢忌辰，必须穿蓝色长袍马褂，否则就要受到严厉申斥。后来，溥仪对这些事也不怎么在意了，我们也就随便了一些，不再那么担心了。

一九二〇年以后，溥仪从养心殿到毓庆宫读书时，不再每次都坐轿子了，我看见他时常步行，前面那个“打吃”的太监也不见了。

在我入宫伴读之初，宫里还有四位皇贵太妃，即敬懿、荣惠、庄和（都是同治的妃子）和端康（光绪的妃子）。因为溥仪是以“继承同治、兼祧光绪”的名义而当皇帝的，所以她们都是溥仪的母亲，故称“皇贵太妃”。

敬懿太妃住在太极殿。在四位太妃中，以她的年岁最长。我曾听母亲说过，敬懿的文化很高，西太后对她很器重。西太后死后，隆裕太后（光绪后）秉政，由于她过去对隆裕不免有些仗势欺人，因而在隆裕生前很不得意。她的言谈举止处处仿效慈禧，见她时可千万不要错了规矩，否则她会当面呵斥的。确实如我母亲所说，我每次去见她，她总是端坐在宝座之上，我给她叩了头，她才叫人临时放一把椅子叫我坐，可我又得给她谢恩。有时她还给我一杯茶喝，我还得给她谢恩。总之在她那里要不断地谢恩就是了。她面部表情严肃，说话总带着教训人的口气，而且一说起来就没个完，直到她说声“你下去吧”，我才敢退出来。最可笑的是，每逢我过生日向四位太妃叩头时，她们都说：“赏你面吃，下去吃吧。”起初我还信以为真，就问随行的太监：“主子都赏面吃，我怎么吃得了呀？”太监告诉我说，这不过是一句空话，等一会儿由首领太监向太妃说一声谢恩就是了。我这才明白，这顿面我虽说没吃，也要照样报销，这样太监们就能分些零钱花。宫内诸如此类的弊端，实在不胜枚举。

荣惠和庄和太妃分别住在重华宫与储秀宫。她二人的言谈举止极为相似，而且都笃信佛教。她们都体弱多病，每次我到她们那里，都见到她们那枯瘦而苍白的脸上，总带着一种无限忧伤的神气，没有一丝笑容，说话的声音细得几乎听不出来。她们在宫里虽然过着养尊处优的物质生活，但看了她们那种抑郁和衰病的样子，也使人觉得可怜。庄和太妃一九二一年就死了。荣惠太妃除了整日诵经念佛以外，还配制了几种药丸，供在菩萨像前诵经多日，才拿回来施舍给人，据说这样更增加了药的“神效”。凡王公大臣求她要药的她都给，我也代人向她要过两次，一次要的是一粒“金丹”，专治跌打损伤；另一次要的是“观音丹”，专治妇科病。据服用的人说，的确很有效。但这并不是因为烧香念佛的关系，而是宫里确实有许多秘方，又用了上等好药的缘故。

端康太妃住在永和宫。四宫太妃数她年轻，也开通一些。有两三次我下学时，她派太监叫我去吃“果桌”。所谓果桌，就是用牛奶和豆腐等制作的点心，如奶饽饽、奶乌塔、豌豆黄、栗子糕等等，做得非常精致，吃起来也非常可口。她见我爱吃，还让我带回不少。临行我给她谢恩，她总是说：“我这里不像敬懿主子那里那么些规矩，不必谢恩了。”我见她时，她也不像那三位太妃那样端坐在宝座上一动不动，有时并拉着我的手问长问短。有一次，她见我穿的衣服比较旧，还给我做了几件新衣服。

永和宫不但果桌做得最好，烹饪也颇出色。每逢她的生日，王公旧臣都喜欢吃她赏的那一顿饭。据太监说，这样的好饭她还不满意，经常派人到“天福号”买酱肘子供她吃早点。

溥仪和太妃们饮用的茶叶也特别讲究，味香汁浓而色淡，是“吴肇祥”茶店专为宫里熏制的，记得大约是四十两银子一斤。

永和宫的东配殿是我最感兴趣的地方。因为在这三间大殿里，无论桌椅几案与上面摆的瓶盘盆景，以及其他陈设，无一不镶有各种大小不同的钟表；而桌上所摆的座钟尤为可爱。钟内都装有花鸟、人物和音乐许多玩意儿。每当报时的时刻到来，小人翩翩起舞，小鸟展翅而鸣，使人眼花缭乱，真有“巧夺天工”之妙。

各太妃宫里，除有众多太监之外，还有数十名妈妈、宫女等，都是专供太妃一个人使用的。宫女都是从内务府三旗[①]的人家挑选来的，宫内叫

① 内务府三旗即正黄、镶黄、正白三旗，在内务府管辖下世代为皇室服役。

作选“秀女”。被选上的都要在宫内当差三年，然后才准回家；倘被“主子”所赏识，那就不知什么时候才能回家了。我记得每年春秋选宫女，就有成队的女孩子来应选，可是被选上的一分派到宫内，就再也见不到她们的影子了。原来她们都住在宫内的最后一排房子里，除了早晚伺候太妃们起居的时候以外，绝对不能到前殿来。这些穷苦旗人家的女孩子来到宫里，简直无异于在这里坐三年的监狱。

我到宫内伴读以后，常听说四位太妃宫里的珍贵文物被人盗卖，情况相当严重。一九二〇年夏天，太妃们照例要赏给王公大臣们扇子，由于缺少好扇骨，太监们建议，把宫里所存的旧扇子，撕去旧扇面，换上新扇面，再叫“如意馆”（掌管宫中书画事务）画上画；就算是太妃们的“御笔”，即可赏人了。有一个太监从这些被撕下来的大批团扇面中，拿了一个带出宫去，恰被琉璃厂的古玩商看到，就按废纸的价格，把宫里撕掉的内扇面全部买去。原来这些扇面，都是孟頫、倪元璐、仇英、唐寅等历代名画家的作品，使得古玩商大大地发了一笔财。

四太妃的宫中，只有庄和的储秀宫损失较少。因为她死得较早，人又拘谨；而其他三宫，不仅太妃本人常把古物让太监偷山去卖，而且还把大量珍贵的古物，偷运到她们的娘家去。例如永和宫的物品，大部分都被私运到端康太妃娘家兄弟志锜那里去了。志锜（后改姓唐）是当时京城有名的富户，直到日本投降后，还开着银号。其他两宫如何，也就可想而知了。

三、建福宫大火

一九二三年夏天，建福宫发生了一场大火，不仅把这一带数百年的宏伟建筑付之一炬，而且把宫内所藏的无数奇珍异宝，也全部烧毁。事后虽然拘押了几名太监，追查原因，但终因“查无实据”不了了之了。

建福宫一带包括静怡轩、延寿阁、慧曜楼、吉云楼、碧琳馆、妙莲花池、积翠亭、广生楼、凝辉楼、香云亭等，都位于故宫东路的东北角上。这些楼阁建筑都非常宏伟壮丽，里边除供有金佛、金塔，各种金质法器和藏文经版以外，还有清代九个皇帝的画像和行乐图，历代名人字画、古铜、古瓷等稀世珍宝。另外，在溥仪结婚前，为了修饰储秀、长寿两宫，把这两宫的珍玩也移过来不少。溥仪结婚时所收的全部礼品，也都储藏在这里。因此，里边的奇珍异宝堆积成山，是清宫存放珍宝最多的地方。

据我所了解的情况，失火的那天晚上，晴朗无风，天气很好；况且这里无人居住，只有该宫首领太监等七个太监负责看守，不大可能是由于自然的原因引起火灾。因为当时的内务府非常腐败，常与太监互相勾结，盗卖里边的古物，这次火灾，很可能是宫内太监监守自盗，为了消灭证据而故意纵火的。但是，如果要推本穷源，也不能完全归罪于太监，应该说是“上有好者，下必甚焉”。因为历代封建统治者所搜刮来的珍宝，不但在各宫里多得难以计数，而且在库内更是堆积如山。据我所知，这些珍宝虽有账簿可稽，但从来没有查点过一次，自我进宫伴读时起，就常听说太监们有小偷小摸的行为，只是还没有听说有大批丢失的情况。一九二一年以后，溥仪、溥杰和我有时把宫内收藏的珍本古籍和历代名人的书画偷运出宫，开始我们还自以为做得十分严密，其实太监与护军们早就知道了。那时，太妃们也常把珍贵物品交给心腹太监运出去变卖，或者偷回娘家去；当时北京的各个古玩铺，就不时发现宫内的古物。因此，这就影响到太监们的偷盗之风越来越严重。据我所知，从一九二二年以后，寿皇殿丢失了金钟两个，据说有百余斤之重，还有古铜陈设数十件；宁寿宫丢失金器、古铜、玉器数十件；重华宫荣惠太妃丢失了一万元。在这次失火之前，有几次还被护军所搜获。记得有一次我正下学，就看到护军把一个手拿旧椅子的太监拦住盘问，太监说是拿出去修理，但护军一检查，发现椅座下面还有一层木板，里面藏了几件金器。仅举以上数端，即可见当时宫内的盗窃之风，已经是相当厉害了。

这次失火的原因，除了上述远因以外，还有一个近因，这就是溥仪从结婚后，虽然每天依旧到毓庆宫读书，可是念书的时间越来越少，经常让我们陪着到各处游玩，玩厌了又叫太监把各宫收藏的古物搬来玩赏。有一次，我记得他让太监拿来一个能写“天下太平”的机器人和一个珐琅银质小盒，一按动机簧，就从盒内跳出一个小鸟来展翅而鸣。还有一次，抬来一张八仙桌，由桌面到桌腿全是大小抽屉和门，拉开之后，里面均放着各式各样的玉器和古铜，都是极为珍贵之品。

在建福宫起火的前些天，庄士敦还向溥仪建议，把清朝历代皇帝的画像和行乐图取出拍照。当时溥仪正苦于无所消遣，听此建议当然很高兴，于是庄士敦就和一家美国照相馆接洽，每天下午由一个美国摄影师到宫里拍照。这些画像都储藏在建福宫里，拍摄时就叫太监到建福宫去取，每天大约拍摄十来张。我记得有康熙、雍正、乾隆、同治的画像，还有康熙的射虎图、乾隆的行猎图等。其中尤以万国来朝图画得最为细密逼真，有许多穿着不同的外国人。行乐图中，有许多都是意大利画家郎世宁的手笔。

溥仪经常让太监到各宫去取古物来玩赏，太监们见了早就有些心虚；现在又拍摄这些画像，太监们有时竟取不来了。大概是那些监守自盗的太监眼看自己就要暴露，就不得不用火来消踪灭迹了。

六月二十七日晚九点多钟，建福宫突然起火。溥仪几次给我家打电话，适值我们全家都去看戏了。散戏时已近午夜，我们走到景山东街，就看到宫中火光冲天；父亲与我赶忙奔到宫中，只见溥仪正在万分焦急。他见了我们，就叫我父亲给王怀庆（时任京畿卫戍总司令）、薛之珩（警察总监）、聂宪藩（步军统领）打电话，请他们速派消防队来救火。当时宫内有一座小发电厂，专供宫内照明之用，怕引起更大的火灾，把各处的电源都切断了。这时宫内到处一片漆黑，使人更感到烈焰冲天、凶猛可怖。

不一会儿，王怀庆等带领不少军警来到宫内，并把全城的消防人员和消防器材几乎都带了进来，但因宫中既无自来水，又缺少水井，消防人员“英雄无用武之地”，只好看着大火到处蔓延。后来有人建议，吸取紫禁城外御河之水扑救，于是赶紧把所有的水龙都接到一起，这样水虽说被吸引过来了，但水龙只有这么一根，对于这样凶猛的大火来说，简直是杯水车薪，无济于事。眼看着大火由静怡轩，一直烧到延寿阁。延寿阁宏伟高大，倒塌时又把正在燃烧的椽梁倒在别的宫殿上，把周围的宫殿一齐燃烧起来，顿时化成一片火海。庭中数百年的参天松柏，也变成一棵棵的火树了。这样一直烧到二十八日凌晨二时许，意大利公使馆闻知宫内起火，也派了三十多名兵士赶来帮同救火。这些兵士身强力壮，消防技术也比较熟练。他们指挥大家拆除房屋，隔断火道，到七点多钟才逐渐把这场大火扑灭。但因余烬尚存，消防队又看守了两三天才撤出。这次大火，共烧毁房屋三四百间，损失的物品，除延寿阁里收藏的全部古物都被烧毁外，记得起来的还有：广生楼的全部藏文大藏经，吉云楼、凝辉楼的数千件大小金佛与金质法器等。据说，其中最宝贵的是金亭四座，都是钻石顶、景泰蓝座；还有敬慎斋所藏的明景泰年间（明代宗，公元一四五〇年至一四五七年）刻制的大藏经版数千块。中正殿雍正时制作的大金塔一座、全藏真经一部和历代名人书画等等，也在一夜之间付之一炬。

到了八月初，内务府从外面找了一百余人来清理火场，内务府大臣每天轮流到场监视，以防有人把烧残的金银带出宫去。每当清理火场的人出神武门时，也都要加以检查。那时，我也曾去看过几回，在残垣断壁之下，不时发现有未烧完的珍本书籍及大堆烧得毫无光泽的各种宝石，我都交给了溥仪。那些金佛、金塔等，俱被熊熊烈火熔化，有的成了碎块，有的化成金水流入土中，结成半土半金的板块。经内务府大臣绍英与溥仪商量，把炉房的工人叫到宫内，又把这些碎块重新熔化成纯金，一共化了三四百斤，然后拍卖给金店，作为这场火灾善后的开支。据说这些金块名义上是公开拍卖的，其实内务府的官员早已和大金店串通好，在拍卖中大发了一笔横财。

接着对那些救火有功人员进行了一次“论功行赏”，其中受赏最厚的当然是王怀庆、薛之珩等人。我还记得在养心殿摆了两张方桌，上面摆着翡翠小瓶和扳指、康熙五彩瓶盘、珐琅金表等，都是赏给他们二人的。北京市消防队赏了八万元；对救火的意大利兵士，除派绍英到使馆致谢外，还请他们吃了一顿饭，每人送给二百银圆。剩下的钱，因正值中秋节，宫里和内务府都在喊“穷”，就把余款大部开销在过节上了。

在庄士敦的倡议下，溥仪命人在这块废墟上修建了一个大网球场。听说在挖地基时，挖出了两三个长尺余穿盔甲的俑。这件事传到外面，就变成挖出了一副重逾百斤的金盔甲。我曾特地到现场看了看，那盔甲确实是用金属制成的，但究竟是何种金属，由于已被泥土腐蚀，已经看不清楚了。后来还找人了解过埋藏这俑人的原因，有人说是为了设坛诵经，埋俑人以作护坛之用；也有人说，是为了陷害某人，在俑身上写上他的名字和生辰年月，让喇嘛念经咒，即可置其人于死地。这和历史上所说的“巫蛊”之类的事，颇为相近。球场修好之后，我们几乎每天都到那里练习打网球，溥仪又买来好多辆自行车，在这里以赛车为乐。对于那场大火，他好像又忘在脑后了。

四、裁撤宫内太监

一九二三年七月十六日，溥仪裁撤了宫内的太监。当时这不但在宫内是一件了不得的大事，就是在北京也闹得满城风雨。裁撤太监距建福宫大火仅隔二十天，当然和大火有直接关系，但也有它的远因存在。

管理宫廷事务的机构，除了内务府之外，在宫内还设有四十八处太监，专门为皇帝和他的家族服务。例如敬事房、奏事处、懋勤殿、尚书房、南书房、四执库、尚乘轿、御茶房、御膳房、御药房、钦安殿、毓庆宫、做钟处等等。在这些机构中，除了茶、膳房的厨役、懋勤殿的匠役和做钟处的修理人员外，其他都是太监。西太后时代，宫内太监曾达三千多人；辛亥革命以后，人数逐渐减少，我到宫中伴读时，仍有八九百名。太监之中也分三六九等，地位最高的是总管四十八处的督领侍，其次是属于他管辖的九个总管。皇帝、皇后宫里还有自己的总管；太妃宫里不称总管，而称首领。在皇帝身边伺候的叫御前太监，在后妃身边伺候的叫小太监，在殿外做粗事的叫殿上的。御前太监和小太监穿的都是绸缎衣服，非常华丽讲究；殿上的太监按规矩则只准穿布衣布靴，就是有好衣服也不敢穿出来。

那些地位较高的太监，都带有浓厚的官气。我在宫内遇见他们，他们后面总是跟着四五个太监，分别拿着衣包、烟袋和水壶等物，随时伺候他们；有的还牵着两三只哈巴狗，供他们玩赏。尤其是伺候溥仪的大总管阮进寿，自以为是二品大员，更是官气十足。他的生活也极为阔绰，在家使奴唤婢，出门备有专用马车，养着好几匹快马，供他玩乐消遣。还有一个姓唐的掌案（名字已忘），曾用五百块银圆买了一只西藏产的大狗，专用一个太监喂养。这只狗大小几乎像一头小驴，全身都是虎皮花纹，脑门上还有一个“王”字。后来溥仪见了，便给要去了。据我所知，他们的俸禄并不甚高，最多也不过百余元，绝对不够他们那样挥霍。他们所以如此阔绰，是因为另有生财之道。辛亥革命以前，凡是有权势的王公大臣、封疆大吏，很少有不向他们请求通款的。我记得在民国初年，庆亲王奕劻死后，他的三个儿子载振、载搂、载抡请我父亲给他们分家，载搂因嫌分给他的现款太少，就对我父亲说：“辛亥前各方面所送的金银珠宝就不用提了，光是辛亥革命时，因为隆裕太后迟迟不发表《逊位诏书》，袁世凯为了恫吓她迅速发布，就向祖父和总管张兰德（即小德张）每人孝敬了三百万两银子，怎么才分配这么一点呢？”由此可见，接受贿赂，确实是那些权监的生财之道。辛亥革命以后，外边的贿赂是断绝了，可是内务府大臣和总管太监们仍然互相勾结，盗窃文物。宫里向银行抵押文物所得的回扣，也得分给他们一部分。每年宫里招年轻太监来补缺，新来的太监进宫时，照例要拜一个年纪大、地位高的太监做师傅，来学习宫内的规矩礼节。每逢节日，徒弟得向师傅送礼。送礼多的，提升就快；送礼少的，一辈子也别想抬头。这些都是太监们一笔不小的收入。有些老的太监，因为徒子徒孙多了，就形成一个个小集团，营私舞弊，相互包庇。记得宫内的好多处大烟馆与赌局，都由有地位的太监做保险，每天的保险费也是相当可观的。记得有一次，溥仪的大总管阮进寿、二总管陆某（名字忘记了）因为赌局的欠账发生口角，大吵大闹起来。御前太监报告了溥仪，溥仪亲往查看，见到屋内摆着烟灯、烟枪等物；又听到二人互相揭露设立赌局、烟馆、冒领官款等情，不禁勃然大怒，回到养心殿，拿来康熙用过的那把“宝刀”，照着阮进寿砍去，没有砍中。后来，革了阮进寿的二品顶戴，免去大总管职务；把陆某杖责了几十板子。

有权势地位的太监由于有以上种种额外进项，生活得都很富裕，有的甚至富盖王侯。但是大多数的穷太监们，每月薪俸不过十元左右，除了过节必须孝敬师傅以外，每天还要狂吸滥赌（宫内吸大烟的太监很多），到了穷极无聊的时候，只有偷窃宫内的物品来还债了。因此，宫内的盗窃之风愈来愈盛。这是溥仪要裁撤太监的远因。

但溥仪终于下决心裁撤太监，还受了庄士敦的一些影响。庄士敦一进宫教读，就对太监们那身装束——长袍、坎肩、搭包、脑后拖着一条辫子——很反感。太监们对他虽然也像对待陈宝琛那样十分恭敬，却反而惹得他十分不快；他认为他们那简直是奴颜婢膝。他曾不止一次地对溥仪和我说：“在今天的世界各国，大概只有紫禁城内还保留着中古时代的太监和发辫吧！”“我看了‘尤纳克’（Unuch，太监）的动作和那条猪尾巴（辫子），心里就感到厌恶。”有一次，旧历新年后的一天，有几个太监给庄士敦叩头拜年；这本来闹得他已经面红耳赤，不知所措，可这几个太监事后又托我向他讨“节赏”，结果庄士敦大发雷霆，大骂太监们“太讨厌了”！还对我说：“你告诉他们，我并没有叫他们给我叩头，我不能给他们钱！”而太监们对庄士敦，看起来好像十分恭顺，但实际上也很反感，常在背后骂他“洋鬼子师傅”。庄士敦对太监的这些看法，不能不影响到溥仪对太监的态度也逐渐发生了变化。

建福宫大火以后，从该宫首领黄进禄的口中，还审问出了太监们多次偷盗古物的事情，甚至连养心殿新换的总管邵兴禄也牵扯在内。同时，据消防队说，他们初到宫中救火时，还曾闻到煤油气味很大。溥仪听说，就更认为是看守自盗而故意放火了。因此，就更促使他下了裁撤太监的决心。

七月十六日中午，溥仪打电话叫我进宫，说是有事商议。我来到养心殿，溥仪就对我说：“今天我决定把宫内的太监全部裁撤，叫他们立刻出宫！”当时我感到这太突然了，就迟疑地对他说，一切全没准备好，这怎么行呢。他说：“你既然同意，我们为什么不赶快办呢？夜长梦多，迟了恐怕第二次火灾就要发生了！”说罢，我们便乘汽车直奔我五伯家里而去。

我五伯听说要裁撤太监，又惊讶，又着急，就以祖制不可违背的大道理劝了半天，溥仪仍不动摇，又命人把我父亲和内务府大臣绍英、耆龄找来。他们一到，溥仪就把预先写好的“将宫内太监全部裁撤，立即出宫”的一道谕旨，交给我父亲看；我父亲自然和我五伯意见一致。这时溥仪说：“宫里如果再发生第二次大火，谁敢负那个责任？”我父亲听了，默无一语，大家也都无话可说。这时溥仪一面命我父亲到宫内与三位太妃说明原委，一面命绍英、耆龄调集全部护军，把太监强送出宫。太妃们开始曾力争不可，后来知道溥仪已经降旨，也就无可奈何了；只是要求留下若干名太监，以供驱使。又经溥仪与我五伯等再三研究，最后决定除三位太妃、溥仪、淑妃这五个宫各留二十名太监外，其余全部裁撤。

由于绝大部分太监在北京没有家，若叫这数百名太监流落街头，未免有碍北京的治安。于是又把王怀庆、薛之珩找来，商量处置的办法。议定由内务府筹措一笔遣散费，北京有家或有亲朋投宿的，即刻携带行李出宫；实在无处投奔的，暂时住在地安门内大街雁翅楼内，待领到遣散费后，再各自回乡。

当晚，我父亲、绍英、耆龄等俱领命进宫，分头去办。溥仪、我五伯、溥杰和我，留在醇王府等候消息。

关于当晚遣散太监的情况，据事后耆龄对我说，当绍英把全体太监召集在乾清门内，宣读了溥仪的谕旨时，大家都非常恐慌和愤慨。因为这些太监，绝大部分都是河北沧县、河间一带的人，他们在宫中当了几十年的差，宫中就和他们的家差不多，也积攒了一些东西；如今限令在几小时内出去，叫他们投奔何处？以后怎么生活？所以有的惨号大哭，有的高声咒骂，情况极为悲惨。

晚九时许，得到绍英的报告，说是太监们除留下的以外，已全部出宫了，我们这才回到宫内。当走到神武门时，只见门口堆积的太监们的行李、物品，像一座小山；有的还在摸着黑找自己的东西。这时宫内一片漆黑，空无一人。像养心殿那样高大的宫殿里，只有两三名外随侍，燃着几支半明半暗的蜡烛，使人有置身于古庙之感。

次日，一切都显得杂乱无章。虽然临时调来了几名护军代替殿上太监的差事，但溥仪吃饭时，连摆桌盛饭的事也无人管了，只好由溥杰和我担当起来。另外，还从内务府调来若干名官员和数十名护军，看守各处宫殿。我父亲为了溥仪的安全，召集了全体王公，每天分两班，每班六七人，轮流在宫内值宿；溥杰和我每晚也住在养心殿里。以前曾听太监们讲过，每到深夜，就有身穿朝服的人在宫内走来走去，因此每到夜间，我就有些害怕起来。溥仪为了给我们壮胆，特地给了我一支手枪。这样大约过了一个多月，溥仪也感到许多不便，又叫回了一百多名太监，并增添了十余名外随侍，才逐渐恢复了正常的情况。

七月下旬，内务府筹妥了遣散费，就在雁翅楼里会同军警人员开始发放。综计这次裁撤的太监，共有七百多人，首领每人发二百元，一般太监发二十元。这些太监除北京有家的外，其余有的搬到了庙里，有的回到原籍；还有三百余人仍旧住在雁翅楼内。我每天到宫内经过这里时，总看见不少衣衫褴褛的太监在廊下生火做饭，极像逃荒的难民，其状颇为凄惨。后来军警怕他们引起火灾，屡次驱逐他们离开，直到一九二四年春，才先后散净。

原来以为太监裁撤以后，宫内的偷盗风就可以绝迹了，不料一九二四年春天，溥仪在养心殿里的一块大钻石还是丢了。紧接着，内库又丢失了珍珠、朝珠和玉镯，御药房丢失了朱砂和熊胆，四执库丢失了金银器皿和古铜器等等。所以裁撤太监的结果，并没有煞住盗风，只是由太监们的看守自盗，变成了护军们的看守自盗而已。

裁撤太监一事，在溥仪说来，起初未尝不是好事，但由于他把太监视为可以任意处置的奴隶，以致把裁撤太监变成了驱逐太监的暴行。此后太监们每谈及此事，都表示极大的怨恨。因而当一九二四年溥仪被驱逐出宫的时候，太监们无不拍手称快地说："这才是一报还一报呢！"

五、清宫的最后一年

从一九二三年秋天到一九二四年十一月溥仪出宫时为止，是我们在清宫度过的最后一年。此时，北洋政府正忙于表演曹锟贿选的那幕丑剧，无暇顾及清宫的事。溥仪便借此机会大有励精图治的意思，继裁撤太监之后，又大力整顿内务府，打算做到经费自给，就可以“天下太平”了。

一九二三年，溥仪先后命宝熙（满族宗室）、荣源（溥仪岳父）为内务府大臣。宝熙虽在古典文学方面颇有研究，但在政治上，只是一个腐儒式的官僚，遇事夸夸其谈，而结论必归于毫无办法。荣源则更不及宝熙。他原是一个地道的纨绔子弟出身，不但文化程度不高，社会经验也很不足，似乎还有一些轻微的精神病状态，遇事毫无主见，只知唯唯诺诺。这样的人，当然难以满足溥仪理想中所要求的那种“能臣治吏”。一九二四年，郑孝胥来到北京，溥仪便命他来整顿内务府。其实郑孝胥来京，并不是专门来投奔溥仪的，而是想趁北京混乱之机，捞上一把。但他的政治地位又很平常，一时想要爬上政治舞台，也很不容易，于是就和陈宝琛拉上了同乡关系，由陈引荐到了宫内。这对郑来说，不过是借水养鱼而已。最初，溥仪也只是派他为懋勤殿行走，可是又因他巧言善辩，遂获得溥仪的欢心。一九二四年三月，溥仪竟在一天之内连下了三道“上谕”，赏郑孝胥紫禁城骑马、加太子少保衔、任总管内务府大臣。郑孝胥得此“殊遇”，常常对人说：“深感皇上一日九迁之恩，一定要彻底整顿内务府！”未几，又命金梁（曾任奉天民政厅长）充任内务府大臣。这样，就使内务府大臣增至六名之多，还有两三名赏内务府大臣衔的不在其内，真是空前庞大的官僚机构了。

自郑、金任职以后，养心殿上经常可以看到他们所递的奏折。记得溥仪还叫我看过两次，内容不是整顿宫内财产，就是请皇上励精图治，恢复祖宗遗业等一类的话。郑孝胥在溥仪的支持下，还把他的同乡佟济煦拉进内务府，满以为这样就可以上下其手，大有油水可捞了。其实，郑完全不了解内务府的情况，那时的内务府，经常库空如洗，绍英、耆龄不断地喊穷，说是内廷开支一天比一天增加，使他们实在无法应付了，总想辞官回家。记得一九二四年夏，竟穷得连庄士敦的房租都无法支付了。房东屡催庄士敦搬家，内务府打算把宫内吉安所的房子加以修缮，叫庄士敦居住；可是尚未修出，溥仪就出宫了。至于拖欠下来的内务府官员的薪俸，更是无法计算。好在这些官员们大都是世代在此供职，不仅贪污的东西很多，而且还兼营商业，一般家资都很豪富，有的甚至凌驾于王公之上。因此，薪俸的有无，他们并不十分计较。郑孝胥初来乍到，不明就里，新官上任三把火，企图雷厉风行地革除弊端，但他督促的越严，上班的人就越少，渐渐地竟形成有官无兵的状态了。

后来郑了解到内务府的实际情况，就想从“节流”开始，减少开支。首先想把各处机构加以裁并，精减人员，可是宫内自裁撤太监后，人员并不多了。宫中的人听到这个消息，都非常恐慌，纷纷到我五伯和父亲处求情，说是再裁减就无人了。后经我五伯向溥仪说明，郑的计划未能实现。随后，郑又向溥仪呈递奏折，建议只把奉宸苑、武备院、上驷院、银、灯、皮三库等十余处裁减；在开支方面，把上赏、津贴等名目一律取消，所有薪俸均改为月薪。溥仪把这个奏折交给绍英等研究处理，绍英等认为，裁撤人员必须补发欠薪、发遣散费，目前库空如洗，实无法筹办。这个奏折的结果是“留中未批”。

郑孝胥碰了几个钉子以后，逐渐认识到，只是“节流”而不去“开源”，总是事事难以办到，于是又向溥仪建议，将内务府的官房租库裁撤，把房产、土地全部拍卖以充经费。可是又据绍英讲，内务府所管的房地产确实不少，在官房租库里，光契纸和租约就堆了三间库房，多少年来从没有人动它一动。辛亥革命后，经过十多年的变迁，有些土地已由北洋政府接管，盗卖的也不在少数。房产大部为铺面房，平时有交租的就收下，不交也不去催问。因为内务府也闹不清土地、房产在什么地方。更重要的是，郑是个汉族大臣，自绍英以下，对郑都持排斥态度，听说要清查财产，深恐把盗卖等情事暴露出来，因此便故意制造许多困难加以阻挠，使郑的开源计划也成为画饼。

郑孝胥仍不甘心失败，他又向溥仪建议，要把文渊阁所藏的《四库全书》运往上海，由商务印书馆影印，向国内外销售，可以获得一笔厚利，作为宫内经费。由于他与商务印书馆关系很密切，自然他也可以发一笔大财。不料，北洋政府得知了这个消息，首先是国会议员李燮阳等十余人致函内务部，请速制止清宫盗运古物。接着，总统府与国务院也致函内务府，禁止把《四库全书》运沪影印。同时，外边还盛传北洋政府对清室私运古物事已严加注意，拟派冯玉祥、李石曾等草拟保护清室古物的办法。在各方面的压力下，郑的这个计划又以失败而告终。

这期间，郑孝胥还提出要整顿颐和园，并向溥仪推荐，让庄士敦管理颐和园事宜，以便增加一笔收入。庄士敦很高兴担任这个职务，他到了颐和园，原也想要认真地整顿一番，但由于他对行政管理是个地地道道的外行，怎么能应付得了善于营私舞弊的那些旧官员呢？搞了一个时期，毫无成效，便也不再认真地搞下去了。他干脆从英国订购了两艘极精巧的游艇，在湖光山色之中尽情地游乐。在周末或星期天，还不断宴请友好，我也时常去参加。整顿的结果，竟把颐和园变成他的别墅了。

溥仪自以为有了郑、金这两个“左辅右弼”，什么事情都可以办好了，从此就更心满意得。一九二四年夏，他又在王公大臣和南书房行走中，选派了二十多个博学和能书善画的人，查点宫中的珍本书籍和历代名人书画。我还能回忆起来的有：载泽、载润、溥伒（溥雪斋）、绍英、耆龄、宝熙、郑孝胥、袁励准、温肃、王国维、景方昶和朱汝珍等。其实名为查点，实际上无非是在这些书画上，盖上一颗“宣统御览之宝”或“宣统鉴赏之宝”的印玺，以示崇尚文风，沽名钓誉而已。我时常看到这帮文人雅士，文质彬彬地步入书画房，中午吃罢御膳房给他们做的丰盛酒席，坐在清凉静寂的殿堂之内，尽情地欣赏历代名人真迹，真是悠闲自在。

这个时期，溥仪除了与溥杰、毓崇和我每天在一起外，还常把溥佺、润良、润麒等找来，陪他玩耍。溥仪幼居深宫，对宫外一切新事物一无所知，我们几个也知之不多。庄士敦到宫内后，我们常于读书之余，听他给我们讲英国“绅士”的生活情况，大家听得津津有味。庄士敦还把一些外国歌曲、音乐的唱片送给溥仪，溥仪十分欣赏。他一心学弹钢琴，叫人买了一架，可宫中无人会弹，庄士敦也只会弹一套送殡的曲子，于是溥杰后来便介绍了一位音乐教师，名叫关良，到宫内教授。每天下午，养心殿里总是琴声叮咚，可我们并没有学好。

在庄士敦的影响下，溥仪还订了数十种外国杂志和画报。看了画报上那些绅士们都牵着狗，他也买了很多，简直像放羊一样，让太监牵着在宫里溜来溜去。后来还给了我七八条。一九二四年春，又通过警犬研究所所长钱锡霖，以数千元重金从柏林买来一条受过训练的黑色警犬，名叫佛格。在运回来以前，溥仪先叫人把自己穿过的一件汗衫，送到柏林叫它闻；运回来以后，果然一下子就跑到了溥仪的身边。因它只能听德语，又把训练用的术语用汉字注明。溥仪对它非常喜爱，寸步不离。以后他到伪满当皇帝的时候，把它也带到了长春。

一九二三年九月，借端康太妃生日的机会，溥仪除叫富连成班到宫中演戏之外，还把曲艺演员焦德海、徐狗子、荣剑尘等人，叫来同台演出。他特别喜欢焦德海的相声，叫他演了好几场，赏洋二百元。一九二四年二月，又把韩秉谦、张敬扶叫来表演魔术、戏法，溥仪也很欣赏；还把韩的徒弟李兴华派为内廷外随侍，以后经常叫他表演。溥仪自己也买了变戏法的道具，经常练习。

这年春节过的与以往也大不一样。过去过年，宫里只是挂上一些春联，并无其他点缀，我们也从不到宫中去。可是这一次，溥仪非常有兴趣地买了大批各式各样的纱灯，悬挂在养心殿内外，还买了大批花炮。除夕之夜，溥仪把溥杰兄妹、我兄妹，以及他的妻妾的娘家人等，都叫到宫内赏花灯，放花炮，直到午夜方散。正月十三是溥仪的生日，到了晚上，我们这些人又齐集宫中，在养心殿内外，大摆筵宴；网球场上，搭起了大木架，燃放花炮。宫里人都说，自辛亥革命以来，宫里还没有这样热闹过。

虽然这样寻欢作乐，但是溥仪仍不满足。他又买了一辆汽车，时常乘车到我五伯和我家里。时间久了，觉得光在城内开来开去太乏味，又带领妻妾、内务府大臣、护军统领等到颐和园、香山等处游玩。北洋政府的军警机关听说溥仪出城游览，就由薛之珩、聂宪藩派军警随行保卫，一行二十余辆汽车，浩浩荡荡地从宫内出发。北京市民一见地安门的正门大开，就知道溥仪要出来了，都聚集在马路两旁，互相招呼着说“看过皇上喽”！这大概就是这个末代皇帝，在北京出的最后一次风头了。

在这一年里，到宫中来看溥仪的人也增多了。以前，大都是些王公大臣；现在，江亢虎、胡适等都到宫中来过。记得胡适会见了溥仪之后，庄士敦在“中英协会”为欢迎胡适而举办的晚会上，曾向胡适问起溥仪会见他的观感，由于庄士敦对人谈起溥仪时总是称“His majestiy”（陛下的意思），胡适也顺口答言地说了一句“His majestiy”，恰巧被一位记者听到了，翌日就在报纸上说胡适见了溥仪，受宠若惊，连呼“皇上”。这大概就是对胡适在见溥仪以前，曾对人表示绝不向溥仪叩头请安、不称呼皇上的一种讽刺吧。一九二四年四月，经庄士敦介绍，溥仪还接见了印度著名诗人泰戈尔和他的随行人员鹤谷（印度人），以及伊连赫尔（作家、英国人）、戈林（女记者、英国人），并在花园设宴招待。当时，这个“小朝廷”对于各方面的联系，比起以前显得十分活跃。

在同一个时期内，溥仪对于所谓“慈善事业”也大感兴趣。最初，凡在报纸上看到“因贫求助”的旗人请求救济，即派人送去捐款五元或十元。报纸上也常登载“宣统帝助某人若干元”的消息。后来，捐款的范围逐渐扩大，有一次，向当时的一个慈善团体“窝窝头会”捐助了一千元，并附亲笔信一封，署名宣统。我记得一次在看窝窝头会举办的义务演出时，他们还在正楼挂着一张很大的黄纸条，上书“宣统帝捐助一千元”的字样。当日本横滨发生大地震时，溥仪又给日本公使馆送去了古瓷和珍珠手串等物，表示“救灾恤邻”之意。据说这批古物价值二十万银圆，超过了北洋政府赠款的数额。当时的中、外报纸都把溥仪说成“大慈善家”。

北洋政府对溥仪这种“乐善好施”的举动，起初只认为不过是沽名钓誉，还不十分介意。后来看到溥仪捐款的范围愈来愈大，捐款的数额愈来愈多，特别是未通过自己的外交途径，即把大批古物送到日本使馆，便认为他别有用心，有意识地在国内外来提高自己的威信了。因此，对他动用宫中古物也就特别注意起来。

一九二四年九月，直奉战争爆发，不但北洋政府陷于混乱状态，就是“小朝廷”也呈现出乐极生悲的景象。十月二十日，端康太妃突然因病死去，灵柩移到慈宁宫，王公大臣照例穿孝、喇嘛照例念经。十月二十三日，我父亲和内务府大臣们正商量热热闹闹地大办丧事，不料第二日清晨，突然传来冯玉祥班师回京的消息，重要路口都被大军堵塞，宣布全市戒严。在这种情况下，丧事当然不能再办下去了，只好暂于慈宁宫“封灵”，待时局平静下来再办。但是，时局的变化对这个“小朝廷”越来越不利了。在曹锟被囚之后，据庄士敦、郑孝胥分别从英、日使馆得来的消息，都说冯玉祥要派兵到宫内逮捕溥仪，并没收各王公的财产。有的太监也说，被溥仪驱逐的太监们也到冯玉祥的司令部，控告溥仪盗卖宫内古物等事，使溥仪与王公大臣们，有惶惶不可终日之感。像载振与增崇那些朱门豪富之家，早已闻风避入东交民巷和天津的外国租界去了。我父亲为此几次召集王公、帝师、旧臣开会，商量应付的办法。会上，他们不是愁眉苦脸，一言不发，就是夸夸其谈，不得要领，每次会议的结果，总是说先看看风头，听听消息再说吧。就这样听听看看，拖到了十一月五日，真是晴天霹雳一声，由鹿钟麟、张壁、李石曾率领的军队包围了皇宫，把溥仪妻妾和敬懿、荣惠两太妃驱逐出宫。从此，不仅永远结束了溥仪在紫禁城的皇帝生活，也永远结束了封建王朝的残余统治。

（一九六四年）

清宫会亲见闻

溥　杰

从一九一六年到一九二四年溥仪被赶出清宫以前，我曾多次跟随我祖母和母亲，到宫中去会见溥仪与四位太妃（当时宫中称为“会亲”）；其间并到宫中陪伴溥仪读书。因此，对那时这个早已名存实亡的“小朝廷”的腐朽生活以及彼此间钩心斗角、争权夺利的斗争，有所了解。兹录之于后，以备参考。

破清宫二百年的祖宗家法

清代皇宫中的所谓“会亲”，本来是指皇后以下宫眷的亲属被召入宫中会见亲人而言。至于皇帝无所谓会亲，因为清朝的历代皇帝，差不多都是父死子继，不可能有住在宫廷外面的直系亲眷。清代倒数第二个皇帝载湉（光绪）虽由醇王府入宫，以弟继兄当了皇帝，但慈安、慈禧两太后便成了他有抚育之责的正式母亲。而光绪的生母——醇贤亲王奕譞的嫡妻叶赫那拉氏，这时已退居臣下，不仅断无进宫去摆母亲架子的可能，而且就连去和儿子见一见面，也是为清朝二百余年的祖宗家法所不容许的。因此载湉一入宫门，便成了他们母子的生离死别。

可是，为什么这时竟打破了二百多年的祖宗家法，召我们进宫去会亲呢？一来因为这时清朝的统治已被民国所代替，二来也是宫廷内部矛盾斗争的结果。当时，在宫中担任母育溥仪的一共有四位太妃，即同治皇帝载淳的瑜妃（敬懿皇贵太妃）、珣妃（庄和皇贵太妃）、瑨妃（荣惠皇贵太妃）和光绪皇帝载湉的瑾妃（端康皇贵太妃）。她们为了拉拢溥仪，不断发生摩擦和斗争。那时，瑜妃住在太极殿，溥仪住在长春宫，二人相距最近。瑜妃很想利用这种“地利”之便，逐渐影响溥仪，来加强自己在其他三宫中的地位，于是就提出让我祖母、母亲和我及长妹韫媖，进宫去会见溥仪。我们就是在这种情况下，被召进宫去会亲的。

当时，像我们这样的会亲，在所有会亲中是等级最高的。因为我的祖母、母亲是溥仪的亲祖母和亲生母，既可以堂堂正正地与皇帝来往，又可以出入四位太妃的宫院，受到全宫中的特殊接待。次一级的会亲便是太妃们的亲属，当时宫中称为“丹阐家”（满语，即娘家）。因为他们只是在某一太妃的接待下入宫的，所以进宫“作客”的范围，只能局限在某一太妃的“势力范围”之内。列居末等的会亲就是宫女们会见亲人了。因为她们大抵从十三四岁即被挑选入宫当差，非到二十岁以后不能“放出”回家，不像妈妈（仆妇）、太监们那样，还可以请假外出。所以每年春秋二季，也允许她们的父母等人，入宫探望一次。但相见的地点只能在御花园中的一个地方，还有管理她们的太监在旁边监视。因此，她们只能抱着敢怨而不敢言的心情，和亲人见一次面而已。这与其说是“会亲”，倒不如说是“探监”更来得合适。

亲人相见相对无言

一九一六年，也就是在我十岁那年春季的一天，我家忽听说“瑜主”（清例称妃为“主子”，如瑜妃便称“瑜主”）派了人来，宣我们进宫去会亲。因为事出突然，祖母刘佳氏便连忙叫我母亲瓜尔佳氏去商议。当时，我记得她们的神色都非常紧张。祖母对我母亲说：“听说太极殿瑜主派了人来，叫我们入宫会亲，这回可真见着（指溥仪）了……”说罢眼圈就红了。我母亲虽不像祖母那样，但也显得很忙乱，赶紧命我和我长妹到廊外去恭迎“天使”，他们则在室中肃立鹄候。少时，这位“天使”便在我家的首领太监牛祥的陪同下，正颜肃目地走进来。我定睛一看，原来这位“天使”，就是过去侍候过我的贴身小太监刘得顺（这时改名刘三顺）。只见他头戴金顶，身穿袍褂，慢慢地走进了我祖母所住的“信果堂”，神气十足地站在堂屋中央的方桌东侧；我祖母、母亲赶紧领着我们兄妹，先对着方桌望空给太妃请安，然后半向左转退到桌子两侧依次而立。这时，刘得顺才打着官腔说：“主子问老福晋、福晋好，传老福晋、福晋带着溥杰阿哥、韫媖大格格于某日某时进宫会亲！”说罢将太妃所赐的“尺头”（成匹的绸缎）、玉佩、荷包等物，由我家的太监摆到桌上，我们又向北望空磕了三个头谢恩。这位“天使”才恢复了太监的身份，向我们依次跪地请安；复说了一回闲话，如进宫时可带几个妈妈、几名太监、住多少天，以及太妃准备赐给我花翎，入宫前要准备好等等，详详细细地交代了一遍，又逐个向我们请安而出。我们兄妹仍把他送到南廊尽头，才算礼毕如仪。

我们家按着“天使”的交代，整整准备了两三天，即按指定的时日出府进宫。

那天，我祖母、母亲每人乘了一顶八人抬的大轿，我和长妹分别与看妈坐在两辆震得脑浆发疼的大转车内，跟在后面。祖母、母亲都头梳“两把头”（旗人妇女发式），身穿蟒袍，胸挂朝珠；我穿戴上红顶官帽、蓝袍青褂和小黑缎官靴；妹妹虽无官服，也穿上满身锦绣的旗袍和坎肩。一行人在太监和王府官员们的前呼后拥之下，来到了神武门。这时，除轿子仍可继续前进外，所有从人都须下马步行；及至到了划分外廷与内廷界限的苍震门，王府的官员便不能前进了，只许妈妈、太监继续跟着。此时，我们都换乘了由宫中太监所抬的二人肩舆，所有照料等事也由太妃派来的太监负责了；王府跟来的妈妈、太监只能跟在后面。我们坐着肩舆经过御花园、太极殿来到长春宫，即到西配殿等候召见。

我们刚坐下来休息，刘得顺就对我母亲说：少时太妃宣布赏赐我花翎时，我须“碰头谢恩”，并问我会不会碰头。我大声回答说：“我不会碰头，可是翎子我已带来了！”刘听了连忙笑着拦阻我说：“二爷，您先别嚷，翎子还没赏给你呢！”我母亲也笑了，同时瞪了我一眼，我遂不敢再多嘴。刘又接着说：听到太妃赏戴花翎时，我须立即跪在地上，摘下官帽放在右膝的右前方，再把脑门接触地面三次，然后戴上帽子再磕三个头，这就是“碰头谢恩”。至于太监们的碰头谢恩，则经常是猛碰地面，而且不只三次；而是连碰不已。所以他们碰头之后，额头上经常可以看到碰得红肿的“鹅包”来。

少时太监来唤，我们便跟着进入体元殿，向端坐在南窗炕上，头戴昆邱帽、身穿古色古香长袍的敬懿太妃磕了三个头请安，接着献上贡物（八盘点心）；只听太妃和蔼地说了一声“你们辛苦了”，就有一个太监取出一个小方盘，内置玉佩和绿玉戒指，太监把戒指递给祖母、母亲，又将玉佩挂在我兄妹襟前的第二个纽扣上。我们又磕了三个头谢恩，太妃这才说：“坐下吧！”我们才分别坐在临时摆下的四个椅子上。至于她们谈了些什么话，我早已忘记了，只记得太妃呼祖母为老福晋，我母亲为福晋，以及祖母一提到溥仪就流泪而已。

谈了些时，太妃说：“皇帝请安来了，老福晋下去歇歇去吧！”于是太监把我们又领到适才歇息的地方，所有在旁侍立的宫女也忙退了出来。太妃之所以让我们都避开，是因为溥仪虽然是我母亲的亲儿子，但也不能在太妃面前向祖母等行“家礼”，所以只有避之之一法。至于宫女们避去，那是出于男女之间须“防微杜渐”的缘故。

等了不到十分钟的工夫，太监即把我们领到院中。这时，只见体元殿的后宫门一开，一大群顶翎官服的太监簇拥着一个和我差不多岁数的小孩子走了出来，到了我祖母面前，一名太监忙放下一块黄色拜垫，溥仪就在上面给祖母、母亲各请了一个跪安；我们也跪在砖地上向他请了安。此时，我祖母几乎哭出声来，母亲也茫然地呆在那里；溥仪站着也显得很拘促。在此之前，溥仪对于我来说，只是一个模糊的概念。因为平时在家受了太监等的影响，总称溥仪为“皇上哥哥”，自己也为有这样一个哥哥而高兴，但又总觉得所谓皇帝，应该是一个头戴冠冕、身穿大袖黄袍、五绺长髯的威武形象。而今天在我面前的皇帝，却是一个穿着长袍马褂的小孩子，这不禁使我感到意外，也感到新奇。这时，幸亏专负“调护圣躬”之责的大总管太监张谦和打破了这种僵局。他看到大家都呆呆地站着，就笑着对祖母、母亲说：“奴才万岁爷（意思是奴才的万岁爷）平常老惦记着老福晋和福晋，多少年不见有些认生，过一两天熟了就好了。”于是，大家在他的提议下，一同来到我祖母住的长春宫西配殿，祖母、母亲和溥仪对面坐着，我和长妹则侍立一旁，规规矩矩，不言不笑。他们随便谈了不到十分钟，这场别离七年始得相逢的一幕便过去了。

宫中“主子”们的奢侈生活

会见溥仪以后，太妃又把我们叫到体元殿内“同桌”，我们到了殿内，只见一个太监跪地对太妃说：“老爷子进吃的！”于是就有许多穿蓝布袍子的太监，在殿中的堂屋里先摆下两个餐桌，又接上一个长腿方桌，然后把覆有银盖的碗盘一个个摆到桌上；桌子东头摆上宝座式的雕木椅，沿着餐桌每边各放了两把普通椅子。这时忽又听得摆饭的太监高喊了一声“碗盖”，霎时所有碗盘上的银盖全部被取了下来，置于空提盒内由太监提走。登时，各种香味便汇集成一种难以形容的酒肉气味儿，逐渐飘散开来，较之醇王府内过年过节的那些山珍海味，真有“小巫见大巫”之概。此时，太监又跪在地上回禀：“吃的摆齐了！”太妃这才坐到雕木椅上。太监接着对我祖母说：“赐您同桌！”我们又跪地给太妃磕了三个头。谢罢“同桌”之恩，太妃才说：“往后‘同桌’，就不必谢恩了。”我们始敢坐下吃饭。刘得顺不断地给我们搛菜。吃饭之前，祖母、母亲曾嘱咐我和长妹不许乱搛菜，只能吃自己面前的东西。可是这时不用自己用箸，盘里的菜就堆满了，散发出一种大杂烩的味道。

大家正吃之间，忽见一个头戴镍白顶的太监进来跪在地上，如同背书一样地向太妃说：“奴才万岁爷进（即吃了）了一碗金银米、半个馒头、一碗玉米糁粥……进得香（即吃得好）。”后来才知道，这个太监是溥仪那里的带班太监白禄。溥仪每次用膳后，必须由两个带班的太监轮流到四位太妃处报告用餐的情况。这就是表示太妃们对溥仪尽了母亲“哺育之责”的一种表现。

吃完了饭，我们先退到殿中两端的山水屏风后面，就有太监端来漱口盂、热手巾把，让我们漱口、擦手，并拿来装在小银盒内的盐炒槟榔、豆蔻等，供我们饭后噙在口中帮助消化之用。

太妃吃罢即坐在东边南炕上，宫女、太监们将她的漱口盂、牙刷等准备好，即纷纷退出来，由太妃自己一个人在里面漱口、洗假牙。这时，太监又悄悄地关照我们兄妹，不要朝那边看，因为太妃最不愿意让别人看见她的假牙。

进宫的第二天，我们照例坐上肩舆给其他三位太妃去请安，也照例要有“进奉”（四盒点心或水果）和“回赏”（衣料、古玩等）；每处至多待上二十多分钟，便在太妃们“你们休息去吧”的逐客令下，告辞而出。

会亲期间，我们大约是每天六时起床，梳洗吃早点。早点是每人一大盘烧饼、一大盘甜油果和碱油果（油条）；菜有酱肉、熏鸡、香肠、小肚与各种酱菜；还有糖煮的莲子、百合、白扁豆，一碗汤或热汤面条。吃完换上官服，到我母亲的房间请早安，候其梳洗后再到我祖母处请早安；然后再俟祖母装扮好，一同到太妃处请安。这样请安完毕，大约就到了吃午饭的时刻，照例是与太妃“同桌”，之后便陪着太妃在殿中或到御花园散步。所谓殿中散步，就是太妃居中间，宫女、太监列两边，从东到西，再从西到东地且走且谈。之后太妃就坐下来同我祖母等闲谈，我们则被带到殿中两侧屏风后面，叫太监给我们放唱片。大约到了三点多钟，陪着太妃食果盒（干鲜果品、蜜饯、糕点），吃罢太妃即回室昼寝，我们也回去睡午觉。五时左右，照例是溥仪来访，在祖母处谈十几分钟的话，便带我们兄妹到养心殿去玩。此时溥仪白天在养心殿玩，晚上回长春宫住，后来便移住养心殿，把长春宫让给淑妃居住。我们每到溥仪处，就把在祖母处的严规肃矩丢诸脑后，有说有笑地玩起来。当然，我们对溥仪玩是玩，礼仍得礼，该请安时请安，该磕头时磕头。玩完了照例是同溥仪“同桌”吃晚饭，吃完到了八点多钟，大总管张谦和或溥仪的看妈、乳母（看妈为李妈、张妈，乳母是王二嫫，在宫中被改为连福、连禄、连寿）告诉我们可以回去了，溥仪就照例说一声“休息去吧”，我们就由太妃派来的太监带回她那里。此时，太妃多半还在和祖母等闲坐说话，有时也让会唱京剧的小太监夏三寿学名演员杨小楼唱《水帘洞》，或看太监们出洋相，供大家消遣。到了九十点钟，又在太妃“你们休息去吧”的一声令下，回到自己的房间睡觉。

会亲结束，我们临出宫回府以前，照例还要到各宫太妃处去辞行。不过这时已不呈“进奉”而光得赏赐。我记得这次会亲，除大人每人有四件衣料、二百两白银，小孩二件衣料、一百两白银的固定赏赐外，还赏了不少古玩玉器；随来的看妈、太监每人也有几两银子的赏钱。当然，我们对宫内的太监、宫女、妈妈等，须同样照赏不误。不过总的来说，我们所得到的东西，大大超过了赏出去的东西。据说，这也是帝后对于臣下的一种“厚往而薄来，所以怀诸侯也”的恩典。

我们出宫的那天，溥仪又来到祖母、母亲处见了一面。我祖母照例掉下了眼泪，我兄妹因早就受到“临别必须垂涕”的教导，就用手指醮着唾沫抹了抹眼角；不料竟被我母亲看见，回家把我们申斥了一顿。

太妃之间的矛盾斗争

宫中的四位太妃，瑜妃称珣妃为“姑姑”；珣妃等皆群呼瑜妃为“三姐”，瑨妃为“九姐”，瑾妃为“胖妹妹”。从这些称呼来看，她们好像都很和睦，但是事实上，她们却在围绕着争取溥仪这个问题上，存在着激烈的矛盾斗争。

四宫太妃分为两个派别。一派是同治的妃子，即瑜、珣、瑨三妃；一派是光绪的瑾妃。这两派由于地位相同，又都负有母育溥仪之责，都想把溥仪拉到自己一边来，以便将来好登上“太后”的宝座。因此她们开始从有沟有墙，发展到形如水火。例如，瑜妃处有一个叫戴庆喜的小太监，曾是侍候她多年的人，尤其是在庚子年间，以及她后来因与隆裕失和被迁居西宫时，戴曾尽过扈从维护之劳。有一天，瑜妃来访瑾妃，戴到瑾妃的大总管刘承平处闲谈，适被瑜妃的大总管卢金山瞥见。次日瑜妃便向戴指桑骂槐地说：“真有这样的人，吃着刘秀的饭，却替王莽做事！”跟着，又唆使二总管王某，当着她的面诬戴“没有规矩”，戴一争辩，瑜妃便责她“不服管教”，随即贬入“地方”（专司打扫职责之处的太监），永不叙用。其实，不过是作了她们矛盾斗争的牺牲品而已。

瑜妃看来待人和气，但很有笼络人的手腕。为了拉拢溥仪，她很重用负责“调护”溥仪的大总管张谦和。一天溥仪的看妈张连禄和太监“胖子”打架——这在宫中是一件极为严重的大事。瑜妃本欲驱逐他们出宫，又怕溥仪难以离舍，得罪了溥仪。她正在为难之时，张谦和说：“有奴才在，料也无妨！”瑜妃就对他大加嘉奖。张谦和对瑜妃也很感恩戴德。一次我正在溥仪处，忽然带班太监刘延寿慌慌张张地来对张谦和说："我到太极殿主子处，将万岁爷送的果盒呈上去了，不料重华宫的主子也在那里坐着，这多不好！"而张则指挥若定地吩咐说："不要紧，赶快也把一份果盒送到重华宫，也说是万岁爷叫送去的就行了。"从这里也可以看出，瑜妃和溥仪的关系以及张谦和在里边所起的作用。由于瑜妃会拉拢人，就连我祖母、母亲也觉得瑜妃处处可亲，珣、瑨二妃平平常常；而瑾妃确是不得人心。本来这也难怪，瑜、珣、瑨三妃既同属一派，珣、瑨二妃又老实，瑜妃想拉拢溥仪，于自己也不无好处，自然不会同瑜妃发生矛盾。可是瑾妃与瑜妃派别既异，又对将来的太后，怀着"舍我其谁"的野心，当然对于瑜妃就很不满意了。又见我们和瑜妃接近，也就把对瑜妃的不满流露在我们身上。她对我们不仅态度非常冷淡，一次过年时，还居然给我母亲以难堪。当时我虽不知道具体情况，但从我母亲对她的唠叨和太监们的私语中，我已知道瑾妃确实对我们很不满。

可是到我十三岁的时候，瑾妃也忽然派人来，宣我们进宫去会亲了。这突如其来的变化，使我们很感意外。我还记得我母亲听了，曾对我祖母说："这真是冷锅里冒热气了！"但既是太妃宣召，哪里能够拒绝，只好遵命进宫，住在瑾妃的永和宫里。可是当我们于次日到太极殿给瑜妃请安时，她的脸上就露出不悦之色。她嘴里虽说："这是出于你们主子的好意，好在哪里都一样"，可以后就不怎么召我们去会亲了。

此后，瑾妃召我们会亲的次数就多了起来。诚如我母亲所言，确是"冷锅里冒了热气"，她对我们的态度居然全都变了。每次到她那里，不但饮食供应处处超过了瑜妃，还一度表示要认我三妹韫颖[①]为义女（后未认）；每天并派专人给我家送两笼饭菜。她知道我好收藏鼻烟壶，就经常赏赐给我。

后来，她以我祖母年纪大为理由，会亲时就不再让她去了，只是让我母亲单独去，并允许带上我和我三个同母生的妹妹。从此她不仅和我母

---

① 作者在《醇亲王府的生活》一文中写作"韫颢"。

亲的关系一天天密切起来，就连她的大总管刘承平和我母亲的亲信太监张金，也搞得火热。原来，她们是通过这两个太监，利用步军统领衙门左翼总兵袁得亮，曾是我外祖父荣禄的旧部的关系，竟和奉系的一些人勾结起来，想借用奉系的力量来搞复辟，以便自己独占“母权”，坐上太后“宝座”。当时因我年幼，虽不知道他们勾结的具体情况，但也看出一些蛛丝马迹来。如从张金同我母亲的谈话中，经常听到奉天、张作霖等等这样一些名字，我母亲也经常同瑾妃密谈到深夜。有一次，听说奉系于冲汉的儿子于静远，还曾悄悄地到宫中来过，由刘承平负责接待，并在刘的住所吃到了瑾妃赏的丰盛佳肴，临走时瑾妃还有赏赐。也是在他们的策划下，张勋的女儿还几乎和我定亲，只是因为“命相不合”才作罢；但瑾妃就立将自己最宠爱的二侄女和我配了婚。有一次，我因看到瑾妃与我母亲的来往异乎寻常，曾问我母亲：“您和端康主子商议什么秘密事？”她说：“现在你还小，等你长大了就会明白的。”言罢颇露得意之色。可是却没想到，我母亲竟因此走上了自杀之路。

事情是这样逐渐发展起来的：

溥仪十五岁那年，因受他的英语教师庄士敦的影响，很想买些舶来品装饰时髦，就命李延年、李长安两个御前小太监给他买了些洋袜子之类的东西。不料瑾妃闻知，却认为违犯了“祖宗家法”，立命我父亲载沣进宫，大加申斥。那时，我们恰好又在那里会亲，亲眼看到父亲被申斥后面色苍白、颓然退出去的情景；还听到那两个小太监挨打时的竹板声和号叫声（每人被打了二百板子，也罚在“地方”当差）。接着，瑾妃又把溥仪叫来，亲自训诫了一通；我母亲则在一旁敲边鼓，使这时的溥仪，确有当年光绪的狼狈处境。瑾妃为了控制溥仪，每日还将自己的亲信太监派去“伺候”他。其实，这与其说是去“当差”，倒不如说去“监视”更合乎事实。

不过，这时终究与西太后的时代不同了；同时，又有势均力敌的三位太妃俨然存在，瑾妃要想再做翻版的西太后就困难了。就这样大约过了一年的“风云酝酿”时期，溥仪终于在帝师陈宝琛的支持下，借着瑾妃斥革太医范一梅为借口，到瑾妃处大吵大闹。瑾妃召集了王公大臣来压制溥仪，但由于这时既无恭亲王奕䜣那样的忠于“母后”的人，又无荣禄、袁世凯那样的忠实走狗，结果这次“宫中会议”，只好在王公大臣的抹稀泥和溥仪针锋相对地还击之下，草草收场，毫无结果。不仅如此，听说溥仪事后也把这班人马找来，大喊大叫了一通。在这种情况下，瑾妃深感自己力薄势单，终于从“太后梦”中醒来，从此消沉下去了。而我母亲也在这种情况下，觉得既对不起瑾妃，又认为已无法再使溥仪就范，就给我写了一封遗书，吞生鸦片、白酒自杀了。

（一九六三年）

晚清见闻琐记

溥雪斋　述　溥　杰　记

慈禧太后一天的生活

在光绪三十年甲辰（一九〇四年）慈禧太后办七十正寿时，我曾被召入宫中“会亲”留宿约一个月。那时我所亲眼看到的慈禧太后在颐和园每天的生活，概略是这样的：

每晨按定时起床（宫中叫作“请驾”），起床后为梳洗时间，这时各处的供差太监等，皆鹄候着太后梳洗。梳洗完毕后，室内太监喊“打帘子”，专供开帘的“殿上太监”便应声将帘子打开。这时鹄立等候的太监等跪满殿内和庭中，同时高呼“老祖宗吉祥”，真是一呼百应，大有声震屋瓦之概。太后走出外屋，先批阅各处的奏折，看完即到仁寿殿传见臣工，当时叫作“见起”，又称为“叫军机”。接见之后回到乐寿堂住处“传膳”（吃饭），吃饭后照例要“进果盒”，即吃干鲜水果、点心之类。吃完果盒照例出去散步一次，经常好在长廊上漫步，由宫眷、太监、宫女等簇拥跟随，准备太后随时乘坐的小轿等也在后随行。散步后回寝宫歇午觉，睡醒有时到听鹂馆绘画消遣。这时，由“如意馆”（宫中画苑）的人跪地手托颜料碟等伺候着，照例还有一位云南女画家缪嘉惠在旁“指点”。所谓“指点”，如太后说：“这仙鹤腿画不好。”缪嘉惠便须恭恭敬敬地画出仙鹤腿的样子来。有时不画画，命把太医院的大夫叫来，但这并非为看病，而是唤他们来跪在地上朗读四书——如《论语》之类，太后在旁听着。还有时一高兴，命把“咱们本家儿的叫来”（当时呼宫中太监戏班之语），于是太监便开始“髦儿排”，即不上装的清唱。照例还有“内廷供奉”（即当时有名演员如谭鑫培、王愣仙、杨小楼、大李七（李寿山）、陈德霖、龚云甫、十三旦（侯俊山）、王瑶卿、王凤卿、朱素云、钱金福、王长林等，皆经常召入宫中供差）当场指导。观剧后“进晚膳”，用饭毕还要摆上果桌、果盒等。太后这时不一定吃，身旁的宫眷等却要随着大吃一顿。晚饭后到仁寿殿写大字，如四尺的福寿字等。写完几幅之后，照例还有一顿夜宵（宫中叫作“灯果”），如酱肉、小肚、烧饼、粥之类。有时还令太医院作灯谜。有一次，太后对于太医院所作的“踏雪寻梅”打药品“款冬花”的灯谜，大加赞赏。

非等太后入了“寝宫”，宫中是不能静下来的。慈禧太后一天的生活概况就是这样。

皇帝出门时的情形

当皇帝定好某日外出，头二日侍卫处即知会扈从人员：皇帝某月某日某时将赴何处。担任扈从者照例是由御前大臣到乾清门各等侍卫。

有典礼——如祭天坛、太庙等时，皇帝照例乘礼轿，这时较平时出行要隆重得多。当皇帝到定刻从内廷出来之前，先由奏事官将皇帝佩刀捧出月华门，高呼“刀下来了！”不出几分钟皇帝就会出来。这时由御前大臣扶侍皇帝上轿。在有典礼时，还有十名前引大臣为前导，我即曾当过这种“差使”。皇帝轿出太和门外，扈从人等各自上马，前引大臣在轿前分两行五对为前趋。御前大臣例由满、蒙王公充当，人员无定数，骑马随在轿后。最后为纛，归带纛大臣率领。其后方有十名豹尾枪人员，满语呼为“阿呼鲁”，领豹尾枪的为领侍卫内大臣，为武官中最高级者，正一品，位在总督之上。执豹尾枪人在马鞍右前方装有铁圈，置枪其上，便于保执。豹尾枪后为头、二、三等侍卫和各王府的护卫等。

光绪中、末叶，开始用军队警卫，皇帝所经之路（当时呼为“御路”），两旁皆布岗置哨，端枪外向。以慈禧太后赴颐和园为例，即由姜桂题所领的毅军任保卫之责。

我记得在开始使用军队时，曾有人上书反对，主要的理由是：兵士端枪如临大敌地面对皇帝的“子民”，于观瞻上有碍。

队列的最前方，有专人“报二里”，当时就呼作“报二里”，就是说皇帝距此有二里。其后为“传筹”，共分五筹。头、二、三筹皆大声报筹，至第五筹改用小声报。传筹后方为“打吃”，即在皇帝前，喝道使人肃静回避，口中发出“吃——”音，所以叫作“打吃”。皇帝在宫中行动时，亦经常如此，照例由“敬事房”太监担任。

在当时，总称这种队列为“模因”，即皇帝一行的队列之意。

清朝宗室王公概况

清制所谓“显爵”有五，即亲王、郡王、贝勒、贝子、公。公爵有镇国公和辅国公之分，辅国公又有入八分、不入八分之别。

“八分”就是八样标志，即朱轮（红车轮）、紫缰（乘马用紫色缰绳）、宝石顶（一品用珊瑚顶，宝石在珊瑚之上）、双眼花翎、牛角灯、茶搭子（盛热水用，略同现今之暖壶）、马坐褥和门钉（府门上铜钉）。

王爵有“功封”和“恩封”两种。功封即因功而封，如清初以来的八家世袭罔替王爵。恩封即降袭爵位，如皇子分封亲王，逐代降一等袭爵至镇国公为止不再降，成为世袭罔替；郡王降袭至辅国公；贝勒降袭至八分镇国公；贝子降袭至八分辅国公；镇国公降袭至镇国将军，辅国公降袭至辅国将军。

据礼亲王所撰《啸亭杂录》，对于清代王公降袭次第，曾有这样释明：

“国初宗臣贵位统名贝勒。崇德元年，定亲王、郡王、贝勒、贝子、镇国、辅国二公皆冠宝石顶，以补服、翎眼为差次，统名曰‘入八分王公’，盖即九锡意也。其‘不入八分公’以及镇国、辅国将军皆冠珊瑚顶。奉国将军视武臣正三品，奉恩将军视武职正四品，秩皆与流官同。旧例亲王嫡子封郡王，郡王以下嫡子皆递降一等受封。亲王众子封辅国公，亲王庶子封辅国将军。郡王以下递降同。……康熙中，以俸糈繁众，改亲王无论嫡子，众子皆封未入八分辅国公，郡王以下递为减等而考以翻译、马、步箭，三者皆优，然后授以本职，否则递相降等授爵。其亲王、郡王皆世袭罔替，贝勒以下皆降袭至辅国公然后世袭，而辅国公又无复降袭之例，其未入八分辅国公以下，皆降至奉恩将军世袭罔替，无论军功，恩封皆一例。……”

到了乾隆时代，又特定区分军功、恩封的制度。从此，世袭罔替和降袭才有了明显区别。

公以下的将军，虽亦分为镇国将军、辅国将军、奉国将军、奉恩将军四等，但是职而不是爵。

将军的由来，大抵为亲王的次子以下，凡年到十八岁，大约皆能得这种职封，当时称为“应封宗室”。用考试制度，即考试满、汉文和马、步箭，择成绩优秀者授封。未考中者，俟翌年再应考。

已受封爵的亦须受考，规定十岁考步箭，十六岁考马箭；对成绩优秀的奖以绫缎等物。

将军以下有“小世职”，如轻车都尉、骑都尉、云骑尉、恩骑尉等皆为世袭，这些人多为阵亡者的后裔。

再关于固山贝子，多罗郡王、贝勒与和硕亲王的意义：“固山”即旗，“多罗”为一角，“和硕”为一方之意，即表现所担当方面的大小，即明代以前的封藩之意。

在宗室中尚有“近支宗室”和“远支宗室”之分：近支皆有“辈数”可考，即按……奕、载、溥、毓、恒、启等辈次，皆是从康熙传下来的后裔。在近支宗室中，还有“带偏旁的”与否之分：如奕字辈的人，在奕字下用带“言”旁的字，如奕䜣、奕譞……；载字辈的人，在载字下用带“氵”旁的字，如载洵，载涛……；溥字辈用“单人”旁；毓字辈用“山”旁……，一目了然，都是“最近支”的宗室。如奕劻，虽是奕字辈，但奕字下不用言旁的字，说明他虽属“近支”而非“最近支”。

宗室王公照例六岁入学，十八岁出学，出学即须当差，由皇帝分别赏给差使。近支多为“乾清门行走”，有爵的为“御前行走”。

差使即在皇帝前供差之意。如“前引大臣”等俱为差使而非“做官”。年长些的宗室，则使管理旗下事务，如任某旗都统或副都统等。资格较深的，有时任“压马大臣”，任务是调教皇帝乘马。对资格老或优秀的，则使当“御前大臣”，是从“御前行走”当中选拔弓马娴熟者担任。

此外，王公的“差使”，则是代表皇帝（当时叫作“恭代”）祭祀坛、庙。例如“派往寿皇殿恭代行礼”之类。

清朝宗室在中叶时代，很少入政界任文职，多数为武职。到嘉庆时，才有王公任军机大臣的事。如成亲王永瑆（高宗——乾隆——第十一子和硕成哲亲王）就是因为当时军机大臣的事务繁忙，才使他当军机大臣的，但仍属临时“帮忙”的性质，并非实际差使。尽管如此，成亲王还时常差次饮酒，表示自己并非在这里实际任事。

宗室中最高的职位，为“管理宗人府”。宗人府的宗令，例择年高爵显、德望兼懋的人充任。其下有左、右宗正和左、右宗人，也由王公专任，最低爵位亦须贝子。

清代亲王年俸一万两，郡王五千两，贝勒二千五百两，贝子一千三百两，公——镇国公六百两、辅国公三百两。

随俸银有相应的俸米，数目虽记不清，但亦相当可观，一年间是吃不尽的。

这种俸银、俸米数量，原系按清初的物价而定，在当时固然绰绰有余，到中叶以后，便逐步落于当前的物价后面，而且是两者距离日趋愈远。于是想出用津贴补救的方法。如贝子的年俸，在那时便有捉襟见肘之势。因此，对于御前行走、乾清门行走等，每月皆加一百两津贴。名目虽是津贴，实际比原俸还多。

庚子以后，因用白银赔款，俸银、俸米皆缩减半数，致当时一般朝臣、宗室的生活，陷于日趋困窘的地步。

至于晚清时代，王公中也有过豪奢生活的人。不问可知，自然是从苞苴贿赂而来，否则断无这种余裕的可能。

（一九六二年）

我当溥仪的御前外随侍时的回忆

周金奎

一九一九年（民国八年）一月我十七岁时，正在我伯父开的铺子里帮忙。这个铺子位于紫禁城外围西北角楼下的城隍庙内，专卖苏造肉与火烧。苏造肉特别味美，在北京只有我们这一家，别无分店。溥仪有时要吃苏造肉，御膳房就派人到铺子里来要；宫里的太监们也很喜欢吃。那儿的铺子里的五个伙计中，就有三个专门往宫里送苏造肉的。

宫里来买苏造肉，我伯父的办法是一律不要钱、不记账；所用的原料，如米面油盐酱猪鸡鱼肉等，也都是从各商店赊来。每到三节（春节、端午、中秋）以前，各处太监就向我伯父了解外欠多少钱，然后由各处太监分摊。由于这个办法很简便，因而很受太监们的欢迎。有一天，奏事处的总管太监张俊选到铺子里来，了解了我的情况，就向伯父提出让我到宫里去当差。我伯父当即表示同意，于是我就到奏事处给张俊选当了“苏拉”（满语，即杂役）。

这个奏事处有大太监十三人，分总管、首领、宽答（满语）、大师傅、二师傅、三师傅；除二、三师傅外，都有顶戴，最大的是五品。奏事处的任务，是在皇室宗亲、文武大臣、各省官员和外国使节朝见皇上时，将所有奏折转给皇上“御览”。经皇上许诺后，即由奏事处的太监陪同应召官员朝见。朝见时，这些太监都要按品级穿上朝服。每个朝见的官员在递送奏折时，都要给大太监们递送门包。这样才能递得快些；否则就可能被压下来，不能很快递到皇上手里。

奏事处在宫内太监的机构中是第一处，里边又分作讨本、案上、事上三个部分。这里太监们的俸银，叫作月例。大太监们这时每月从五十两到十几两、几两不等；每逢三节以及溥仪和后妃们的生日，还有赏银，多则几十两，少则几两。我们当苏拉的，没有俸银，只供应伙食，节赏也没有我们的份。只是到三节时，各处太监也赏给我们一些银子，多时十几两，少时几两不等，总之一年也能拿到几十两纹银。

奏事处位于养心殿门外，溥仪每天上、下学和外出都经过这里，因此经常见到我。一九二四年三月，溥仪把我要了去，当他的御前外随侍，也就是所谓当上差的。从此，我由侍候大太监，变成伺候皇上了。

我到了养心殿，首先按照溥仪的旨意，认大总管邵白禄为师傅，给他行叩头礼。邵白禄也得给溥仪叩头，谢皇上赏给他一个徒弟。

溥仪的外随侍每天分两班，轮流值日。无论溥仪上学、下学或到各处游玩，我们都得跟着随时侍候。每天上午八点，是溥仪上学的时间，如果他还未睡醒，我们要事先把他叫醒，他去上学了，我们也一块跟着到毓庆宫。他在里面念书，我们在外边等着；下学时，又跟他回到养心殿。教溥仪读书的有四位老师：教汉文的是陈宝琛、朱益藩；教满文的是伊克坦；教英文的是英国人庄士敦。陪他读书的有溥杰、溥佳和毓崇。老师们来授课时，都乘坐二人肩舆；溥仪有时坐轿，有时步行。

溥仪除点心外，每天吃两顿饭。早饭在十一点，晚饭在下午五点。每顿饭都由御膳房备好四桌菜，每桌二十余件，山珍海味，应有尽有。御膳房大师傅很多，最有名的有两位，一位叫郑大水，一位叫宋登科，工资都在一百元以上。这两位师傅每顿饭只做几样菜；他们所做的菜，都要有他们签名的银牌标记。溥仪每餐只吃摆在他面前的几样菜，不到百分之几，下余百分之九十几，都赏给了他下边的太监与我们这些人。俗语说：皇上吃饭是“吃一看二眼观三”，就是形容皇帝在吃饭上面极尽奢侈浪费的意思。

溥仪喜好养狗，养的狗有一百多只，每天喂的都是猪肝、大米饭之类，并有专人饲养。每天只这一项所浪费的钱财，就多得无法计算。他有两只警犬，一名佛格、一名台格。台格身体壮大，额上有一“王”字。佛格性机敏，溥仪把东西埋在地下，或交给某人，它都能找出来。溥仪常拿人取笑，有人从养心殿门口经过，他有时便令佛格率领群犬向人扑去，用前腿搭在人家的肩上不放，把人吓得要死。有时将人咬伤了，溥仪也不介意，反而很高兴，无非给几个钱了事。

一九二三年夏天的一天晚上，溥仪正在储秀宫皇后婉容那里闲谈，忽然发现外面有火光，我急忙前去查看，原来是建福宫失火。溥仪闻知，连忙赶去，一面令人救火，一面急回养心殿，给内务府中堂绍英和卫戍司令王怀庆打电话，要他们马上派人来救火。绍英在电话中回说，为防意外，先不要开宫门，候他到了再开；结果消防队到了不能立即进入宫内，火势迅速蔓延。据说这次失火，是意大利使馆的消防人员先发现的，可是当他们来救火时却叫不开门，只好爬越两道城墙才进得宫来。这次大火，经过各处来的消防队整整救了一夜，还是把建福宫及其附近的静怡轩、延春阁、积翠亭、凝辉楼等全部烧完。建福宫是宫内收藏珍宝最多的地方，很多珍贵字画、珠宝玉器，都是稀世之珍，除抢救出来很小的一部分外，其余全部烧毁了。究竟价值多少，那就难以估算了。事后清理现场时，发现很多金银器皿都被烧化了。接着，溥仪又在这里开了一个运动场，每日在这里打网球，练自行车。为了学自行车，他特以每月一百元的工资，聘请飞车小李三教他骑车玩儿。

建福宫大火之后，养心殿东暖阁又曾着过一次火，虽然及时扑灭了，但却引起了溥仪的疑心，以致引起了一场驱逐太监的风波。

溥仪性多疑，对于受过他责打的人，总认为会对他怀恨在心，挟嫌报复。建福宫失火的原因，事后分析起来，可能是漏电走火[①]，但溥仪却认为是太监搞的报复。东暖阁着火，他更认为是太监存心要报复他，要把他烧死在养心殿内。因此，下决心非赶走太监不可。他怕父亲载沣不同意，于是亲自跑到醇王府，对载沣说明赶走太监的原因，表示不赶走太监，他宁可不当皇帝，再也不回宫去了。载沣无法，只好同意，结果当晚除留下少数人以外，其余的太监都被赶出宫去了。

太监们被赶出宫以后，我仍然被留下来伺候他。尽管我比以前更加谨慎小心，可是后来也被遣出宫了。记得一九二四年八月九日，溥仪正在养心殿休息，我端着两盘西瓜给他送去；他突然从背后猛给我一掌，把我打了一个爬虎，西瓜也扔了，腿也碰破了，衣服也撕坏了。过了几天，大概是他又犯了疑心病，深怕我以后会伺机报复他，也把我赶出来了。

（一九六五年六月）

① 此处对建福宫失火的原因，与溥佳在上文中所说的不同。因两作者都系推测，故两说并存。

清末贵族之明争暗斗

恽宝惠

清朝统治中国二百余年，到同、光年间日渐衰弱，终至覆亡。其根本原因，当系少数统治阶级与广大人民之矛盾日益尖锐，亦即封建统治制度腐败使然也。然当权贵族为了一己之私利，相互间钩心斗角、争权夺利之加剧，亦是促成其灭亡之重要原因。我在清末任职多年，有见于此，而想剖析者久矣，但因见闻有限，终未动笔。今日撰写此稿，打算仅就我个人记忆，以及从前听人所言，尽量择其语有所本，比较可信者，穿插起来，聊成一段史料，供以参考。不当之处，尚祈指正。

清代贵族之争斗，虽历朝皆有之，可是这种斗争之愈益激烈，实起之于咸、同。当文宗（咸丰）在热河病危，传位于穆宗（同治），并派了八个赞襄政务大臣，是为军机大臣穆荫、景寿等五人，和御前大臣载垣、端华、肃顺三人。因御前大臣全是五公，所以这八个人仍沿着惯例由怡王载垣领头。宫内是两位皇太后。按清朝的家法，太后是不能干预朝政的。

慈安太后（东太后）是一个老实人，倒没有什么野心；西太后初露头角，即想趁此掌握政权。可巧恭亲王奕䜣因叩谒梓宫，来到热河，于是他们秘密定计，说赞襄政务的遗诏，是载垣等矫传的，诛戮了肃顺等，造成“垂帘听政”之局，此实夺权之争也。当时奕䜣被授以议政王，并为军机领班，一直到同治十三年（一八七四年）十二月同治帝死去，是没有任何人和他竞争的。就是醇王奕譞，因他的福晋是西太后的胞妹，比较得到太后之信任，亦不过督练神机营，注意在军事上，并未干预政务。可是等到德宗（光绪）继统以后，情况就渐渐不同了。

同治帝刚刚死去，两宫皇太后即命内务府大臣荣禄传旨，叫近支王公、御前、军机、内务府大臣，以及弘德殿行走等人入见。当时首先碰到奕䜣，传旨后，奕䜣说：“我要回避，不能上去。”试问他为什么要回避呢？现在我回想起来，有两种说法：一说是同治帝病重，由师傅李鸿藻代为批答章奏，君臣每日必见。有一天，同治帝当面交出朱谕一道，大概说时事艰难，赖国有长君，可传位于朕叔恭亲王，并命到了时候再宣布。西太后派去伺候（也可以说是侦探）皇帝的心腹内监，窃听此语，立刻奔告太后；遂将李鸿藻叫进宫内，问出朱谕，截留撕毁，事虽不成，奕䜣或已闻知；一说是同治帝并无皇子，在近支内或溥字辈，或仍在载字辈内找一人继任，则奕䜣的子孙可能性也很大，所以他要回避。及至西太后突然宣布以奕譞之子载湉继统，奕譞骤聆之下，吓得昏迷倒地，不能起立。其原因就是西太后的手段毒辣，他知道的很清楚，以后切身危机，实属不堪想象。所以奕䜣在第二天去看他的病，就说你能保住醇亲王的爵位，就是好的。过了几天，奕譞向皇太后递一奏折，请开去一切差使，甚至说道：“为天地容一虚縻爵位之人，为宣宗成皇帝留一庸钝无才之子，俾臣乞骸骨于此日，正丘首于他年。”不过是立他的儿子做皇帝，何致悚惧惶恐到如此？这个奏折虽大约是汉大臣替他起的稿，可是他必有极恳切的口述和不得不如此说的苦衷，则西太后之积威，亦可想而知了。

西太后笼络人的手段，是任何人所不及的。她从前要利用奕䜣，就先把他的女儿认为己女，照固伦公主待遇；其子载澂，特封贝勒加郡王衔。

及至奕䜣听了他妻父桂良的建议，提用门包，为数甚巨，被人弹劾。西太后抓到这个错处，又立刻加以谴责，令其退出军机（不久又恢复），毫不容情。像这样恩威并用，叫你又感激，又害怕，所以他弟兄见面，才有那一番话。

奕䜣当权之后，镇压了太平军与捻、回各起义军，于清室功劳很大，可是西太后对他也不无疑忌防范。奕䜣对于军机处和总理各国通商事务衙门（当时简称总理衙门）之重要事项，向来全仗军机大臣、兵部尚书沈桂芬主稿和应付一切。这种情形，自然有人向西太后报告。有一天广西巡抚出缺，西太后忽然说沈桂芬从前在山西巡抚任内，很能办事，可以叫他去。沈那时已升至一品大员，何以降投巡抚？实西后欲除去其羽翼也。奕䜣闻之，大为诧异，知道是暗中有人进了谗言，可是因自己与沈的关系，不便出头拦阻；总算军机上有人说，沈桂芬办事勤劳，有功无过，未宜远谪边省，才由西太后自己转圜说，那么你们想个人罢。等到中法战役刚刚结束，突用迅雷不及掩耳的手段，借庶子盛昱奏参枢臣辅弼无状，将奕䜣罢免，如此一闲十年，不与闻政事了。而她所新换的一批人，多为希荣保禄之辈，奕譞遂成了重要人物。

自奕䜣下台，遂令军机处遇有重要事项，随时与奕譞商办，究竟哪一件重要，哪一件不重要，必须有一人和奕譞接得上头，分别处理，所以就轮到军机大臣、工部尚书孙毓汶身上了。清朝祖制虽不许汉人掌握实权，但是因皇族经验学识不够，仍离不开汉大臣之执笔策划。计沈桂芬自同治六年入军机，至光绪六年病故，一直帮了奕䜣十四年。孙毓汶自奕譞暗执政权，被援引入了军机，那是光绪十年，一直到奕䜣复出，始被罢免，在枢府历十一年之久。两兄弟暗中斗法，亦全与此两人有关。

奕譞因自己的儿子须在西太后手掌中过活，不得不仰承意旨，买她的欢心。于是串通了李鸿章，挪用海军经费修造颐和园，这是人所共知的事实。在这一过程中，算是奕譞得到胜利。及中日战起，败讯频传，那时奕譞早已死去，又起用了奕䜣；不到四年，奕䜣亦故。就是这一年（一八九八年），为历史有名的“戊戌变法”，端王载漪以未来皇帝的本生父自居（其子溥儁被西太后立为大阿哥），又做了这一时期的中心人物。他一意排除异己，即庆王奕劻，亦在排斥之列，可是他的才识，远不及奕䜣、奕譞，结果又被西太后发往新疆。

西太后由西安回京，一直是荣禄为军机领班，鹿传霖、瞿鸿禨亦进了军机。及光绪二十九年三月，荣禄病逝，奕劻才当上领班。他因议和保全了西太后，始见信任，后更委以管理外务部，总理练兵，管理陆军部。其子载振，不过是贝子衔的镇国将军，特简为商部尚书。其时近支皇族，一大部分因主张利用义和团而纷纷戍边、革爵；一部分年甫及壮，经历未宏，尚不能与之对抗。而奕劻贪黩好货，载振渔色无厌，屡被参劾，西太后亦有所闻。瞿鸿禨笔下敏捷，深得太后赞许，有一天独叫瞿入见，谈到奕劻，曾露罢免之意。不知由何人传播，登载于英伦报纸；驻华英使夫人且于太后招待游园之际，当面询问。太后虽极力否认，而疑此语为瞿所独闻，不应泄露于外，于是乃将瞿罢免，而奕劻反暂得保留。这是光绪三十三年五月间的事。西太后后来又将载沣加入军机大臣，希望分奕劻的权，哪知载沣谨小慎微，尚有父风，而才具平庸，尤乏手腕，岂是奕劻的对手，徒成其为“伴食中书”而已。

光绪三十四年十月，皇帝、太后相继逝世，在继统人选未定之前，近支溥字辈中，以恭王溥伟为年长。他本是内廷行走，所以两宫病危之时，他在内盘旋，昼夜未出，自以为乃祖奕䜣生前有保存社稷之功，殁后配享太庙，决不是任何近支所能比拟的。如立长君，他当然有分。在这个前后，西太后、奕劻，乃至袁世凯，各有各的打算，太后原尚没有料到她就会死，所以授载沣摄政、监国之时，另有懿旨说：“军国政事，悉秉予之训示裁度施行。”所以说至死不想放手，根本没有作立长君的打算。奕劻、袁世凯亦是看定载沣好摆弄，倘立一个岁数大的，于己殊为不利。袁还多怀着一个鬼胎，怕立长君或会为光绪帝报复。这样一来，溥伟之妄想，当然无望了。载沣摄政之第二天，立刻传隆裕谕严肃宫禁，除值班外，任何人不准在内住宿。即是为溥伟而发。

载沣这个人，虽没有多少政治经验，可是他父亲是一向搞练兵的；

自己也到过德国一趟，目睹德皇族从幼年时起，就身受极严格的军事训练，所以国势那样强盛，早就有心效法。及亨利亲王来华，旧友重逢，对他又加以鼓舞。当时他们皇族，约可分为两派：一派是载涛，毓朗为首，是属于军事的，得到载沣的信任。他们根据祖宗不信任汉人专权的密传家法，遍观近畿各镇陆军，除第一镇外，全是由袁世凯训练指挥过的。太后若在，袁还有所顾忌；现今没有能钳制他的人，则后患实不堪设想。乃迫不及待，首谋去袁，善耆、载泽、铁良或者都是参与密谋的重要成员。然而后来他们又将铁良挤走，这是什么缘故？因为那时的皇族，派别虽然不同，而对于奕劻，不能容忍其挟制揽权，意见是完全一致的。奕劻的灵魂，早为袁世凯所收买，袁世凯既去，则掌握兵权的就是铁良了。铁良对于练兵，既有经验，亦有办法，在满族中为头脑比较清醒的一个。他受奕劻的提拔，且极信赖，认为若有他为陆军领袖，则奕劻仍不易搬倒，所以连他一起排去。彼时载沣遇事胸无主宰，听了他们的话，自己又拿不出最后的决断；等到铁良托病开了缺，在京闲住，大概又是载涛、毓朗这些人的策划，认为铁在京仍可与近畿各镇长官暗中取得联络，亦无异于奕劻潜势力之存在。载沣采纳他们的意见，遂把铁良放了江宁将军。其时陆军部尚书早已换了荫昌，荫昌与各镇的关系，根本与袁、铁不同，哪能与铁相提并论呢！又一派是属于政治的，以载泽为中心。载泽虽是由远支宗室过继给惠亲王庶长子奕洵为嗣子，因其自幼聪颖，颇得奕譞的怜爱，为之破格乞恩，准其在上书房读书，并且经常不离开北府（奕譞自太平湖迁到甘水桥，就呼为北府）。他的旧学相当有根底，又出洋考察了一次政治，见闻更广。载沣经常称他为大哥，他给出过许多主意，已经说明一准照办，结果听了别人的话，又变了卦。有一次气得他向载沣嚷着说："大哥为的是你，并不是为我个人打算。"

载沣既无西太后驾驭人的本事，更谈不到恩威并用。自己一个兄弟（载洵）压迫他，想要管海军，其理由是奕譞管理过海军，要子承父志。载沣明知这位贵介弟完全是外行，当然诸般推托，但禁不住他声色俱厉，非要不可；结果仍不得不勉强答应，先派他出洋考察一次海军，然后再授为海军大臣。但是有两件事，他却始终坚持不让：一是各省兵权收归中央。从前督抚均兼陆军部尚书、侍郎，对于新旧军队，在名义上都是直辖长官。自中央官制改革，此项兼衔一律取消，各省督抚指挥调遣陆军，须先电达军谘府。虽经陈夔龙、瑞澂上奏力争，载沣均不为所动，并且说他是代表皇帝为陆海军大元帅，这种特权是不能放弃的，亦不是任何人所能干预的。一是商办铁路收归国有，载泽听了盛宣怀的话（当然亦因盛帮着办币制借款的关系），主张采取高压政策。载沣对于这件事，与载泽意见完全一致，结果弄到不可收拾。而在奕劻一方面，以他之老奸巨猾，见多识广，这几位老侄对他的处心积虑，岂有看不出的道理；不过载沣的秉性和为人，从前在军机上共事多时，早已经明了，他是认为不足置虑的。就是载洵、载涛两兄弟，在他眼中看来，年轻少阅历，亦还容易对付。唯独载泽，尚可和他拉个平手。但是他想到明争不能，只可用暗斗手段。以为载泽从未经管过财政，今忽做了度支部尚书，可以拿收支不平衡的难关来对付他。不过还感觉自己势单力薄，于是拉那桐作为他的助手。奕、那之贪污受贿，早已有名，外间流传，叫他们是“庆那公司”。可是那桐又与袁世凯极有关系，徐世昌更不必说，他们（庆、那、徐）三个人结为一党，和载字辈这几个人各显其能，两不相下。载泽亦看出这种情况，认为盛宣怀是筹款好手，遂彼此互相利用，以对抗庆、那之排挤。至于肃王善耆，除在“去袁”的一幕曾暗中参加导演外，并没有积极斗争的表现。不过他还能信用日籍顾问川岛浪速，秘密侦探袁世凯的行动，随时报告载沣，但未得到他的注意。恭王溥伟这个人，在载沣等认为无合作的可能，仅仅给了他一个禁烟大臣，以示敷衍。及至武昌革命爆发，载沣手忙脚乱，无法应付，只可投降奕劻一派，听凭他们的处置。恰好徐世昌本是袁世凯的内线，在这个时候，又乘人之危，认为正是请袁出山的绝好机会，致使载沣终不得不忍气吞声，屈从他三人预定的计划。

总的说来，清末这前后五十年间，除了最后的三年，全是西太后当家做主，政治日趋腐朽，外债山积，贪污成风，人民认为这样的政府，舍革命外，前途已无希望，即使后来的袁世凯，还想做曾国藩，恐也未必能挽救清朝的颠覆。西太后的要钱，还美其名曰“进贡”、曰“孝敬”，差不多全是李莲英当她的纤手。到了宣统年间，人以贿进，公开讲价，不以为怪。一直到袁世凯逼迫隆裕太后禅让，亦是以巨数金钱买通内监张兰德（即小德张），以威胁利诱的手段而告成功。这种受贿风气，由奕䜣、西太后开其端，而奕劻、那桐承其末。终致上下效尤，民怨沸扬。迨革命军起，二百七十年之清朝统治，也随之覆亡。

（一九六四年四月）

慈禧第一次垂帘时的一些内幕

溥雪斋 述 溥 杰 记

一般对于慈禧谋杀怡亲王载垣、郑亲王端华及御前大臣肃顺事，有很多传奇式的传说，不尽可靠。我现在想谈一下从我父亲（载瀛、贝勒）、伯父（载濂，公爵）口中听到的有关当时几件事情的内幕。

我的祖父惇亲王奕誴，和恭亲王奕䜣，醇亲王奕譞是亲兄弟。但是，我的祖父曾反对"太后垂帘"；而他们二人则是因为反对肃顺等而赞成并积极协助"垂帘"的。当东、西两宫太后和奕䜣等密谋处分怡、郑二亲王及肃顺等时，我的祖父听到了这一消息，遂在同肃顺等一起聚餐时，当着奕䜣的面前，用手提着肃顺的辫子大声说："人家要杀你哪！"肃顺当时也只好低着头连声说："请杀，请杀！"

在肃顺等失势后，醇亲王奕譞还向慈禧参奏了我祖父惇亲王一本，说他在当时泄露了秘密消息。慈禧因为惇亲王也是道光的"皇子"（即皇五子），怕把事情闹大，遂采取了"和稀泥"的态度，以不了了之。她打着官腔申斥奕譞说："你们都是亲兄弟，他怎能做出那样的事。"从此惇亲王和醇亲王之间，经常有矛盾存在。

慈禧对此事虽在表面上做了弥缝，但在内心中却恨透了奕誴。因此，在奕誴一生中，慈禧始终不让他参与国家大事，使他一直老死于宗人府宗令的任上。

慈禧对于他的报复还不只此。当奕誴死后，其子载濂按例本应降袭郡王，而慈禧却特命降袭贝勒。恭亲王奕䜣因看不过去，据理力陈应降袭郡王；慈禧则以"惇亲王没有什么功劳"为借口，坚持不让。奕䜣终于抬出祖宗制度的大帽子来说："正是因为奕誴没有什么功绩，所以才应降袭郡王。如果有了功劳，那就应该'世袭罔替'了。"慈禧不得已，虽然到底仍命降袭贝勒，但给加上郡王衔作为转圜。

当时在热河的当权实力派中，虽以载垣、端华为首，但肃顺实为他们两人的灵魂。肃顺等所竭力反对的，只是太后"垂帘"，并非像慈禧等所说的"有图谋不轨"的阴谋。不过，肃顺的骄横，也有他的取死之咎。例如，当时手握重兵的蒙古王僧格林沁到热河朝见时，肃顺等硬不让他去见两宫太后。僧格林沁因写不好汉文，只得用满文字母拼成汉语，写成奏折递了上去。

特别是肃顺等一派和恭亲王奕䜣的矛盾，终至达到爆发的程度，连咸丰也看出了一些端倪。当咸丰在热河尚未死时，一天曾秘密地对奕䜣说："你在这里不妥，他们（指肃顺等）将不利于你，赶快秘密地回京罢！"奕䜣退出之后，一面密令他的护卫、随侍人等，先到布塔拉庙的后门去等他；一面向怡、郑二王等说："我就要回北京去，听说这里的布塔拉喇嘛庙很有名，我打算先逛一下再走。可是我的底下人们还没有来。你们有轿子，让我坐一坐"。他们听说奕䜣要走，很是高兴，遂连声说："请爷坐，请爷坐！"奕䜣坐上他们的轿子，进了庙的前门，匆匆下轿步行到庙后门，带上随从就急回北京了。

咸丰死后，怡、郑二王和肃顺的权势日益扩张起来；同时，奕䜣等对于他们的妒恨也随之日益增长。奕䜣内心的如意算盘是，太后"垂帘"容易对付，于是便和太后定下了诛除肃顺等的密谋：奕䜣在北京布置，奕譞留在热河；使肃顺护送咸丰的灵柩以安其心；于是遂在半路上先扑杀了肃顺，然后又勒令怡亲王载垣、郑亲王端华二王自尽，彻底消灭了热河当权派的势力。

总之，太后“垂帘”的成功，可以说是恭亲王奕䜣和肃顺一派争权夺利的结果。至于实现了“垂帘”之后，奕䜣终身又受制于慈禧，则是他始料所不及的了。

（一九六四年）

关于慈禧太后“垂帘听政”之因果

恽宝惠

关于晚清文、同之际朝局大变之经过，章士钊先生曾撰《关于热河行在章京密札之考证》一文。就我所知，其事态最重要之关键，乃在于肃顺之失败，两宫太后遂以当政。事实上，东后慈安虽早由皇贵妃正位中宫，然其秉性懦弱，遇事一无主见，朝政遂听西太后慈禧一人主张。西后貌似恭谨，性实乖戾；因生穆宗（同治），始得以晋封懿妃。其为人也，极善狡谋权变，是以深得文宗（咸丰）信赖。当文宗在热河崩逝时，受顾命实为八大臣。八大臣中，载垣、端华、肃顺是御前大臣；另军机大臣五人以杜翰（杜受田之子）素为文宗所亲信。文宗遗诏以皇子继位。西后虽母以子贵，然而按照清朝家法，两后均无干涉行政之权。即如太宗（皇太极）在关外崩逝，世祖（福临）年甫六龄，由睿王多尔衮等辅政；世祖崩逝，圣祖（玄烨）年甫八龄，由贵族鳌拜等辅政，均未闻前之皇太后，后之太皇太后出而听政。其时穆宗亦年六岁，前例俱在，并无疑问；而所以造成后来之局面者，则在西太后与肃顺之斗争，亦即奕䜣（恭王）与肃顺之斗争也。

近人笔记曾载：西太后密派亲信内监安德海回京，招奕䜣至热河。遂施苦肉之计，以微过将安责打逐出，以防肃顺觉察。按照当时情势，则所传非也。盖西太后之密谋，另有内线在。稽之醇王家谱，醇郡王奕譞，系于咸丰九年（一八五九）奉旨指婚，以叶赫那拉氏为福晋，则西后之胞妹也。西后于咸丰六年生穆宗，是为皇长子，宠遇日隆；其妹遂得指配，并于翌年三月即生一女。同年八月，奕譞随文宗北行。时洋兵已逼近京城，其福晋当在偕行之列。内廷私觌，事所恒有；出入宫闱，带信至便，亦不致惹人疑忌。其招致奕䜣密谋除肃，自有奕譞在外为之穿线，当不至借一内监安德海传递信息；且亦从未闻有此一说，所记不知何据。

文宗为孝全皇后（由皇贵妃立为皇后）所生，幼而丧母，宣宗（道光）命静贵妃抚育，亦即为奕䜣之生母；妃抚文宗如子，文宗亦亲之如母，与奕䜣问安，数年无间。咸丰五年七月，妃病剧，尊为康慈皇太后；越九日，太后薨逝。派奕䜣等恭理丧仪，文宗服缟素二十七日，青袍褂百日，一切均按后礼办理。恭上谥号曰孝静，不系庙谥（即不称为皇后），并于奉安东陵后，神牌回京，升祔奉先殿，而不祔太庙。此乃情礼并尽，无可非议。而奕䜣力争，谓既已称后，即应祔庙，并称庙谥，兄弟意见冲突。文宗特下朱谕，将奕䜣军机大臣、宗令、都统，悉予开去，并毋庸恭理丧仪。此为文宗与奕䜣失和之始。后来奕䜣当国，两宫太后倚畀方隆，于咸丰十一年十月，即仍将孝静加称为皇后，升祔太庙，此案始了。

宣宗对于文宗及奕䜣两人，本均认为有继承帝位之资格。一则以文宗为后生之子，一则以奕䜣貌相行动类己，平日教督如一，久未决定。闻某年春，宣宗幸南苑行围，命皇子侍行。文宗受杜受田之教，储位因而遂定。宣宗晚年不愿再立后（先有三后，均故），而静妃已晋封至皇贵妃，其摄行六宫之事久矣。因奕䜣系其所生，于是“封名鐍匣”，遂有两谕：一立皇四子奕詝为皇太子；一封皇六子奕䜣为亲王。开清朝建储家法未有之先例。此道光二十六年六月十六日事也。文宗即位，即封奕䜣为恭亲王，并将宣宗朱谕特予宣示，命纂入实录。文宗崩时，仅有一子受遗命嗣位，是为穆宗。穆宗、德宗（光绪）均无皇子，于是列帝相传封名鐍匣，藏于乾清宫正大光明匾后之举遂废，以迄清亡。

文宗与奕䜣之关系，即如上述。但奕䜣任过几年军机大臣，一切均有经验，遇重大事件，仍倚重之。咸丰十年，英法联军攻陷大沽炮台，京师戒严，派桂良往津议抚（议和之代名词）。桂良则奕䜣之妻父也。及和谈决裂，外兵向京进攻，僧格林沁兵节节败退，文宗以秋狝木兰为名，仓皇北行。留奕䜣在京，授为钦差便宜行事全权大臣，办理和局。其外兵入城，及焚掠圆明园、清廷屈辱媾和各节，均不赘述。

肃顺之出身经历，自有清史列传详载。其人确有才干，在皇族中为佼佼者。唯以进用太骤，狂傲自大，如以私愤而促成大学士柏葰之被诛（戊午科场案）；大学士翁心存为奕䜣授读师，管户部时，曾因事与肃力争，肃后因钞票案兴大狱，罗织翁罪，几蹈不测。中朝大臣，人人侧目。肃以御前大臣随扈热河，尤见亲信，时时干预政事，军机皆仰承其鼻息。及文宗顾命为赞襄政务王大臣（回京后谕旨，否认有此遗命），更威权由己，以辅政自居，载垣、端华听其指使。观于密札[1]云云，固无一与之表同情者，一面并与京中暗通消息，随时密报奕䜣。奕䜣对于行在一切，固早已明了，而肃犹以为两后身处宫闱，旁无倚恃。及奕䜣至热河，又处处表示谦退，肃尤以为易与，不料变生肘腋，自堕云雾之中而不觉也。又密札中，一则曰邸堂，再则曰元圣，皆指奕䜣。因奕䜣曾任军机大臣，故称邸堂；元圣、周公也，冀奕䜣法周公辅成王耳。不意竟促成垂帘之局，其胜利属之西后也。

肃顺之失算，只因对"挟天子以令诸侯"这句老话未予注意，轻轻将西太后母子放走；于是军机处亦随以俱去，以致发号施令有正式机关，留京王公大臣已操先发制人之柄。载垣、端华虽随驾，皆庸才也；肃仅奉一不起作用之文宗梓宫，沿途停歇。以一少年之奕谖，偕睿王仁寿带领提署番役，擒之而有余，此无他，权在手耳。肃及中宵被捕，尚犹咆哮，问谕旨所由来，则事已去矣。俟被押解到宗人府，无奈对载、端两人说："你们若早听我的

① 即奕䜣安排下的人，从热河向奕䜣写的报告肃顺等活动情况的密信。

话，何致有今日？”肃在热河说了什么话，固不得知，大要不外对两后取非常之手段，不令其见人阅折也。肃之为人，心粗胆大，众怨所归，其非西后之敌矣。按其时独派肃顺恭送梓宫回京，即有用意，惜肃之不悟耳。

文宗荒于女色，后宫嫔御多人。圆明园穷极奢丽，又有所谓“四春”者，皆苏、扬美女。旦旦戕伐，身体久虚，遇坛庙大祀，常因腿软恐登降失仪，遣奕䜣恭代。加以军务棘手，外患交乘，遂患吐血之症。和局既成，外兵退出，尚迟迟不肯回銮，奕䜣奏请赴行在，只问起居，文宗手批略谓：“去秋别后，时思握手而谈。惟朕近日身体违和，红痰（即吐血，时肺病已严重）有时而见。见面时回思往事，岂能无感于怀，实于病体未宜。”（以上节文）患难之后，正宜亟于晤面，此批殊不近情理。揣文宗病危时，竟轻委基业而去，而奕䜣则有安宗社之功，见面能无愧怼？即“回思往事”四字，似亦含义甚深。昔为孝静之事，文宗亦觉对不住老弟，据传当年奕䜣争太后庙谥，文宗坚执不允，奕䜣愤谓：“皇上难道忘了太后养育之恩吗？”因此，文宗设词不令奕䜣来见。至于传说此事是肃顺从旁阻挠，我以为文宗随笔批折，固无征询肃顺之必要也。

及至奕䜣奔赴行在，得与两后见面，密谋妥协。西太后听政之欲望既达，肃顺之失败，已可肯定。观于逮捕肃顺后，即派奕譞前往，其参与密计亦可概见。

垂帘之事，虽由御史董元醇一奏，而以疏逖小臣，竟敢如此发端，当亦另有所授。至胜保则直捷奏请皇太后亲理大政，并另简近支亲王辅政，更痕迹显然。回京以后，宣布谕旨，略云：“虽我朝向无皇太后垂帘之仪（以一“制”字，轻轻换一“仪”字，尤见枢廷运笔之妙），事贵从权，岂能拘守常例。”其有违祖制，即西太后等亦无以自圆其说。而其所以演成此局，亦为文宗迟迟不肯回銮之所误。倘文宗在宫内崩逝，则自有成宪可循，西太后从何觊觎政柄？肃顺若无“赞襄”之名义，亦从何与西太后直接发生冲突？肃顺骄恣自满，落人圈套，致招杀身之祸；而垂帘恶例，光绪初年，又复再现。戊戌训政，亦何尝不由是而来。奕䜣徒贪议政之权，以为阻碍尽去，取快一时，竟造成清室迅疾覆亡之远因，又岂当时所及料者哉！

隆裕与载沣之矛盾

载 润

隆裕皇后，姓叶赫那拉氏，桂祥之女，亦即慈禧之内侄女。光绪十五年（一八八九年）立为皇后。因她与慈禧之关系，故不为光绪所喜爱；终光绪一生，迄未和好相处。

隆裕为人，庸碌无识，较之慈禧，则远远不如。例如慈禧对于政治虽然残暴自私，但尚有个人的见解；对于王公大臣，亦有一定的笼络手段。而隆裕则一切皆为其宠监张兰德所操纵，个人毫无主见。

光绪故后，隆裕一心想仿效慈禧"垂帘听政"。迨奕劻传慈禧遗命立溥仪为帝，载沣为监国摄政王之旨既出，则隆裕想借以取得政权的美梦，顿成泡影，心中不快，以至迁怒于载沣。因此，后来常因事与之发生龃龉。

宣统既立，隆裕皇后自然抑郁不乐，后受太监张兰德的怂恿，在宫中东部大兴土木，修建"水晶宫"，以为娱乐之所。按清代制度，在"国服"期间，不得兴修宫殿（在封建时代，这是一个严重问题），然而隆裕对此并不顾忌；尤其当时清廷正在兴建新军（海、陆两军），所需甚巨，国库本已空虚，建军之用尚感不足，而隆裕乃不计及此，竟命由度支部拨出巨款来兴修宫殿，以为个人娱乐之举。后虽因革命军起而不得不停止，然此亦可见其无识之一斑。

宣统二年五月，载沣命毓朗、徐世昌为军机大臣。不数日，隆裕即迫令载沣将此二人撤去。载沣始则婉言请稍从缓；隆裕复以言语相逼。载沣不得已，以太后不应干预用人行政之权为对，隆裕始无可如何。其对载沣无理取闹，颇多类此。

隆裕闻革命军起，唯恐失去太后之地位与享受，初意亦在主战；后因张兰德受了袁世凯之贿，乃劝隆裕共和，谓共和仅是去掉摄政王之职权，太后之尊严与享受依然如故。隆裕信之，遂有逊位之举。载沣无可奈何，只好辞职，故逊位诏书不是由监国摄政王出名，而由隆裕下的诏书。其实，隆裕对共和之意义并不了解，只不过认为是把载沣之政权，移交给袁世凯而已，而在逊位诏中仍有“即由袁世凯以全权组织临时共和政府”之语。其后发现民国优待条件与张兰德所言完全不符，遂终日抑郁，逾年而殁。

载沣生性懦弱，在政治上并无识见。其枉受命监国摄政期间，里边常有隆裕掣肘，外边又受奕劻、那桐等人挟制，他的地位虽为监国摄政王，然并没有任何作为的余地（实际上也不会有什么作为）。即如对隆裕之兴建“水晶宫”事，本可以既“违反祖制”，又影响建军之正当理由，进行拦阻，但由于其怯懦怕事，不敢多言，也就不加可否任凭兴建。至于当时用人行政之实权，也等于完全操在奕劻、那桐之手；他个人并无一定的见解和主张。

光绪故后，隆裕在他的砚台盒内，发现有光绪亲用朱笔写的“必杀袁世凯”的手谕，即交载沣处理。载沣犹豫不能决，乃商之于奕劻、那桐等人；而奕、那等则力主保全，让袁世凯自行称疾辞职，袁乃有辞职之举。迨袁辞职后，载沣又不留其在京，反命回籍养病，把袁放走了。当时，清政府官僚中之有识者，多认为这无异是“纵虎归山，养痈成患”。其巧黠者则暗与袁通。这事是载沣之优柔寡断，毫无政治手段的表现。

载沣对于共和，本无定见，但由于内有隆裕赞同，外有奕、那挟制，个人又无良策以应付时局，唯坚决表示自己决不下此诏书而已。故其辞去监国摄政王之职，而由隆裕出名下逊位诏书者，乃实不得已也。

隆裕与载沣皆无治国之才，而奕劻、那桐等人，又只知贪污受贿；袁世凯有见于此，乃极力拉拢奕劻、那桐和张兰德三人，对彼等大行贿赂，以满足其贪财之欲。他一方面利用张兰德哄骗隆裕；另一方面又利用奕、那，挟制载沣。因此，实际上当时的军政大权已操诸袁世凯之手。即在袁辞去军机大臣，而返回河南之后，仍在暗中操纵一切。及革命军起，清廷复起用袁为内阁总理大臣，袁乃认为时机已至，遂利用革命声势，对清廷进行威胁，而自己乘机窃取国政。由上观之，由于袁世凯之阴谋及隆裕、载沣等之庸懦无识，遂造成清末民初未能真正建成一个共和国家，徒供军阀数十年之混战而已。

（一九六一年八月）

载沣与袁世凯的矛盾

载 涛

载沣是我的胞兄，他的秉性为人，我知道的比较清楚。他遇事优柔寡断，人都说他忠厚，实则忠厚即无用之别名。他日常生活很有规律，内廷当差谨慎小心，这是他的长处。他做一个承平时代的王爵尚可，若仰仗他来主持国政，应付事变，则决难胜任。慈禧太后执掌政权数十年，所见过的各种人才那么多，难道说载沣之不堪大任，她不明白吗？我想决不是。她之所以属意载沣，是因为她观察皇族近支之人，只有载沣好驾驭，肯听话，所以先叫他做军机大臣，历练历练。慈禧太后到了自知不起的时候，光绪帝虽先死去，她仍然贪立幼君，以免翻她从前的旧案。但她又很明白光绪的皇后（即后来之隆裕太后）亦是庸懦无能、听人摆布之人，决不可能叫她来重演“垂帘”的故事，所以既决定立载沣之子为嗣皇帝，又叫载沣来摄政。这仍然是从她的私见出发来安排的。

载沣虽无统驭办事之才，然并不能说他糊涂。他摄政以后，眼前摆着一个袁世凯，处于军机大臣的要地，而奕劻又是叫袁拿金钱喂饱了的人，完全听袁支配。近畿陆军将领以及几省的督抚，都是袁所提拔，或与袁有秘密勾结。他感到，即使没有光绪帝的往日仇恨，自己这个监国摄政亦必致大权旁落，徒拥虚名。至于传闻之说，如光绪临危拉着载沣的手，叫他杀袁世凯；又如隆裕面谕载沣，杀袁给先帝报仇等等，载沣生前并没有向我说过，或许是他保密的缘故。因此，是否真有其事，我也无从判断了。

载沣摄政不久，即下谕罢免袁世凯。据我所知，促成其事的为肃亲王善耆和镇国公载泽。他两人向载沣秘密进宫，此时若不速作处置，则内外军政方面，皆是袁之党羽；从前袁所畏惧的是慈禧太后，太后一死，在袁心目中已无人可以钳制他了，异日势力养成，消除更为不易，且恐祸在不测（大意就是说袁心存叛逆）。善耆主张非严办不可；载沣彼时对袁，也觉得是自己的绝大障碍，遂同意善耆等的做法，又将谕旨用蓝笔写好（彼时尚在大丧百日之内，不能动朱笔）。其实，这种事必须用迅雷不及掩耳的手段去做，不是可以迁延时日、从容研究的。事后就有人说过，袁每日上朝，仅带差官一名；进乾清门后，便只他单身一个人，若能出以非常手段，干了再说，即使奕劻如何有心庇护，张之洞如何危言耸听，亦来不及了。可是载沣哪里有康熙皇帝擒鳌拜的决断和魄力呢？据闻那一道谕旨原文，是将袁革职拿交法部治罪。这从袁的方面来讲，就已因此有了宽转，结果可以不死了。及至拿给奕劻等一看，奕劻尚含糊其词，不过说："此事关系重大，请王爷再加审度。"张之洞则明白地说出什么"主少国疑，不可轻于诛戮大臣。"力为反对。彼时，凡是谕旨非经军机大臣副署不能发表。载沣处此僵局之下，竟自无可奈何，乃将原谕一再修改，措辞紧后松，变为"开缺回籍养疴"。纵虎归山，自贻后患，善耆等亦只有付之浩叹而已。

我在此尚要补充几句话。清朝家法最严，尤其是近支王公更不能稍有轨外行动。所以每一代皇帝死亡和继承的时候，从来有过如过去历史上各个朝代所发生的那种变故。当辛亥年冬，丁士源曾问过善耆："王爷在光绪戊申（一九〇八年）十一月的时候，为什么不帮助摄政王将袁除掉？"善耆说："你不知道，我们宗族王公，在宫廷内错走一步便是死罪，我虽是御前大臣，怎么敢在宫内乱来。”这段问答，曾见丁自著笔记。这是实在情形。载沣究竟不是皇帝，其不能作断然的处置，此亦原因之一。

袁住在彰德洹上村之时，善耆对他并不放心。那时，日本人川岛浪速是善耆的警察顾问，亦即是他的心腹之人。川岛手下曾秘密侦探袁的行动，随时都有密报。这种报告，善耆曾经给我看过。当辛亥年四月，新组成之内阁（将军机处归并内阁）受各省谘议局的攻击说：“皇族内阁不合君主立宪公例，失臣民立宪之希望，请另行组织。”于是总协理大臣均奏请辞职。奕劻、那桐、徐世昌的原奏，均在政治官报上发表。所最不可解者，那、徐两人均说，自己才力短绌，从前罢免之袁世凯，“其才胜臣等十倍，若蒙特予起用，必可宏济艰难”云云（大意如此）。徐世昌本是袁一手提拔的私党，不足深论；那桐是一个著名圆滑的官僚，何以亦有这样说辞？况且其时各省并无特别事故，必须袁出来收拾。他们两人既敢如此说，监国亦居然未加斥责，凡看到官报的人无不诧异。

到了武昌首义，革命爆发，那、徐协谋，推动奕劻，趁着载沣仓皇失措之时，极力主张起用袁世凯。袁在彰德，包藏野心，待时而动。冯国璋、段祺瑞是袁的嫡系心腹大将，亦认为“非宫保再出，不能挽救危局”。载沣本不愿意将这个大对头请出，以威胁自己的政治生命，但是他素性懦弱，没有独作主张的能力，亦没有对抗他们的勇气，只有任听摆布，忍泪屈从。其实，彼时除近畿陆军以外，禁卫军是一支新练成的精锐之师，未尝不可一试。但是冯、段已先任为第一、二两军总统，担任前线军事，此两军已为袁所能直接操纵。于是将禁卫军编列第三军，专负保卫京畿之责。我自永平秋操营地赶回北京，内阁总协理大臣已决定如此主张，我亦不便再持异议。及听到前线作战缺乏炮弹应用，我立即派遣禁卫军炮标统带吴金声带领炮队一营，配带应需实弹，专车抢先开往。陆军大臣荫昌督师南下，过彰德时曾与袁会晤。至于外间传说，徐世昌曾秘密赴彰，往来磋商条件，据我想，袁、徐两人早有默契，似不必再作形式上之会见，且当时亦未听说徐有赴彰之事。

袁世凯既出任内阁总理，于十月十五日（旧历，下同）奉皇太后懿旨，监国摄政王载沣以醇亲王归藩，不预政事。袁于是无所顾忌，为所欲为。袁又看准奕劻、那桐平日贪婪无厌，遂以大量金钱投其所好。奕劻之无钱不要，为人所共知。据闻袁前在直隶总督任内，对于庆王府中大小生日所需，以及嫁娶妆奁等项，无一不悉予供给。当革命事起，十月十七日北京报纸曾登载，奕劻私有的金银珠宝衣饰详单估计所值在现金万万两以上；其来源固无从深悉，恐亦不是随便捏造。平日蓄积有如是之巨，真是骇人听闻。又据人说，吴禄贞之得第六镇统制，亦曾花了运动费二万两，其过付为谁，现尚有人能指实。吴是很有声望的军人，奕劻尚不肯轻轻放过，则其他更可想而知。那桐亦是著名大贪污者，拿钱走他的门路者，大有其人。在当时的朝局，已成公开之秘密。奕劻和那桐及那、袁两家彼此皆系姻亲，关系密切，他们三角勾结，袁之阴谋始得实现。

隆裕太后之为人，其优柔寡断更甚于载沣，遇着极为难之事，只有向人痛哭。平日宠信太监张兰德，言听计从。张亦居然以李莲英自居，器小易盈，唯知聚敛赀财。袁世凯摸清这条路线，专派人密向张联络，许以巨额金钱，叫他向隆裕施用威胁利诱的手段，说袁世凯如何忠心，但是各省纷纷独立，前敌军队撤不下来，外债无望，饷项难筹，若不答应民党的要求，则革命军队杀到北京，您的生命难保；倘能依从让位，则优待条件如何如何，仍可安居宫闱，长享尊荣富贵，袁世凯一切可以担保云云。奕劻、那桐本来只认得钱，至于清廷封建统治的垮台，并不在他们的心上。他们二人与张兰德里应外合，不由得隆裕不入他们的圈套。后来他三人皆如愿以偿，各自在家纳福去了。奕劻在天津所买大楼房，即是张兰德的产业。王闿运所著《祺祥纪事》末段说："乃至德宗末年，天下惟论财货，禅让亦以贿成，举古今不闻之说，公言之而无怍。"这种"禅让"之局得以成功，可说是全由奕、那、张三人之手。载沣对于皇帝退位，是始终不赞成的，但他无权无力，在袁世凯看来，已在无足轻重之列。但因他优柔寡断已贻误于前，到此也就没有任何办法了。

（一九六一年七月）

独树一帜的善耆

李泰棻

清末溥仪做皇帝以后，政界变动很大。除庆亲王奕劻以亲贵资格，从政多年，仍保禄位外，袁世凯以戊戌政变告密之故，被黜下野、转入暗斗。代之而起者，则为溥仪生父载沣。溥仪时仅三岁，实则二龄，其父为监国摄政王，凡军国机务，中外章奏，悉由摄政王处理；大事并请皇太后懿旨。所谓太后者，即德宗载湉之妻、后加隆裕称号者。她虽为西太后那拉氏之侄女，未与载湉同禁瀛台，然亦仅能朝夕侍奉，请安劝膳而已。因她对政治不能过问，故而外事不明，与溥仪同为傀儡。独揽大权者，仅载沣一人。他在摄政后，加他六弟贝勒载洵、七弟贝勒载涛以郡王衔。载洵、载涛，虽均出继别支，但与载沣，实均同父。一门三王，清代各帝皇子，尚不如此显赫；况又以载洵管海军，载涛总参谋（军谘府）及禁卫军。兄弟三人，均不过二十多岁，政治学识，两不称职。不仅为当时汉官所反对，即属满人，亦多侧目。清廷统治者的内部矛盾，日益加深。载沣对此，均不理会。他当时感到头痛的，一个是立宪派。他想缓和同他们的矛盾，而又不愿真正立宪，先是宣布期以九年，后改五年，以此立宪前的时间，作为筹备，实则是想借以欺骗人民。再一个就是袁世凯。这时袁世凯虽然下野，但他所练的北洋六镇新军，以及归他指挥过的姜桂题和张勋等的杂牌军，和袁都有千丝万缕的关系；因而载沣等想拉拢一些留学生，以代替袁的势力。他首先以老牌留德的荫昌为陆军部尚书，新牌的留日士官生良弼为禁卫军协统。因此，各省效尤，在北方的吴禄贞、蓝天蔚、潘榘楹、黄国梁、阎锡山；在南方的蔡锷、许崇智、蒋尊簋等士官学生，都分别作了协统、标统。最后张绍曾、吴禄贞且分别担任了第二十镇和第六镇的镇统。至于各省督练公所的总办、陆军小学的监督、讲武堂的总办，更成了士官生的专业。各镇的管带也有不少由他们参杂其间。

肃亲王善耆也是亲贵中赫赫有名的人物。以前的官职就不说了，只说在摄政王当权时代，他既与毓朗、载泽、载洵、载涛等主持建军事务，又身任民政部尚书，参与军民两政，表面看来，似是摄政王派，但实际上他是想别树一帜，以取而代之。他对奕劻的腐朽贪污，根本看不上眼，但又认为他衰老无能，已成内外攻击之的，不久自会失败下去，不足顾虑。他对载沣兄弟，表面虽极力敷衍，实则也是貌合神离。他对立宪派和革命党的应付办法，正和载沣相反。载沣主张立宪愈晚愈好，善耆则认为立宪愈快愈好。其所以如此不同者，就是载沣怕立宪以后，内阁对国会负责，皇帝无权，摄政王自然也无权了；善耆则是预备在立宪以后，出任第一任内阁总理大臣，从而掌握国家大权。因此，他和各省立宪派，或多或少都有些不同程度的联系。一九一一年（宣统三年），各省谘议局代表孙洪伊等联合提请提前立宪时，载沣震怒；各衙门、各大员对孙等均避之唯恐不及，不敢接见。而他独在民政部大堂迎见各代表。谈话中至紧急时，忽然掷冠于地，唱了一声“先帝爷白帝城龙归天境”的戏词而结束了他的回答。这里，先帝是指德宗载湉，意思是说载湉如尚在世，立宪早已实行了；可惜他死了，载沣不愿实现。并间接表示了他对立宪赞同的微意，为他将来争取第一任总理大臣，打下一些基础。这句戏词是很有深意的。至于载沣和善耆对于革命党的看法，都认为虽不能早日成功，但实属后患堪虞。不过他们之间所取的办法不同：载沣的办法，是加紧练军三十六镇，一方面用以抑制袁世凯的潜势力；另一方面，准备将来作为镇压革命的实力。善耆无此大权，只好对革命党人加以联系，以图缓和现局；将来总理大臣到手，再作第二步打算。当时替他联系革命党人的，主要有三人：一为善耆的内亲崇铠（字铁庭，满族），一为崇铠的亲戚陈家柽（安徽歙县人，同盟会员，其妻系满人），一为陈家柽的同志谷思慎（山西同盟会的领导人）。善耆和革命党人的联系，往往通过以上三人，特别是陈、谷奔走最多。他和革命党人曾经通气，由以下三件事可以证明：第一，汪精卫、黄复生等以炸载沣未遂，被捕入法部监狱，得到了可能范围内的优遇和自由，就是善耆的说项之力。第二，革命党的机关报，最出名的要推北京的《国风日报》和上海的《民立报》。前者是同盟会会员白逾桓与景定成所办，后者是于右任所主持。它们都鼓吹革命，揭露清政府官吏的丑恶，但《民立报》几次被封，而《国风日报》则始终未被查封过一次，这和善耆的谅解是分不开的。因为京师巡警厅是属于民政部管的，不经善耆的同意，断不敢查封报馆。第三，一九一〇年，各省士官学校卒业回国的学生，齐集北京复试。崇铠、陈家柽和谷思慎知道他们绝大多数是同盟会员，复试期间必互相交换情报，陈、谷则给了他们以种种方便，并分别请他们吃饭和出进娱乐场所，替他们谋求荐信，安排较好的地位。只是以上三人的立场又各不相同：崇铠是为善耆的利益；谷思慎是为同盟会的利益；陈家柽则是双方并顾。也就是说，将来发动革命时，须对善耆另眼看待；而在革命尚未发动时，善耆对革命党人，也要尽可能地给予方便。他们之间的微妙关系就在于此。善耆的这些行动，渐渐地被载沣方面看出了，所以他虽参与了建军事务而终得不到军权。到了一九一一年，甚至连他的民政部大臣也给取消了。

袁世凯在载沣执政之后，虽被载沣以足疾开缺，还归洹上，戴笠垂钓，以便避免清廷之注意。但事实上他和旧部六镇的统带们，仍常保持联系；和立宪派张謇等也保持着紧密结合；和帝国主义的代理人朱尔典（英国驻华公使，各国驻华使团团长），以及各新闻界也不断交换消息。在清廷内部，则埋伏下了他的老幕僚长徐世昌，勾通和他狼狈为奸多年的奕劻，经常刺探载沣的举措。至于对革命党的看法，袁世凯和载沣、善耆等又有不同：他们都怕革命爆发，但袁则希望早日爆发。按着袁的想法，如果爆发晚了，革命力量日益充实，必至一发而不可收拾；早点爆发，则革命力量尚未成熟，正好给他以浑水摸鱼的机会。就是先利用革命力量推倒载沣，独揽大权，然后再来对付革命党人。他在北京的安排是这样的：初成立巡警部时，徐世昌为尚书，赵秉钧为右侍郎，内外城的巡警厅厅丞也是袁系的人。在赵秉钧指挥之下，一方面训练警兵，以便增加袁在北京的势力；一方面培养特务，以便为袁刺探消息和将来实行暗杀。声势所及，直达津、沪。各地帮会，也和赵等常通消息。等到善耆接任民政部尚书时，赵秉钧仍然蝉联了民政部右侍郎；后虽然易人，但赵的安排已成，暗中还在操纵。而巡警厅丞王治馨之投诚善耆，实系赵的安排。赵和革命党人公开来往，表面说是为了善耆，暗地里是为袁世凯刺探消息，随时报告于洹上。后来乘载沣不满善耆之机，赵竟爬上了民政大臣的宝座。善耆知道上了他们的圈套，但后悔已来不及了。

袁世凯逼宫的时候，反对清帝退位最力的是善耆、良弼等等。良弼被炸，清廷终于结束了它的统治。袁世凯任总统后，善耆等退居旅顺、大连一带，联络了亡清的禁烟大臣恭亲王溥伟、陕甘总督蒙古人升允和陆军部尚书铁良等，仍作恢复清廷、出任总理大臣的美梦，并组织了宗社党。民国初年，内、外蒙古曾几次出现反对民国的武装暴乱；张绍曾就任绥远将军以后，数千蒙古人包围绥远城，结果调了第二十镇的一团人，才把他们驱散。这些和善耆领导的宗社党，都有着千丝万缕的关系。他的活动，也得到了日本浪人和财阀们的支助。善耆在民政部任内，聘请之日本顾问川岛浪速，这时为他奔走拉拢，经日本政府暗中鼓励，取得了日本财阀大仓喜八郎的援费百万日元。善耆以此作为活动经费，除在满蒙招募武装，由日本军人有森、土井等训练外，还在北方各省从事颠覆袁世凯的活动。据所知者，在山西从事口头联络和文字宣传者有五台县人、清末主事王锡三，后为梁上栋告密（王曾联络过他），被阎锡山枪决。在王活动前后，另有清末绥远将军、督办垦务大臣贻谷的侄子钟某兄弟，曾经到过五台山，小住若干日，又回北京，也系策动反袁复清。当时往来北京以及各地的主持者就是陈家柽。陈虽系同盟会员，但看到革命果实被袁篡夺，因与善耆多年关系，又参加了宗社党的活动，借以倒袁。后于一九一四年，陈与钟某弟兄，均被袁世凯处死。民国二年，青海省办事长官名廉兴者，系满族人，和升允也有联络，后被蒙古王公和藏族千百户联名告发，虽云查无实据，但不能说事出无因，廉兴为此终于去职。这是宗社党在甘肃、青海的活动。一九二六年，袁世凯暴崩不久，善耆又发动了他在满蒙训练的军队，想行复辟。其中有以巴布扎布率领的一队，一度逼近张家口，气势十分凶猛，最后以巴布扎布本人被刺杀而告终。此后宗社党的活动，才消沉下去。九一八事变后，溥伟在溥仪来到东北之前，曾到沈阳祭陵。假定溥仪拒绝日本军部的策动，溥伟就或者成了东北的傀儡，也未可知。这又是善耆以后，宗社党活动的一个尾声。

总起来说，在清末的最后三年中，各方面的明争暗斗是很激烈的。立宪派和革命派与清政府斗；摄政王与袁世凯及立宪派和革命党斗；善耆与载沣弟兄斗，结果均归失败，成功者只一个袁世凯。后来善耆又与以袁世凯为首的北洋派斗，最后也终归失败。其他方面的斗争，人们有所记录，独善耆这一派的活动，尚无人提到，或仅片段涉及。因记述如上，以供参考。

（一九六三年二月）

庚子—辛丑随銮纪实[①]

岳　超

余为满族人，姓叶赫那拉，与慈禧皇太后同民族，属其侄孙辈，父名伊里布，为清廷御前虎枪侍卫。余九岁入官学攻读，兼习武。十七岁时补神机营管理大臣桂祥（慈禧之胞弟）之戈什哈（满语：卫士），故能经常伴随出入府第宫廷。庚子—辛丑间曾随銮往返北京、西安，回忆经过如次。

① 本文在编入本书时，曾参照恽宝惠、黄曾元诸先生的意见，作了若干订正。

一

庚子年七月二十一日（一九〇〇年八月十五日）上午五时许，余照例肩荷英国制十三响快枪，与其他扈从二十余人随护桂祥上朝；至神武门时甫六时，即见御前侍卫、太监、宫女等随慈禧、光绪、隆裕、瑾妃及大阿哥等自宫内徒步走来。到此上朝[1]之各王公大臣约五六十人及随员、侍从等当即就地跪下。桂祥问："佛爷上哪儿去？"慈禧似怒气犹未消（出走时曾强制珍妃投井），目光炯炯，神色严峻，仅一摆手而未发一言。桂祥即请上本人所乘朱轮紫缰[2]之大鞍骡车，由桂祥坐在车外。此轿车上部围蓝呢，下围红呢，原为亲贵特种仪仗。光绪乘伦贝子之车，由溥伦跨车外。隆裕及宫眷等分乘各王公大臣之车。慈禧衣蓝布大褂，绾"旗头座"式发髻（平常在宫中召见王公大臣时亦曾作此种打扮）。彼年已六十有余，因善保养，容色犹好，如四十许人。

光绪着青洋绸大褂，手携一赤金水烟袋，神色沮丧，盖国运隆替，自身安危，复不可测；兼之爱妃甫遭毒手，计时遗体尚温；光绪能克制至此，已属不易。

两宫上车后，各王公大臣或骑马，或徒步，踉踉跄跄，随后扈从，形成一色彩纷呈之凌乱纵队，约千余人，尚肃静，经由景山西街出地安门西行。上午八时许，至西直门，忽下细雨，从者均未携雨具，悉被淋透，

---

① 自京师局势紧张后，王公大臣、文武百官每日上朝即不再走东、西华门而走神武门，直入后宫。

② 清制：入八分公以上爵位赐朱轮、紫缰、宝石顶、双眼花翎、牛角灯、茶搭子、马坐褥和门钉。详见本书之《晚清见闻琐记》。

踯躅道中，厥状萧索凄苦。忆当年慈禧乘亮轿或暖轿出入此门时，黄土垫道，銮仪整肃，对对提炉中御香缥缈，檀气氤氲之情形，宛如隔世矣。

出西直门折而北，经通颐和园之御道至高亮桥，慈禧、光绪等下车，入桥头倚虹堂小息。此处小桥流水，曲槛红墙，槐柳成荫，景色宜人，原派有太监看守管理，随时准备慈禧临幸颐和园时在此打尖；南岸有船坞，北岸有码头，慈禧如欲泛舟入颐和园时，即在此处下船。

上午十一时左右，到达颐和园，两宫下车入仁寿殿打尖。慈禧每年在此居住时日，较住大内时犹多，故派有总管太监，一切供应，自甚周至。各王公大臣旋入殿叩头问安。慈禧见庆亲王奕劻、端郡王载漪等时怫然说："都是你们闹的！"言时声色俱厉。各王顿首，叩地有声，但慈禧亦未再开言。移时，出园，向西北行进。

此时由京先后赶来随銮西行者，有庄亲王载勋、蒙古亲王那彦图，辅国公载澜、载泽、志均、定昌，大学士刚毅、赵舒翘，侍郎溥兴等人，另有兵勇数千护驾。大队过青龙桥、红山口、望儿山、西北旺等地，于下午七时，到达离京七十里之贯市，即在此驻跸宿夜。

贯市为京西北大镇，与羊坊毗连，甚富庶。居民奉伊斯兰教，多李姓，相传为康熙时著名镖师神弹子李五之后，当时在京城前门外仍设有东光裕镖局，如插该局旗号，大江南北无敢劫车者。李姓族长闻御驾至，急戴缨帽出村跪接，迎两宫登清真礼拜寺大殿，甚清洁，立设盛席供上用，同时赶制全新红绸被褥进奉。此外，复连夜预备驼轿三乘，围以黄布，供两宫及皇后乘坐，以免轿车颠簸晃荡之苦。此项雪中送炭之举，竟使慈禧为之色喜，对之赏赉有加：李姓族长被赏予四品顶戴，以五品顶戴赏于精壮之回民驼轿把式。

是夜，慈禧宿礼拜寺大殿，光绪及后妃宿东、西房。桂祥总管一切，侍卫把守寺门，并在四周巡逻放哨。王公大臣亦由李姓族长招待饮食，分宿于民房中，其他人则多露宿。

七月二十二日（八月十六日），天明即起驾。出发前，李姓族长将昨晚为两宫特备之被褥分放于驼轿中，又在每轿内放进大银锭十只，每只重五十两，一为孝敬，二为压轿，以免行走时摇晃。又在各轿内放点心一大漆盒，供奉不可谓不极尽所能矣。

中午抵南口，稍息打尖。此地因受败兵散勇之骚扰、抢掠，居民多逃入深山，经侍卫、太监等到处寻觅，始获得少量小米及鸡蛋，聊供两宫及后妃熬粥充饥。其他随从人员只得向庄稼地中讨生活。盖庚子年直隶各地丰收，銮驾所经之地，多尚未收割，遍地杂粮红、瓜菜熟，以是员兵粮食，骡马刍秣，咸无代价取给于是，不付钱，付钱亦无人收。随行者均谓“得天之助，命不该绝”。

过居庸关，经四十里关沟，迄晚至岔道，山路坎坷难行，骑者均下马。在一小山村驻跸。除两宫及宫眷住民房，现煮小米粥充饥外，余众多随地露宿，忍饥挨冻，情形相当凄惨。余则坐地倚树假寐而已。

二十三日（十七日）黎明即起，向西续进。经康庄，略事休息，吃小米粥。天又下雨，道路泥泞，跋涉维艰。午后，怀来县在望，但城东有河，值山洪下泄，河水泛滥，复无桥梁可渡。驼轿把式谓“无妨”，可徒涉，由士兵多名于驼轿两侧扶持，激流托轿底，几被冲走。至怀来县东门外，知县吴永率多人郊迎，夹道跪接（为出京以来初见），迎两宫等至县衙休息。吴永年三十许，外表文弱，斜肩，但甚精干。以一边塞小县，而能肆筵设席，供应自如，颇非易事。此外，并预作布置，不准散兵游勇入城，故城内秩序安堵；随员及卫队入城后食住亦均有所安置。

吴永见慈禧、隆裕均未带御寒衣物，即以其眷属较好棉、夹衣贡奉。慈禧而服汉人衣裳，恐尚系破天荒第一次。

当晚，慈禧召见吴永，温语嘉慰；又询其出身、履历，知为浙江人，系曾国藩孙婿。慈禧对曾印象甚好，爱屋及乌，益加器重，即派吴往西路各州开办传驿，赴前站预备皇差，征调粮食供应，总揽行营一切事务。越数日，又降旨以知府留于原省候补，并先换顶戴。回銮后复升任广东道台。

怀来县有四人抬小轿两乘，吴永命连夜用黄布围饰，以备于次日供两宫乘用，较乘驼轿尤胜一筹也。

桂祥有阿芙蓉癖，瘾奇大，随銮离京，事出仓卒，未做准备，三日来肩担重任，疲于奔命，竟忘此吞云吐雾之举。至怀来县后，稍获喘息，从者忽忆此事，偶一问询，竟触桂突发烟瘾，立即全身瘫软，神智昏迷，吸后始瘥，可发一噱。

二十四日（十八日）晨，起驾出怀来城，继续循大道西进。慈禧已传旨径赴宣化府。行十余里，前方忽闪出一彪人马，经查明为甘肃藩台岑春煊前来接驾。岑军称威远军，服黑衣，又号黑衣军，共五营，约二千余人。兵勇多倒背枪，军容不甚整肃。岑广西人，时年约四十余，蓄小胡，觐见时，气势颇为慓悍。慈禧见有生力军到，当即召见，命岑注意整顿军风纪，加强治安，兼办前路粮台，而以吴永副之。自此沿途地方官始得机会有所准备，供应及时。然岑对吴永颇轻视，不仅不与合作，且常发生摩擦。

岑春煊奉慈禧懿旨整肃军纪，游兵散勇之打家劫舍者，杀不赦。见太监有骑驴者，杀之，因驴为民间物甚明。此种擅杀内官之行为，前此尚属少见，故引起都总管太监李莲英之不满，认为欺君罔上，但慈禧亦未曾置意。武卫军、毅军之散兵游勇横行恣肆，甚于匪盗。有步兵而骑马者，岑辄杀之。一时虽觉其嚣张跋扈，王公大臣为之侧目，而各地秩序则赖是扭转。是日，过沙城，宿保安州。

二十五日（十九日）宿鸡鸣驿。自此供应日见充裕，因有岑、吴驰驱前站，地方官不得不悉力报效也。

二十六日（二十日）抵宣化府，总兵、知府、知县等率大小官员数十人舁大轿郊迎。慈禧、光绪舍吴永之小轿，改乘四人抬大轿，进南门，驻跸镇台衙门。沿途未净街，居民但遥遥观看而已。在此整休三日，编成亲军小队，各赏戴金顶，发饷银二两。

慈禧派庆亲王奕劻回京交涉与各国议和，并派北洋大臣、直隶总督李鸿章为钦差全权大臣便宜行事，办理议订和约事宜。惟各国对清室王公不信任，交涉迄无头绪，至闰八月李鸿章自南方到京后始开始谈判。李抵京后住贤良寺，外军派兵为之守卫。

二十九日（二十三日）自宣化起驾，继续西行。总兵与知府将所乘大轿献出，围以黄缎，改用八人抬轿，加以侍卫及亲军等前呼后拥，虽不若在京时銮驾之烜赫整齐，究比前数日仓皇、杂乱情形改善多多矣。过大洋河，越枳儿岭（直隶、山西交界处），至天镇县住宿，此县已备有行辕及供王公大臣住宿之公馆。沿途村镇，均有士绅迎接供奉。

八月初一（八月二十五日），过阳高县。初三（二十七日）到大同府。总兵以下大小官员出城至五十里铺恭迎。入城后，两宫住官衙，供应丰盛，官员随从生活均大有改善。城郊已无散兵游勇踪迹。时江苏巡抚鹿传霖募兵入卫。在此休息二日。慈禧传旨前往山西省城太原府。

八月初五（二十九日），自大同府出发，折而南行，过怀仁县、张庄、广武，入雁门关，驻跸代州；又经原平、崞县，于八月十四日（九月七日）到达忻州。因次日为中秋节，在此休息一日。十六日（九月九日）续进，宿阳曲湾；十七日（九月十日）到达太原府。

山西巡抚毓贤率领省城文武官吏数百人，至城北二十里之黄土寨跪迎，打尖后，当晚入城，驻跸巡抚衙门。太原仓库中尚存有乾隆南游及西巡太原时所用仪仗銮舆，乃取出应用，并新制龙旗二十四面，以壮观瞻。地方大小官吏，无不尽力报效，金银财帛，衣食服用，应有尽有，几又恢复大内排场。侍卫队伍，渐有秩序，余不再任警卫矣。

八月杪，军机大臣荣禄，自北京取道南路，经保定、石家庄到太原。彼所统率之武卫中军已全部瓦解。与荣同时南奔者尚有尚书崇绮，唯已在过保定住莲池书院时自缢身死。荣禄抵太原后即奉旨充任首席军机，并命鹿传霖任军机大臣；原军机大臣王文韶（已七十余岁）在怀来已赶来随扈。李鸿章在京与各国折冲后，每日用电报向慈禧电奏请示；各省钱粮亦奉命改道径送太原行在。山西巡抚毓贤为义和团事件祸首之一，辛丑和约规定即行正法者，旋于次年正月初四执行。

闰八月上旬，石家庄方面传来德法联军突又西进之讯，攻击晋东固关要隘。固关在娘子关迤南不远处，为入晋正道（娘子关为偏道），古称天险，有一夫当关，万人难入之势。幸山西军队早有所准备，敌进攻数日，伤亡千余人，未得逞，退去。然消息传来，两宫及王公大臣闻之均如惊弓之鸟，慈禧决定迁地为良，走为上策，传旨准备起驾离晋，转往陕西省城西安府。

闰八月十九日（十月十二日），两宫在太原喘息休养一月之后，重上征途。此次随行人员较前又有增加，军队除八旗兵士外，沿途又有陕军、甘军、川军等肃立道旁，全力警卫。大队日行七八十里，经徐沟县、祁县、平遥县、介休县、灵石县（过韩信岭时，上山、下山八十里，坡度三十至四十，历时一天，人困马乏，载货均卸下）、霍州、赵城、洪洞县、平阳府、侯马镇、闻喜县、蒲州府，至风陵渡，改乘长五丈、宽丈余之未油饰旧木船渡河。时值九秋，天高气爽，风平浪静，经过甚为顺利。登黄河南岸后，即过潼关入陕，经华阴县、临潼县，于九月初四日（十月二十六日）到达西安府。全程历时半月。

西安有南院、北院。南院为陕西巡抚衙门，但房屋不若北院之原陕甘总督衙门之宽大华美，后者有房数百间。两宫同住北院，由董福祥部管带五人轮流值班护卫。每日上朝之王公大臣逐渐增至近百。江苏学政瞿鸿禨任满来西安，命在军机大臣上学习行走。由京来陕之太监续到不少，均由北路来，据谓较南路安全云。

过蒲州府时，忽降谕旨，着革去庄亲王载勋爵位；至西安后，又于辛丑正月初三日（一九〇一年二月二十一日）降旨赐帛[①]。盖李鸿章在京议和，条约十二款之第二款第一项即为惩办伤害诸国国家及人民之祸首诸臣，载勋亦单上有名，特赐帛令自尽也。嗣后又降旨革去端郡王载漪之王爵、辅国公载澜之公爵，发往新疆充军，永远监禁，永不减免；又降旨革去协办大学士吏部尚书刚毅、刑部尚书赵舒翘之职，除刚毅已在途中病故外，赵舒翘着岑春煊监视自尽。

在北京方面，大学士徐桐已病故不问外，礼部尚书启秀、刑部左侍郎徐永煜均革职正法。闻当辛丑正月初八日（一月二十六日）执行时，外人因中国处决大臣，多赴刑场参观行刑经过，并摄影。

慈禧携光绪到长安后，自觉距敌已远，内顾无忧，已至安全地带，一

① 清制：亲王犯死罪不斩首而为“赐帛”。即用白绫数尺令其自尽。

方面谕令李鸿章等不惜任何代价，力求早日缔成和约，一方面不顾各省天灾频仍，兵祸联结，只求继续偏安陕中，养尊处优，令将南漕之米，改以半数折价，交纳现银；半数在徐州附近起岸，由陆路运送西安。两宫在陕驻跸年余，每日自晨迄晚，长安东郊道上，车辚辚、马萧萧，但见运粮、运银[①]大车络绎不绝。关中丰收一年，可以食用三年，但自己亥以还，大旱三载，民多菜色，长安市上，饿殍载道（桂祥家雇一女仆，自谓家中有地两顷，仅为求食而来，不计工资），两宫身处宫禁，耳不聪、目不明，自不关心民命，而王公大臣视而不见，听而不闻，实情无可原，唯知日以慈禧喜闻乐见之事谎告取宠。内官李莲英入陕后更承慈禧之欢，权势日大，卖官鬻爵，多经其手。各省地方官进奉慈禧之贡品，照例另赠李莲英一份，否则则多方刁难。回銮时，用黄色绳带抬运之箱笼为慈禧财物，而用红色绳带者即为李阉之财物，李之所有竟逾慈禧之半，亦足惊人矣。

慈禧穷奢极欲，由来已久。在西安经年，未计国亡无日，民不堪扰，一味敲骨吮髓，满足一己之享受。两湖总督张之洞供应稍差，慈禧立派吴永前往坐索压挤。就饮食一项而言，即由总管大臣继禄管理，精益求精，俨然大内作风。行宫逼仄，远不若北京后宫之恢宏，然御膳房之规模，仍分为荤局、素局、菜局、饭局、粥局、茶局、酪局、点心局等，每局设管事太监一人，厨司数人至十数人不等。辛丑在陕度夏，慈禧要吃冰镇酸梅汤，关中天气温热，向无存冰，御膳房计无所出。有当地人建议，谓距长安城西南百余里之太白山，为长安八景之一："太白积雪六月天"，山中有一岩洞，深邃阴凉，内有千年不化之冰。因命地方官每日派人赴太白山运冰，供御膳房用。

慈禧好玩乐，百戏杂陈，亦不感烦腻。西安仅有一低级京戏班，自不合其口味。李莲英物色陕西地方戏班，召入行宫演唱，连以碗碟打花点说书者亦蒙其光顾。有时或与各命妇作牧猪奴之戏以取乐，以金球、元宝

① 运银方法，系用长三尺余、径尺余之原木，对半剞开挖空，嵌放每锭五十两之银元宝。每段装十锭，每车装一二十段，名曰"银橇"。

做赌注，或写字做画消遣。慈禧年逾花甲，自京至陕辗转数千里，颠沛劳顿，终未见风尘之色。反之，光绪容颜憔悴，若有重忧，从来未见片刻开朗或偶一强作欢笑；谨言慎行，唯恐大祸随时及身。盖慈禧对彼警惕性甚高，周围耳目众多，爪牙密布，光绪之一言一行，慈禧无不立知。

二

庚子十一月，随驾到陕之辅国公定昌因病身故，奉旨运其灵柩回京安葬，并派员沿途护送照料。定昌兼任神机营帮统，因此由管理神机营大臣桂祥办理运灵事宜。彼时一般人视北行为畏途，以北京为险地，绝少敢轻予尝试者。时余正当青年，不计利害，自告奋勇，愿承此差。经桂祥同意，并嘱余便道一觇北京实况，尤嘱注意桂公府情形，令事毕立即返陕复命。

庚子十二月上旬，余化装农民模样，押运定昌灵柩出西安。经潼关渡河，循原道过太原，经大同赴北京。

过宣化府后，情况突见紧张，洋兵调动频繁，骚扰特甚，民不堪命。过居庸关行近北京时，余亦为之经常惊怵不安。据传：中国人见洋人时必须脱帽敬礼，否则即遭毒打，甚至有性命之忧。余顺利押运灵柩至城郊寄庙停放后，即入城通知定公爷之家属，完成任务。

“国破山河在，城春草木深！”京师市街依旧，景色全非：战迹斑斑，蓬蒿满目，一派亡国景象。八国侵略军已将北京瓜分：正阳门、崇文门、宣武门迤南由英军与美军管辖，东直门至西直门迤北由日军管辖，朝阳门迤南由俄军管辖，阜城门迤南由法军管辖、迤北归义军管辖，皇城内由比军管辖。在各国军管地区内之商店住户，均须在门前张挂各该管辖国国旗。例如：东直门至西直门迤北地区内，均悬挂日本太阳旗，并在旗上大书“大日本顺民”字样。早晚扫街、泼水各两次，稍有违犯，即遭毒打。入夜，各户门前得点燃灯笼一个。洋人向中国商店、住户赊买需索，视成寻常。未及逃亡之王公、大臣、贝勒，被洋人入府抓去，勒逼抬粪、运尸、遛马或做其他劳役者，颇不乏人。

其时，京中有能操外语之民族败类，甘愿为虎作伥，横行霸道，欺压善良；其中有投各管辖国充当各该地区巡捕者，着各国不同之警察服装，做洋人统治中国人之爪牙，尤为可恶。彼等对居民打骂勒索，向各该地区特许开设之赌局、烟馆逼收规费、“保险费”。娼妓满街，盗匪如毛，买卖估衣与百货之摊贩，充斥街头，其中有洋兵抢来之“战利品”，有盗贼之赃物，均明目张胆，公然销售。

入侵各国驻军都无恶不作。城北日军驻区居民拥挤，生活较安。日军任川岛浪速为警察局长。还都以后，清政府竟仍令继续办理，并加聘川岛为警察总教练，试办警政。

到京之次日，余往东城方嘉园胡同桂公府察看，已住满德军，百余间房屋及其中家具什物，尽为德军所占用。联军统帅、德军司令瓦德西住在西苑仪鸾殿，一切坛庙、官衙、局所均被践踏破坏，不可言状。

余在此黑暗、惨淡之北京勉度春节后，即循原道遄返西安复命，共费时三十八天，至西安时已二月上旬矣。桂祥改派余至总管虎神营大臣溥兴处充当戈什哈。

三

按辛丑条约第一款之规定，钦派醇亲王载沣为头等专任大臣，于六月初七日（一九〇一年七月二十二日）由北京启程“赴大德国大皇帝前代表大清国大皇帝暨国家致惋惜之意”。实则载沣去德道歉较此为早，并于辛丑五月由德返国至西安复命。

闻载沣抵德京柏林后，清德双方对谢罪仪式曾一度发生争执。德皇威廉大帝命中国亲王见德皇谢罪时须行跪拜之礼，此种侮辱，使载沣不堪忍受，后经据理力争，谓世界各国使节觐见彼此元首时均无行跪拜礼者，若德皇强欲清使行中国礼，受礼者未必光荣，如传闻于他国，反为德国之耻，措辞委婉而极有理，经过多次往返交涉，威廉始放弃原议，决定行三鞠躬礼。

至于为克林德建立之纪念碑，至辛丑还都之后始在崇文门大街兴建，有牌楼五个，高二丈余，共费银一百二十万两，费时年余。此一国耻纪念碑直至一九一九年第一次世界大战结束时，始被驻京法军会同民国政府派人予以拆毁，将一部分石块移放中山公园。今日所见之“保卫和平”牌楼即其一部分。

辛丑七月，西安传说，北京和议告成，两宫即将择日还都。以是自京流亡西安者，无论王公大臣、官吏兵卒，无不欢喜若狂，奔走相告；忙于置办行装，选购土特产（如土布之类）。溥伦患近视，通满、汉、蒙文，好唱戏；但附庸风雅，又好金石书画，兴之所至，竟将西安碑林中之某名碑拆卸后藏诸府中，于还都时装车运京。见之者不明就里，但谓伦贝子装了一车石头当作宝贝。

西安作为行在达一年余，为市场带来一定之表面繁荣，但对广大人民并未有所补益，唯见生活程度日高，贫富益见悬殊而已。故还都之讯，老百姓反应不仅甚为淡漠，且有早去为妙之感。盖关中旱荒三年，在上者一不关切，二不救济，而还都之举，最要者莫如交通工具及人力畜力之征集，除有自备车马者之外，均须向西安府与长安县要车马、要人夫，而此两个衙门即转而向四乡农民征用，不问是否农忙季节，有车征车，见人抓人，三年旱灾之后又逢此项征用与徭役，“苛政猛于虎”之说，不为过也。

按清代驰驿之制，官吏过境，不论官阶大小，地方官吏均得为之预备食宿。此次还都，对御驾必须尽力供奉，事属当然；但尚有其他大小官吏及其眷属、随从达数千之众，在供应方面，负担既重，困难亦多，因决定分三批启程：第一批，为在陕无紧要工作者，第二批随銮应命者；第三批，在京中无要事者。又将沿途各州县，分为尖站与宿站，俾便分工合作，计划供应。

饮食供应办法，按官阶高低而定。例如王公大臣，为每人“上八八”一席，有海味及鸡鸭鱼肉菜品等八碗八碟，“下六六”一桌或数桌，供随员及卫士等食用。中、下级官吏每人“中八八”一桌，有鸡鸭肉菜等。如此办席一次，常达数百桌，故每过一州县，支应局所搭临时厨房即占半条街。

宿所方面，各公馆张灯结彩，供应周全；但至次晨离去之时，不仅所陈铜香炉、锡蜡台常不翼而飞，连彩绸亦被席卷而去。此种贪污盗窃行为，虽为下人所做，在上者亦熟视无睹，故作痴聋。地方官唯有含怒忍痛，转而嫁祸于小民而已。

太监对地方官吏需索要求尤苛，致使某县令因无法张罗，愤而摘下官帽，声称“干不了”而去行辕坐地待罪者。

四

辛丑八月（一九〇一年十月）两宫由西安回銮，除省城内趋炎附势之士绅紧张周旋外，一般人民则毫无表示，彼此既休戚无关，阶级对立更见分明，感情自必更无由建立也。

两宫分乘八人抬亮轿，舆夫所穿红绸驾衣，系仿照北京銮仪卫之款式裁制。轿前有御前大臣及侍卫并辔而行，再前为大群武装部队，而以二十四面黄龙旗开路。大道上均垫黄土，两旁有护驾军队之士兵站道，计有属陕西巡抚升允之陕军，有属甘肃提督邓增之甘军，有属四川提督夏毓秀之川军，亦有属直隶提督马玉昆（已八十余岁）之毅军。

第一日，出长安东门，仅行进四十里，止于临潼县，为两宫去华清池温泉休沐也。次日起，按站前进，至华阴县，驻跸华阴庙，两宫赴华山山麓之玉泉院降香，停留一日。然后东出潼关，入河南省境，过函谷关，宿陕州。

河南巡抚为满族人松寿，善逢迎，并知发动民众，制造影响。御驾所经各地，相互竞赛供应。即尖站亦均漆绘彩画，摆设铺陈，满置鲜花，芳香袭人，甚得慈禧欢心，屡被升迁至闽浙总督。

是岁，豫省年景较好，慈禧传旨不禁跸，使农民能扶老携幼，至御驾所经大道跪迎两宫，一睹“天颜”。有献瓜果者，有献土产者，慈禧均命略取一二置轿中，或赏随从食用。对农民亦有所赏赐。

在洛阳县驻跸三日。两宫赴龙门山、千佛岩游览，在香山庙降香，道经关羽墓，亦下轿盘桓。回洛阳时，路旁遍跪男女老幼，瞻仰“御容”；亦有年老居民在门前摆设桌椅，供陈果点者，经慈禧问明情由，命将供品收下，由御前大臣给予赏赐。

慈禧为收揽人心，在洛阳定造大批银牌。牌长四寸，宽寸许，做葫芦形，带黄色丝穗，重一两，上镌“卿赏耆民”四字，不知作何解释。御前大臣及侍卫等人各带银牌若干，待慈禧向道旁某人一指，即赏给一块，而获赏者多为老人。此举直至在保定府上车时始止，共赏发银牌为数不少。

离洛阳后，第一日宿虎牢关，第二日起经偃师县、巩县、荥阳县、郑州及中牟县，于第五日至河南省城开封府，驻跸半月，因十月中为两宫万寿（光绪十月初生，慈禧则在月中），开封地方较大，便于进行庆祝活动也。万寿之日，排场甚大，一如在北京宫中，地方官吏竭力报效，所费不赀。在此期间，两宫曾游览宋室宫院旧龙亭。

两宫过万寿后即启程北上。开封距黄河仅二十里左右，因人多，车马杂沓，分在柳园口、黑岗口两处渡河。时汛期已过，河面宽度不及十里，所用渡船，为求平稳、安全与壮观，系用大船五艘连接而成，饰有龙头、龙尾，船身内外油漆彩绘。

是时已为十一月中旬，天气日见寒冷，故自此每日按站前进，不再游山逛景，以便早日到京。过卫辉府（今汲县）、彰德府（今安阳县）至磁州，自陕护送御驾之各省官员与军队，即将所负任务移交由直隶总督袁世凯及其他军队，各返本省。张勋自此与两宫开始接近，并渐获得宠信。张好交游，善花钱，人缘甚好。慈禧返京后住颐和园时，亦由张带队驻园保护。

袁世凯统率之武卫右军，系按德式操典训练，持枪背包，军容甚壮，战斗力亦强，闻已在山东将义和团肃清，故慈禧对袁颇为器重。在此以前各地编练之新军均跪迎、跪送，唯袁之部队不下跪，仅吹号、举枪，按军礼迎送。因是遂有人讽刺袁世凯，谓彼所带者为洋鬼子兵。

在开封时，慈禧降旨撤销溥儁之“大阿哥”称号，改封为不入八分辅国公衔。时溥儁已十七岁，系一纨绔子弟。在西安时因系太子身份，不容出宫，历史资料中有彼在西安看戏打架之说，事出揣测，不确。

溥儁出宫后，地位一落千丈，顿时无人理睬。因既无继承大统之望，即端王之荫庇亦不可得，兼以平日人缘甚坏，“墙倒众人推”，更为人所不齿。溥儁已无乘轿资格，落入第三批人之中回京，从此默默无闻。民国七八年间，彼住什刹海附近蒙古罗王府，仍梳大辫，常至后门一带茶坊酒肆喝茶饮酒，后忽不见，当已死。

离磁州后，经顺德府（今邢台县），到达正定府，驻跸三日。两宫到大佛寺降香，并为铜菩萨悬匾一方，闻至今犹存。此寺系唐代名将尉迟恭所建，铜佛高三丈余，殿顶已毁，佛顶露天，慈禧传旨拨款重修。寺占地甚广，房屋可驻军一师，民国以后，在军阀内战中又被破坏过半云。

由正定改乘火车北上。花车内部系用黄缎障壁，铺黄龙图案之地毯，极尽金碧辉煌之概（后曾用此车迎接班禅）。不到一日，即达北京附近丰台镇迤北之京汉铁路起点站马家堡车站。此时火车尚不准入城，马家堡距永定门十五里，有电车可通，义和团入京后轨道被拆除，车辆亦多被毁。

专车于下午三时开入马家堡车站。京中王公大臣暨文武大小官吏，均到车站跪接“圣驾”。各国男女，为欲一见垂帘听政有年之中国皇太后及政权旁落、一如监犯之中国大皇帝，咸麕集车站；见两宫出站，即蜂拥向前，秩序紊乱，毫无礼貌可言。且有持摄影机照相者，此举在当时可谓为“大不敬”。慈禧亦无如之何，可见当时清廷之威信及外人对中国元首之藐视矣。

自马家堡车站至天安门，沿途禁跸，黄土垫道，由穿马褂、挎腰刀之八旗兵站岗保护。銮仪卫出动全副銮驾，以八人抬暖轿迎两宫回宫。

天安门虽已刷抹红灰，仍可见累累弹痕，端门亦然，可见当时义和团及清军抵抗之烈。

（一九六二年）

“废黜出宫”以后的大阿哥[①]

毓　运　述　罗恒年　记

一九二〇年（民国九年），我跟祖父端王载漪回京就医，在我们的故居惇亲王府，见到了当年曾被西太后立为大阿哥的二叔父溥儁，以后并先后三次跟他有过生活接触；同时祖父和我父亲溥僎也经常谈起他。因此，我对他被废黜出宫以后情况遂有了了解。

① 即皇长子。这里系指端王载漪第二子溥儁。戊戌政变失败后，西太后立他为大阿哥，准备废掉光绪以后，继承同治为帝。

“废黜出宫”与“认祖归宗”

一九〇〇年（光绪二十六年），义和团失败后，西太后逃往西安避难。她为了保住自己的政权，一面派李鸿章等向八国纳款求和；一面把曾主张对八国联军作战的端王载漪“发往新疆，永远监禁”，以讨好帝国主义。次年，她又把被立为大阿哥的端王第二子溥儁“废黜出宫”。

当时，因端王府已被八国联军烧毁，端王一系及大阿哥等无处居住，西太后遂又下诏让端王这一系“认祖归宗”，仍归惇亲王府本支。端王原系惇亲王奕谅第二子。西太后因看到他自幼好武，在率领由八旗子弟组成的神机营时显示了一定的“才干”，不像当时一般亲、郡王那样都钻营文职。她为了培养一个掌握兵权的贵族作为自己的心腹，于是就看中了载漪，并想早点把他封王。但是，由于载漪之父——惇亲王奕谅仍然在世，一个王府不能同时册封两个王爵，而此时适值瑞怀亲王之子瑞敏郡王奕誌殁后无嗣，西太后遂降旨让载漪过继给瑞敏郡王为子，以后晋封端郡王。[①]庚子以后，西太后之所以又让端王一系仍回惇亲王府本支，据我父亲溥僎说，她有两个意图：第一，是表示她惩办端王实为联军所迫，以后如形势许可，仍可以惇亲王的名义恢复端王的王爵；第二，端王一系回归本府后，可以有权分得惇亲王府的财产，以维持其家族以后的生活。

大阿哥被废黜出宫以后，便按照西太后的旨意，由皇宫迁到了东四北小街的惇亲王府。这时，我的曾祖父惇亲王奕谅已经死去，所遗五子除二子端王载漪已发配新疆外，长子载濂、三子载澜都以庚子事件革爵；四子

① 载漪过继给瑞敏郡王而称端王，《清史稿》称：“更名端者，述旨误，遂因之。”

载瀛因以上三个哥哥都以罪革职，西太后让他降袭贝勒继承了惇亲王府；五子载津死去。这样，载瀛便成了惇亲王府的继承人，占有了府内的八大殿堂和绝大部分地产；并且非常骄横自恃，常向亲友们夸口，说他的贝勒相当于三等王爵，将来的郡王、亲王爵位，十拿九稳会落到他的头上。因此，大阿哥迁来后，载瀛并没有按端王一系平均分配给他财产，只是在王府的东跨院拨了二三十间房子让他居住，并且不给办理契税手续。王府的地租收入每年只给大阿哥分几百两银子，要比他们兄弟分得的少几十倍。载瀛不给大阿哥办理契税手续，表面上是说等端王的长子溥僎回来，不能单独分给大阿哥一房，实际上他是要独占王府的祖产而已。载瀛还说大阿哥“最懒于攻读”。他说，曾给大阿哥当过老师的崇绮向他说过，溥儁自光绪二十三年被嗣为同治皇帝的皇子后，每日总是与宫监们玩耍，常常用泥捏成许多小人，并给这些小泥人起名为李鸿章、庆王（奕劻）等，然后命太监用绳子绑起来，砍去头颅。

大阿哥与罗王府结姻

大阿哥回到惇亲王府住了一个时期，忽接端王从内蒙古阿拉善旗罗王府差人送来的信。信中说，经西太后默许，自己已投亲（端王的福晋是罗王的妹妹）于罗王府，生活很安定，希望大阿哥来罗王府看看自己。大阿哥由于在惇亲王府生活得很不愉快，便带了两个家人到罗王府省亲。

祖父端王对大阿哥一直非常关心。当年，溥儁被立为皇子，他不仅不准家里人再以家庭名分对待他，就是自己提到他也总称呼大阿哥，而且态度严肃，俨然有君臣之分。他于发配新疆的途中，听说大阿哥被废，迁居于惇亲王府，就决定自己一系回去分得的财产，全由大阿哥使用，不但不让长子溥僎继承，自己也分文不取。及到自己在罗王府定居下来，便叫大阿哥来省亲。

大阿哥到了内蒙古，罗王大摆筵宴，为他们举行会亲仪式。席间大阿哥见到了罗王的女儿穿着与北京王府的格格完全一样，人长得也很漂亮，便产生了好感。大阿哥把这个意思告诉了端王，端王也很赞成。那时，恰值甘军统领董福祥也在罗王府客居，端王便托董福祥向罗王夫妇去提亲。罗王的福晋与女儿因见大阿哥相貌平常，都不十分满意，但罗王由于与端王感情很好，便一口应承了下来；并很快为他们举行了结婚仪式。端王的福晋本是罗王的妹妹，如今大阿哥又与罗王的女儿结了婚，两个王府便更亲上加亲了。

几年遗老式的优裕生活

大阿哥于罗王府结婚后，端王本想让他常住在这里。这样，既可以使他们父子团聚，又可使罗夫妇与女儿朝夕相处，以享天伦之乐。但是由于大阿哥不习惯于内蒙古草原那种荒凉寂寞的生活，同时考虑到回北京可以分到惇亲王府的部分祖产，以便过安逸的生活。因此未听端干和罗王的一再劝阻，便决定携带妻子回返北京。端、罗二王见他主意已定，便也不再勉强。临行前，端王把平日积蓄下来的钱给了他一部分；罗王夫妇也准备了一部分钱，作为给女儿到北京置办妆奁的费用。

大阿哥夫妇到了北京，先住在三座桥的罗王府，罗王驻北京王府的上下人等，对大阿哥夫妇像对待贵宾一样进行接待。但大阿哥住了几个月，又搬到惇亲王府住了下来。辛亥革命后，大阿哥曾到历届总统府以自己曾为"大阿哥"的这块牌子，先后都当上了挂名参议。当时总统府的这些所谓参议，每年可以领到一大笔钱；再加上他从惇亲王府分到的地租，以及从内蒙古带来的钱，生活便也富裕了起来。

大阿哥夫妇婚后盛情并不是很好，而且经常闹意见。由于这个原因，大阿哥逐渐结识了一些不三不四的朋友，常到戏园、酒馆去鬼混。不久又捧上了几个唱大鼓的女艺人。听载瀛说，自大阿哥当上了总统府的参议，便任意吃喝玩乐，挥霍无度。还定制了一辆相当漂亮的洋包车，每天吃过晚饭，便坐上车去前门外看戏、听大鼓。以后又抽起鸦片来，并且雇了一个绰号叫“小媳妇”的女人，专门伺候他抽大烟。

大阿哥生有二子。长子毓兰峰，生性愚拙；二子自幼聪颖，为他所万分疼爱，但是突然在五岁那年患暴病死去。这突然的不幸，给大阿哥以极大的刺激，他亲自守在死孩子身旁，不吃不喝，整整哭了三四天，还不许掩埋。经过家人和亲友们百般劝说，才总算把孩子装殓起来。他还挑选了上等木材，做了一口象成人一样的大棺材，并请和尚做了道场。由于大阿哥经常做出这样一些离奇古怪的事情，因此在一般亲友当中，引起了不少非议。

晚年的悲惨结局

民国十年，由于当时政治上的大变动，大阿哥的挂名参议被取消了。民国十三年，冯玉祥在赶溥仪出宫的同时，也把清室各王府的土地以“缴价升课”的办法加以没收。原来在这以前，各王府都是把土地租给农民，佃农须按时向王府缴地租。所谓“缴价升课”，就是佃农按照当时规定的较低的地价，分期上缴，以后这些土地便属佃农所有了。此后只须向国家缴纳课税，不再向王府缴地租了。这就是所谓“变旗地为民地”。这意味着各王府再不能像过去那样，依靠剥削地租来生活了。

“缴价升课”，是继大阿哥被取消挂名参议之后的第二个“不幸”。从此以后，他便处于坐吃山空，逐渐破产的地步了。

一九二七年，祖父端王在宁夏（载漪后辗转定居于宁夏）去世不久，我也交卸了甘肃省景泰税务局局长的职务，回北京看望母亲和筹备六妹的婚礼。到北京以后，便见到了载瀛与大阿哥。当时，载瀛因祖父端王和我父亲溥僎相继去世，便把分给端王一系的东跨院那部分房产，分给了我，并正式办理了契税手续。我把房契交给了已穷困得不成样子的大阿哥，当时他显得很激动，还留我在他家吃了饭。我们边吃边谈，每逢我好奇地触及他在宫中的情况时，他总是神情颓丧地不愿多说。我问他何以出宫？他只用非常简单的几句话回答了我。他说，自端王被发配新疆以后，李鸿章、奕劻等便在西太后面前极力反对自己为皇子，说"罪人之子怎能继承大统"？西太后不久就下诏废黜了我。

两个多月以后，大阿哥忽然来到我家，说是因为生活困难，来和我商议出卖分得的房产。我同意他的意见，把那部分房产卖了几千块现洋。我见他生活困难，便把绝大部分房钱都给了他。但他手里有了钱，不知勤俭度日，仍然大吃大喝吸鸦片，很快便把这些钱挥霍殆尽了。

端王去世后，他的七侧福晋于民国十六年，把端王留在宁夏的四十几箱古董，整理出了十几箱子运到北京出卖，打算置些产业安度晚年。七侧福晋找大阿哥商量办法，正值大阿哥穷极无路，便大吵大闹地要求与她平分。七侧福晋见此非常不安，除把很少一部分给了大阿哥外，又把其余的带回了宁夏。

大阿哥由于生活所迫，以后只得让其妻子向塔王（罗王的儿子）去求借。塔王塔旺布里贾拉当时正担任蒙藏院总裁，知道了大阿哥及妹妹生活困难，即派人按月送钱来接济，接着又把他夫妇接进塔王府居住。不久塔王去世，塔王的侧福晋对大阿哥总看不入眼，对妹妹这位姑奶奶也不满意，并暗中吩咐手下的人，对大阿哥夫妇不要以亲戚相待，并让他们搬到了马号附近的几间小房子里去居住。

大阿哥遭到塔王侧福晋这样的冷遇，情绪非常沮丧，可自己又没有力量搬出府去，自谋生活，于是就积忧成疾，一病不起，不久便死在塔王府里了。死后于嘉兴寺殡仪馆举行了殡葬仪式，并埋葬在该寺后院的空地上。就这样，结束了大阿哥这个历史人物的一生。

（一九六四年）

记溥仪出宫

吴锡祺

一九二四年，北京政变取得胜利后，冯玉祥立即决定采取断然措施，将清废帝溥仪驱逐出宫，并先提请黄郛摄政内阁予以讨论。在这一提案尚未交付阁议的时候，北京警备总司令部获悉清室已预知其事，且将有所举动。警备总司令鹿钟麟即据以报告黄郛，并谓事不宜迟，迟恐生变。黄郛乃连夜召开紧急阁议，将优待清室条件加以修改并讨论通过，同时筹组清室善后委员会，以处理溥仪出宫后的一切事宜。

修改后的清室优待条件是：

“今大清皇帝欲贯彻五族共和之精神，不愿违反民国之各种规章制度仍存于今日，特将清室优待条件修正如下：

一、大清宣统皇帝即日起永远废除皇帝尊号，与中华民国国民在法律上享有同等一切权利。

二、自本条件修改后，民国政府每年补助清室家用五十万元，并特支出二百万元开办北京贫民工厂，尽先收容旗籍贫民。

三、清室按照原优待条件，即日移出禁宫，以后得自由选择居住，但民国政府仍负保护责任。

四、清室之宗庙陵寝永远奉祀，由民国酌设卫兵妥为保护。

五、其一切私产归清室完全享有，民国政府当为特别保护；其一切公产，当归民国政府所有。”

紧急阁议将清室优待条件修改通过后，即决定由北京警备总司令鹿钟麟、警察总监张璧会同社会知名人士李煜瀛前往故宫执行。

十一月五日晨，鹿、张、李会商执行步骤。张说：“这是一件大事，需要带多少军警？”鹿答：“军警各二十名就够了。”计议既定，先将故宫外军警布置妥当，并将电话线割断后，即率军警各二十名入神武门。每通过一门，就分置军警监视其值岗卫兵，不许走动。鹿、张、李径趋溥仪住所。值清室正开“御前”会议，当由内务府大臣绍英出迎，鹿等即出示国务院通过的修改优待条件，并告知来意，请其转达溥仪立即迁出宫外。绍英虽惊慌失措，但仍故示镇静，并指李煜瀛说：“你不是故相李鸿藻的公子吗？何忍出此？”李笑而不答。又指鹿钟麟说：“你不是故相鹿传霖的一家吗？为什么这样逼迫我们？”鹿说：“你要知道，我们来此执行国务院的命令，是为了民国，同时也是为了清室，如果不是我们，那就休想这样从容了。”绍英又说：“我大清入关以来，宽宏为政，没有对不起百姓的事，况优待条件尚在，怎么能够这样办呢？”鹿说：“你这是替清室说话。可是，满清入关以后的‘扬州十日’和‘嘉定三屠’，老百姓是永远忘不了的。况且张勋复辟，颠覆民国，优待条件早为清室所毁弃。当时全国军民一致要求严惩复辟祸首，到现在还是一个悬案。最近摄政内阁成立，各方又纷纷提出惩办复辟祸首的要求，群情愤激，就要直接采取不利于清室的行动，现在宫内外已布满军警，其势汹汹，就要动手，如果不是我们劝阻他们稍停片刻，现在就出了乱子了。”绍英不得已，乃入告溥仪，但往返数次，仍希有所转圜。鹿见事不能决，乃故意大声告其随从人员说：“快去告诉外边，时间虽然到了，事情还可商量，先不要开炮放火，再延长二十分钟。”溥仪闻而大惊，于是立即答应迁出宫外，随即交出印玺，收拾私物，在鹿、张、李的监视和保护下一同离开故宫。鹿并亲自送他到后海甘水桥旧醇王府邸。鹿问溥仪：“从此以后，你是愿意当平民呢，还是愿意做皇帝？在我们中华民国，不允许皇帝存在，我们有对待皇帝的办法。”溥仪答称：“我既答应接受修改优待条件，当然不能再做皇帝，我愿做一个平民。”鹿说：“我们对平民当然要保护。”

溥仪离开故宫之后，对宫内的宫女和太监等均任其自由迁出宫外。

溥仪出宫后，即由国务院下令组成清室善后委员会，设委员长一人，由李煜瀛担任；委员十四人，为：汪兆铭、蔡元培、鹿钟麟、张璧、范源濂、俞同奎、陈垣、沈兼士、葛文浚，绍英、耆龄、载润、宝熙、罗振玉（绍英以下五人为清室所推荐）。这个委员会的任务是：对故宫保存的历代文物进行清点、登记、整理、保管，以防遗失或毁损。故宫的警卫由鹿钟麟派兵担任，直至国民军撤出北京时，始交由内务部接管。

冯玉祥驱逐溥仪出宫，曾经得到孙中山先生的赞同和支持，但却遭到段祺瑞以及清室遗老旧臣的反对。溥仪出宫之次日，段祺瑞曾致冯一电，极表不满，其电文大意是：“顷闻皇宫锁闭，迫移万寿山等语。要知清宫逊政，非征服比。优待条件，全球共闻。虽有移住万寿山之条，后商未为不可。迫之，于优待不无刺谬，何以昭大信于天下乎？望即从长计议。”冯复电为：“此次班师回京，自愧尚未做一事，只有驱逐溥仪，乃真可告天下后世而无愧。”

段祺瑞就任临时执政的第一天（十一月二十四日），就下令解除了对溥仪的监视。过了几天（十一月二十九日），溥仪即偕同郑孝胥、陈宝琛二人由醇王府逃往东交民巷日本使馆。一九二五年二月二十四日，溥仪又在日本人的保护下乘车逃往天津；下车后，复由日本人驾车迎往日租界大和旅馆居住。事后，日本公使芳泽通告中国外交部，伪称事前对此事毫无所闻。实际情况是：日本帝国主义者早已看中了溥仪这个可被利用的政治工具，从溥仪逃往日本使馆一直到逃往天津，都是日本所布置的。但是当时的临时执政段祺瑞却对此政治阴谋等闲视之，始终没有对日本方面提出过一次抗议。当时北京“反对优待清室大同盟”曾为此发表宣言，谴责段政府放纵溥仪的行为；同时严正指出，嗣后溥仪如有危害国家的行为，日本人应负责任。

记清宫的庆典、祭祀和敬神

溥　佳

清朝宫内的庆祝典礼，如无特殊喜庆事件，每年只举行两次。一次是阴历元旦，一次是“万岁节”（即皇帝的生日）。我在宫内伴读时，都亲自目睹过。下面把元旦庆祝典礼介绍一下。

元旦庆典，向例在乾清宫举行。上午九时，典礼开始，溥仪穿着淡黄色的龙袍，外罩带有日月星辰的团龙补褂，升上宝座。御前大臣、御前侍卫、乾清宫侍卫等在殿里、殿外排班侍立。首先接见中华民国大总统特派致贺专使（多为总统府侍从武官长荫昌，有时也派大礼官黄开文），先向溥仪行三鞠躬礼，然后代表总统致贺词；溥仪端坐而受，并由内务府大臣绍英代表他致答词，接见即告完毕。每年元旦，溥仪也派专使到总统府去致贺，每次都由载润（满族、贝勒）担任。双方互相致贺的礼节，是事先就商定好了的，无论哪一方，都得按接待外国元首特使的礼节进行接待。这个已被推翻的小朝廷，居然与民国政府分庭抗礼，这在当时不能不说是一种怪现象。

溥仪接见了专使，接着就接受百官朝贺。这时，丹墀下首先传来三声鞭响，整个乾清宫内外便肃静无声。据说这叫“静鞭”，长四丈有余，上段用黄丝编成；下段为鞭柄，一尺余长，上刻龙头。执鞭人要经过多年训练，做到挥鞭自如，鞭声清脆。鞭声响过，溥仪又穿上朝服，戴上朝冠（与蟒袍补褂又有不同，只在大典时才穿），高坐于宝座之上，叫作“升座”。与此同时，乾清宫东西两廊鼓乐齐鸣，演奏“丹陛大乐”。乐器有金钟、玉磬、鼗鼓、埵、篪、琴、瑟等。每当身着花衣的奏乐人演奏起这种“丹陛大乐”，站在南书房外等待行礼的一班“翰林公”，都摇头摆脑地赞美：“这真是黄钟大吕之音，金声玉振之乐！”

头一班行礼的是满蒙王公。他们穿的也是朝服，分左右两翼而进。因为按照清制，正黄、正白、正红、正蓝四旗为左翼；镶黄、镶白、镶红、镶蓝四旗为右翼，各王公属于哪一旗就排在哪一翼。左翼由礼亲王诚堃领衔，右翼由睿亲王中铨领衔。各率王公们走到丹墀两侧，向溥仪行三跪九叩礼。行礼时，动作整齐划一，就是头上的帽缨也没有乱动的，否则就算“失仪”。据我父亲说，清末以来，特别是西太后时期，对这一套要求得非常严格，年轻王公在进宫当差以前，都要经过严格地训练。第二班是由内务府大臣领衔，后面跟着南书房行走、遗老旧臣等，穿的都是蟒袍补褂。他们行礼时，有的很不整齐，还有踩了袍子被绊倒的。据说，因为里边有不少汉大臣，就是西太后时也不怪罪他们，有时还引以为乐。这班人行完礼，乾清宫的典礼就宣告结束了。

我和溥杰、毓崇因为没有爵位，不能穿朝服，只能穿袍褂，所以不能列入王公那一班内，也不能在乾清宫行礼。我们在那里只是看热闹；看完之后，单独到养心殿给溥仪行礼。溥仪也是端坐在养心殿的宝座上，我们行过三跪九叩礼；总管太监等接着也来这里行礼。到了溥仪结婚以后，我们必须等他的妻妾们给他行过礼后，才能给他行礼。妻妾给皇帝行礼的礼节，只有皇帝才有，王府也没有这种规矩。不仅如此，皇后同皇帝讲话，也要自称“奴才”。据一些“知书达礼”的老学究们说，这叫作“尊统于一”。就是任何人都不能大过“皇上”，任何人都是臣仆的意思。

王公大臣们向溥仪祝贺以后，都回到尚书房，脱去朝服，换上袍褂，戴着红珊瑚朝珠，由我五伯载沣率领，到长春宫向四位太妃行礼（这时四太妃齐集长春宫受礼）。行礼时，先请一个跪安，接着献如意。其实在元旦之前，各王公已把如意送到太妃宫里，叫“安如意”；这时我五伯再一次献如意，不过是代表大家都送了的意思。请完跪安，我五伯即向太妃们说：“主子新禧如意”，接着再行过三跪九叩礼，行礼就算完了。礼毕退出时，王公们还要把如意带回去，叫作“赏还如意”。王公们叩头时，殿外排列着二十多个乐人，演奏“庆承欢”。所用乐器有笙管笛箫和九音锣等，听起来音调和悦动听，比什么“丹陛大乐”好听得多了。溥仪在宫内时，常用钢琴演奏这个曲调。后来，溥雪斋把这个曲子用到曲艺的牌子里，也颇动听。

最后一幕，是我五伯到养心殿向溥仪祝贺新年。我看见溥仪只向他父亲请跪安，然后互道新禧。听老太监们说，因为以前没有亲王的儿子当皇帝的，这个规矩到光绪时才有，以后就传下来了。

宫内的祭祀很多，但最隆重的要算祭祀祖先，即历代的列祖列宗们。每逢春秋大祭和帝后诞辰，溥仪都要率领王公大臣到太庙、奉先殿和寿皇殿去行礼；溥仪不能亲行时，就指派王公大臣等轮流去行礼，这叫作“恭代”。我也去“恭代”过好几回。头一回是到奉先殿，因我不懂这种礼仪，我父亲事先先教给我。祭祀时都用满语，因我没有学过，我父亲就临时教给我两个单字：一个是“亨其乐”（叩头）；一个是“伊力”（起来）。我记下了这两个单字，就觉得大概可以圆满地完成任务了。因为无论什么祭祀，无非是叩头——起来，起来——叩头而已。在祭祀时，内务府的官员把我领到一个个香案前，我也不知道到底供的是哪一位列宗列祖，反正都照例上香叩头就是了。叩完头，我跪在当中，又由内务府官员献牲、酒、玉帛等物，然后又引我到殿外，跪在丹墀上，由一人开始用满文读“祝版”。这时我只能听清什么“太祖高皇帝”、“圣祖仁皇帝”这样一些尊号（因为这些是用汉语读的），其他就什么也听不清了。好不容易盼到“德宗景皇帝”，这才算读完了。那一次，正是三伏天气，头上有太阳晒着，下边又跪在地上，等他读完以后，我已经头晕目眩，汗流如雨，两腿麻木了。后来我才懂得，要是预先对那个读“祝版”的说些好话，或是送他点礼物，他就会很快地读完了。从这里也可以想见，那时清廷的腐败已达到何种地步了。

清朝宫内信奉的神很多，宗教活动也很多。除为满人信奉的萨满教以外，其他佛、道、喇嘛、关羽乃至日月星辰等等，什么都信。

萨满教是一种原始色彩比较浓厚的宗教。它既无经文教义，也没有固定的戒律，就连供的是什么神也弄不清楚。我在宫内伴读期间，曾叫太监领我去坤宁宫看了两次跳神。到了坤宁宫，先看到殿外东南角立着一根楠木神杆，上面有一个盌形的东西，内置五谷杂粮，说是专供“神鸟”吃的。在坤宁宫的西暖阁里据说供着萨满神，但由于殿内黑暗，我一直没有看清这神是何形象。同时，除了萨满神外，当中还供有佛像与关羽的牌位，东墙上供着灶君；西墙挂着一个白布口袋。简直是五花八门，什么都有。关于这个白布口袋，我曾专门问过太监里面到底装着何物？有的说是一面古镜和一个似人非人的小铜像；也有的说就是一只口袋。因为在努尔哈赤时，他的祖父与父亲被尼堪外兰部所杀，是他用一个白布口袋把尸骨背回来的；后代子孙为了表示不忘祖先，就做了这口袋来供奉。但究竟哪一种说法才对，谁也说不清楚。正殿当中放着两张长桌，上置铜铃珰、琵琶、三弦、大鼓、摇鼓、檀板、神刀、神箭等物。不一会儿，进来两个“萨满太太”（萨满教的巫祝），身穿绣花长袍，头戴钿子，足蹬绣花厚底鞋，一个弹起三弦；另一个腰间系上成串的铜铃铛，一手拿着摇鼓，另一只手拿着檀板，就跳了起来。她先在中央跳，后又向四方跳，口里不住地用满文喃喃歌唱。太监们告诉我，她唱的无非是向天地神祇和四海神灵祈福求禄、驱魔祛病的意思。

我在宫内，每天都会见到有人赶着两口猪进苍震门，据说这也是祭萨满神用的。祭完了神的肉，太监还偷偷朝外卖，我为好奇心所驱使，也去买了三块钱的。太监们还神乎其神地说，这肉是在坤宁宫的“神锅”里煮出来的，那口锅从顺治入关以来，一直没停过火，这汤还是二百多年前的“原汤”哩。当时我没有问，英法联军和八国联军攻占北京时，那口锅是否还烧着火？不过那肉吃起来倒很肥美可口就是了。

宫中对喇嘛教也很尊崇，常常让雍和宫的喇嘛来奉经。养心殿的东配殿里还设有一个小佛堂，里边供着宗喀巴（西藏黄教之祖）象，以及金塔和法器。听太监说，这个佛堂是雍正皇帝设立的。他不仅极为崇信喇嘛教，还懂得藏文，能读藏文经典，尤其对于“密宗”颇有研究。

宫内还很重视祭祀关羽，称他为“关圣帝君”，不准直呼其名。我初到宫内时，宫里还传说着张勋复辟失败的那一天，关羽为保护清室出了很大的力。其见证就是一个太监当天去前门关帝庙烧香的时候，看到关羽所骑的那匹泥马身上出了汗，这说明关羽是为保护清室而把它骑累了。类似这样荒诞无稽的传说，在宫里经常流传不断。

（一九六四年）

溥仪大婚纪实

溥 佳

按照清朝的旧例，皇帝结婚都称为“大婚礼”。一九二二年溥仪结婚时，清王朝虽已被推翻多年，但由于他仍旧保持着皇帝的尊号，所以对内、对外依然称为大婚礼。为了把这场婚礼办得体面、风光，特成立了“大婚礼筹备处”，大肆铺张浪费。结婚时的一切仪礼，不但俱按清朝的旧例来办，而且还增加了不少民国以来的新花样。所用承差官员和人役等等，不下数百名之众，都穿着清朝的服饰。一时之间，头戴顶翎、身穿袍褂的人，又在北京的大街上此来彼往，大摇大摆起来，对当时已成立了十二年之久的所谓民国，形成了一种尖锐的讽刺。京城的市民们都互相招唤：“走，瞧小皇上娶娘娘去！”连电影院也把溥仪结婚当作广告，以招徕观众。

溥仪的婚事，由挑选皇后到举办婚礼，都由我父亲载涛参与并主办其事。举行婚礼时，严禁中、外记者入宫拍照，而我和庄士敦不但被允许参加了典礼，而且全部拍了照。由于以上这两个原因，所以我对溥仪结婚的经过知道得比较详细。

“名门闺秀”竞选皇后

早在一九二一年，溥仪十六岁的时候，我五伯载洵、父亲载涛，以及载泽与内务府大臣世续、“帝师”陈宝琛、朱益藩等，就相聚议论，谓“皇上春秋已盛，宜早定中宫”。大家同意后，又和溥仪及太妃们奏明，取得了他们的同意，即开始办理选后事宜。挑选的条件，必须是蒙古王公或满蒙旧臣家的女儿。

自从这个消息传出去以后，我们家里简直是门庭若市，前来送“名门闺秀”相片的人往来不绝，并且还再三拜托我父亲，务必“玉成”其事。记得我父亲的书桌上堆集的照片，几乎可以装订成册了。消息传到了天津、沈阳，连徐世昌和张作霖也派人来提亲。只因当时有满汉不能通婚的限制，况且溥仪又是皇帝，所以都婉言谢绝了。

我父亲几次把这些照片送进宫去，供溥仪与太妃们挑选，均不如意，以致拖的时间很长。后来经过几番淘汰，只剩下了四家，即阳仓扎布（蒙古王公）、衡永（满族，曾任都统）、荣源（后任内务府大臣）和端恭（满族，额尔德特氏）。又经过仔细挑选，最后只剩下荣源的女儿婉容和端恭的女儿文绣，展开了一场激烈的竞争。端恭的女儿文绣是由我六伯载洵和六伯母推荐，并得到了敬懿太妃的大力支持；荣源之女婉容是由我父亲推荐，并得了端康太妃的支持。双方各不相让，于是形成僵局。我六伯与我父亲之间、敬懿与端康之间的矛盾也越来越激化了。一直拖到第二年春天，实在无法再拖下去了，就由我五伯拿着文绣、婉容的照片，到宫里请溥仪作最后的“圣裁”。不知溥仪是和我父亲的关系比较密切呢，还是由于其他缘故，他毫不犹豫地就指定荣源之女婉容为皇后。对于落选的文绣，王公、师傅们又经过商议，劝溥仪纳她为妃。据我所知，溥仪是本不愿纳妃的，大概是碍于敬懿与我六伯的面子，也就只好同意了。

典卖珍玩筹措经费

皇后选定之后，溥仪即下了一道“上谕”，命我父亲总办大婚典礼事宜，绍英、耆龄（均为内务府大臣）为副；紧接着，大婚典礼筹备处也成立起来了。由于主办此事的内务府衙门人员不够用，又从宗人府调来不少人员会同办理。为了使这次婚礼办得合乎体制，于是又查阅了《大清会典》和历代皇帝大婚的档案，认为同治皇帝那次大婚典礼既简肃又隆重，最为适宜。溥仪也同意按那次的婚礼办，还说要一切从俭，不要过于铺张等等。不过经过办理官员们的“精打细算”，最少不能少于四十万元，又经过溥仪批“可”，就这样定下来了。如果按当时面粉两元一袋的价格计算，竟可买二十万袋，可以说是一笔罕见的庞大婚礼费用了。

这笔婚礼经费虽然定了下来，可是内务府却库空如洗，无法开支。没有办法，只好向北洋政府磋商，要求把历年所欠的“清室优待费”，先拨给四十万元，权充婚礼经费。但得到的答复是：方今国库空虚，碍难照办，请另行筹措。的确，由于当时军阀连年混战，北洋政府的国库，比起内务府的府库来，也被“洗”得差不多了。因此，要办理这次婚礼，就只有向银行抵押宫内的珍贵文物，来筹措经费了。

当时，负大婚筹备主要责任的内务府堂郎中钟凯提出，把这些珍宝弄到天津卖给洋商，并亲自去联系了一次。不料其他官员怕他一个人独吞回扣，就把这个消息透露给报馆，报纸上大登特登宫中出卖古物的新闻，引起了北洋政府与各方面的反对。在舆论的压力下，便改用抵押的办法向英国汇丰银行筹措经费。抵押仍由钟凯经手，抵押的东西大部分都是咸丰、同治年间的金银器皿，一共装了四十多个大木箱还不够，又加上两箱瓷器和玉器。为了避免引起外界的反对，还特别声明这完全是抵押，绝非拍卖；一俟北洋政府的欠款拨到，即行赎回云云。但后来始终未听说北洋政府的欠款拨到，这四十多箱珍玩就这样“押死”了。其实，这种抵押与拍卖本没有什么区别，不过是让汇丰银行多赚了大批利润，钟凯等大得回扣而已。

纳采队伍奇形怪状

经费筹妥了，接着就拟定大婚典礼程序，确定分四个项目进行：一、纳采礼；二、大征礼；三、册封后、妃礼；四、大婚礼。并择定吉期，依次进行。

纳采礼是在一九二二年十月二十一日举行的。由礼亲王诚堃、睿亲王中铨任纳采正、副使。这天上午十时，正、副使由乾清宫出发，诚堃骑马在先，中铨手中持“节”，在后步行；仪仗队手持黄缎龙旗两面以及木牌、木棍等，分两边随行。中铨的后面，有黄伞一把，白马、黑马各两匹，都是雕鞍锦辔，鞍上盖着一块黄色绒毯。再后是采礼，计有黄绸围裹的木亭八座，里面放着玻璃锦匣，内置金银锞子、各色宫缎、金珠头面和金、银花瓶等等。后随绍兴酒四十坛，干鲜果品、喜饼若干，分装了一百抬；最后是全身染成红色的绵羊四十只。这支浩浩荡荡的行列走到神武门，又加上步军统领衙门和保安队派来的二三百名马队，在前面开路，宗人府与内城守卫队的三起乐队，随行演奏。真是旌旗招展，鼓乐喧天。所经街道，都临时戒严，就连平时不开的地安门正门，这时也特地打开。最可笑的是，纳采队伍前面的马队、乐队，穿的全是民国的礼服，扛着洋枪，吹打着洋鼓洋号；后面跟着的正、副使、仪仗队以及一应执事人等，一律是清朝的服装，手持龙旗、黄伞之类。简直是奇形怪状，不伦不类。这支浩浩荡荡的“纳采大军”在路人的围观之下，就这样直奔帽儿胡同“荣公府”而来。（婉容被选为皇后以后，荣源被溥仪封为“承恩公”）

纳采正、副使到达荣公府，早有荣源带着儿子润良在大门外跪迎“天使”。正、副使进了大门，荣源父子又跪迎一次，正、副使这才走进大厅，执事人等忙把采礼搬进来，放在早就准备好的几条长桌上。荣源父子复又上前叩头谢恩，然后设宴款待“天使”。“天使”仅稍坐一下，并不动箸，即起身回宫向溥仪“复命”去了。

“大征礼”（即派人到女家告知成婚的日期）是在十一月十二日举行的。这次派的是诚堃持节，中铨和昭煦（郑亲王）为正、副使；马队、乐队、仪仗队均与纳采礼差不多。所不同的是，这次用黄绸围裹的木亭增加为十二座，锦匣里放的除金银绸缎外，还有迎娶皇后时穿用的衣冠和珠宝等物；鹅四十只，也都涂成红色。另派载振（庆亲王）为特使，持“谕旨”一道，告知荣源，择定某年某月某日迎娶皇后进宫。荣源仍与上次一样，跪接跪送，设宴款待。

民国要人纷致贺礼

接着，筹备处即发表溥仪的婚礼于十一月一日举行。消息传出，各方面送礼的简直络绎不绝。满蒙王公、遗老旧臣与活佛等，当然都有“进奉”，自不待言。就是民国要人，上自大总统，下至各地军阀、下野的政客等等，也纷致贺礼。我还记得，黎元洪送来如意、金瓶和银壶；曹锟送来如意和衣料；吴佩孚送来衣料和银元七千元；冯玉祥送来如意、金表和金银器皿；张作霖送来如意和衣料；徐世昌送来成套的新式木器；王怀庆送来九柄金如意；张勋送来银元一万元；康有为除送来磨色玉屏、磨色金屏、拿破仑婚礼时用的硝石碟和银元一千元外，还有他亲笔写的一副对联，上联是：“八国衣冠瞻玉步”；下联是：“九天日月耀金台”。以豪富著称的遗老们，如陈夔龙、李经迈等，送的都是钻石珠翠。上海的犹太人大资本家哈同、香港的英国籍大资本家何东，也都送来了不少珍贵礼品。真是琳琅满目，堆积如山。当时，由于无处存放，溥仪叫人都储藏在建福宫里，后来绝大部分都被大火烧毁。

我送溥仪的礼物是一辆自行车。因他从未骑过自行车，看了十分高兴，就开始练习起来，不料陈宝琛得知后，把我狠狠地申斥了一顿："皇上是万乘之尊，如果摔坏了，那还了得，以后不要把这些危险之物进呈皇上。"他还劝溥仪不要骑，幸而溥仪并没有摔伤，练了几天就会了。他后来自己又买了许多自行车，时常带我们以骑车为乐。

十一月二十九日，溥仪结婚前夕，先举行了一次册封"淑妃"典礼，也就是为文绣进宫举行的一次仪式。这次仪式，既无纳采，也无大征，又没有乐队仪仗，只有昭煦和绍英把册封"宝册"送到端恭的家里；并于三十日凌晨二时备了黄围轿车一辆，悄悄地把她接到养心殿，给溥仪叩了头，然后等候翌日迎接皇后到来。

十一月三十日，举行册封皇后典礼。由诚堃、毓麟（怡亲王）为册封正，副专使。上午十时，正、副使从乾清宫内，捧出"金宝"，"玉册"，分置于两座黄亭之内；然后上马前行，后面照例是些伞棍旗牌之类。所不同者，是有"凤舆"一顶、金顶黄轿车一辆。这顶凤舆，其实并不用，只是放在荣府的大门外，叫作"亮轿"。舆、车之后，还有黄色座伞六对、雉尾扇五对、金瓜二对、节一对、黄黑色龙旗各二对。出神武门，除马队外，又加上许多宪兵随行护卫。到达荣源家里，还是跪迎、跪送那一套，未婚皇后也到大厅内向"宝册"谢恩。婚前的各项典礼，到此即算告一段落，就等迎娶了。

退位皇帝俨然在位

大婚典礼于十二月一日举行。三十日夜间，满蒙王公和遗老旧臣们，就已齐集在宫内等候典礼。一日零时，溥仪穿着袍褂来到乾清宫，派载振、昭煦为正、副使，并派卸前侍卫衡永等八人随行。同时命那彦图（蒙古亲王）、贡桑诺尔布（蒙古郡王）、载泽和溥信四个御前大臣，在前清宫照料一切。二时，溥仪派人把一柄如意放到凤舆里边，然后由载振押着出发。这顶凤舆三天前就摆在乾清宫的丹墀之上了，我常看见銮仪卫（掌管宫中卤簿仪仗事务）的人员，抬着它演练。它比普通轿子大得多，需十六个人抬；轿顶涂金，正中有一只很大的金凤凰，凤背上有一个小金顶；周围有九只小金鸾，嘴里都衔着长长的黄丝穗子。轿围是鹅黄色缎子底，上边绣着蓝色凤凰，抱着红色双喜字，绣工极为精细。据说是光绪结婚时在杭州定制的，这次又重新进行了釉饰。

迎娶用的是全副卤簿仪仗。除了伞、棍、旗、牌、金瓜、钺、斧、节、扇，比以前更多以外，还增添了牛角和大鼓各一百余对。出神武门，仪仗队前面的军乐队增加到五起，军警宪机关派来的骑、步兵增加到二千人左右。迎亲所经街道，照例戒严。马路两旁，人山人海，万头攒动。北洋政府要员与外国人来参观者，每人发给一枚钢质徽章，才准通行。

凤舆发走之后，即派我母亲与增崇（前内务大臣）之妻带领福晋、命妇二人来到坤宁宫铺设“龙凤喜床”。床上的被褥也是在杭州定做的，上绣“龙凤呈祥”图案，绣工之精致华美实为罕见。铺设完毕，正中又放上“宝瓶”，瓶内装着珍珠、宝石、金银钱与五谷之类；四角各放一柄金如意。接着，她们又连夜赶到皇后家里，给婉容梳好双髻，戴上双喜如意，穿上“龙凤同合袍”，头上盖上绣有龙凤的盖头，手里拿着一个苹果。这时就只等凤舆到来了。

三时左右，皇后登舆，即由衡永等八名御前侍卫，手执藏香在前引导，仍由载振骑马率领原班仪仗，经东华门，把皇后迎到乾清宫。

这时，溥仪穿着袍褂在乾清宫西暖阁等候。凤舆来到乾清宫檐下，先越过一个预先设下的大火盆，到达坤宁宫又越过一副马鞍。通过这些“障碍”之后，到了宫内。按规矩在皇后下轿以前，溥仪还要向她连射三箭，但他又临时传谕说不射了。这大概是因为溥仪从未射过箭，他又是近视眼，不愿意搞这一套了吧。

皇后下了舆，我母亲从她手中接过苹果，递给她一个宝瓶，溥仪这才揭下她的盖头，一同走上喜床，吃“子孙饽饽”；同时，窗外还有一个官员用满语高声念诵祝词。此外，宫内另摆下一桌筵席，叫作“合卺宴”，有猪羊叉、金银酒、金银膳等。其实这只是一种仪式，溥仪夫妇只坐一坐就离开了。随后新后又要向东南方坐帐，和溥仪一同吃“长寿面”。这样，婚礼第一天的仪礼就算完了。

二日早晨，我母亲、增崇之妻和福晋、命妇等先向溥仪、婉容呈进茶果；接着换朝服，由皇后行“捧柴礼”，就是捧起一束外包黄绫的一尺余长的小木棍，交给萨满太太收藏在宫内。然后，他们夫妇向“天地桌”、“喜神桌”和灶君行礼。礼毕分左右坐在炕上，在福晋、命妇们的伺候下，共吃“团圆膳”。到此，大婚第二天的仪礼也算完成了。

三日上午，举行“受贺礼”。按原先的计划，一切都按照元旦大典那样办，但由于各国驻京使节早就提出要参观婚礼，当时为了维护清室的体制与尊严，拒绝了他们的要求。现在他们又通过北洋政府的外交部，再三请求要到宫中向溥仪祝贺。在这种情况下，就答应了他们的要求，并且成立了一个招待处，由庄士敦、梁敦彦任总招待，以下还有彬熙、存耆等十几名招待。在景运门外临时搭了两座大席棚，由北京饭店定购了丰盛的冷食、糕点和法国香槟酒。另外，还准备了一百余台二人肩舆，供他们来往乘坐。乾清宫外，仍照元旦那样，陈列着静鞭和各种乐器，并且搭了一个大牌坊，上面挂着各色彩绸。上午十时，大批驻华使节来到东暖阁，向穿龙袍褂、戴珠冠的溥仪和穿旗袍、梳两把头的婉容行鞠躬礼，溥仪夫妇只是微微点头，表示答礼。因为事先我父亲就和庄士敦商议，溥仪这时虽还保持着皇帝尊号，但毕竟已经退位，不宜再像过去那样，高踞于宝座之上接受祝贺，所以就改在东暖阁了。

接见了外国使节，溥仪又坐上宝座，接见黎元洪大总统的致贺专使黄开文，礼仪同元旦时大致相同。黄开文退出，又接见北洋政府文武大员和各省军阀的代表。我记得有颜惠庆、孙宝琦、吴毓麟、王怀庆、聂宪藩、李准、王廷桢、哈汉章和袁金铠等共四十多人。另外，还有张作霖的代表张景惠以及曹锟、吴佩孚等人的代表。礼毕，并请他们吃饭、看戏。接着又鸣鞭、奏乐，满蒙王公、旧臣遗老仍像元旦时一样，向溥仪行三跪九叩礼。不过人数比元旦时多得多，据说有不少是特地从各省赶来的。

受贺典礼结束后，所有的驻华使节、王公大臣和遗老遗少等等，一齐来到景运门外那两座大席棚内，大吃大嚼起来，一百多张大圆桌全被挤满，听说仪式就花费了万金以上。

演戏三天花费惊人

大婚期间，还连续演了三天戏。京、沪所有著名的演员，如陈德霖、田桂凤、王瑶卿、王凤卿、梅兰芳、杨小楼、余叔岩、侯俊山、尚小云、俞振庭、龚云甫、裘桂仙、钱金福、王长林，以及青年演员马连良、李万春、盖同香、侯喜瑞等都来了。这场戏由“升平署”（掌管宫内戏剧、音乐事务）总管太监武长寿与名演员肖长华主办。剧目安排得很好，演得也非常精彩。

二日上午演出开始。太妃、皇后、淑妃、福晋、命妇等，都坐在漱芳斋的屋内看戏；溥仪、溥杰、毓崇和我坐在廊内；满蒙王公、旧臣遗老坐在院内搭的一座暖棚内。溥仪入座时，台上首先演奏了一支大概是《万年欢》的曲牌，然后开锣，演的是《跳灵官》，全由著名武生、花脸扮演。按照宫中的规矩，开头两三出戏本来应由升平署的太监来演，但因这时那里能演戏的太监已大多风流云散了，所以就由演员来扮演。《跳灵官》演完，接着是马连良、茹富兰的《借赵云》，李万春的《神亭岭》。当时这些演员都还初露头角，所以都排在前面的开场戏里。

溥仪、溥杰和我都不大懂京剧艺术，演武戏时，还能看看热闹；文戏一上，我们就坐不住了。如陈德霖演《彩楼配》、龚云甫演《钓金龟》、王凤卿演《文昭关》时，我们都到养心殿说笑去了；到演武戏时再回来。

那天高瑞安演《恶虎村》，表演了一回“扒栏杆”（旧时方形舞台前上方横一铁棍，演员在上面表演动作），溥仪看了，大感兴趣，当即叫他又表演了一回，并特赏一百元。那天的戏还有杨小楼的《状元印》、梅兰芳的《汾河湾》。大轴戏是杨小楼、钱金福、余叔岩、九陈风合演的《青石山》，直到下午七时才散戏。

三日上午因有朝贺，是下午一时开的戏。这天看戏的人特别多，北洋政府的大员和各省代表都参加了。由于溥仪爱看武戏，安排的武戏也多。有侯俊山的《辛安驿》、周瑞安的《四杰村》等。最精彩的是杨小楼、俞振庭演的《双金钱豹》，杨演前部，俞演后部。演到最精彩处，我六伯载洵竟然喊了一声“好”，就连溥仪也情不自禁地鼓起掌来。宫里规矩，看戏是不准喊好鼓掌的。自溥仪鼓掌之后，其他人也敢接着鼓掌了。最后一出是由许多名演员合演的反串《八蜡庙》，记得是梅兰芳饰黄天霸、杨小楼饰张桂兰、余叔岩饰朱光祖、王凤卿饰关太、李万春当时只十一二岁，饰的是贺红杰。其他武行、院公等也无不由名演员扮演，因而演得十分精彩。由此可见老艺人们的艺术相当全面，真是文武不挡。

最后一天的戏，有小翠花、尚小云的《五花洞》、傅小山的《巧连环》、余叔岩、钱金福的《珠帘寨》等。特别值得一提的，是梅兰芳、杨小楼演的《霸王别姬》。由于这场戏当时还没公开演过，也许演得很少，大家都很想看，但也有一部分人认为，在这样大喜的日子，演这出戏是不适宜的。我记得肖长华通过武进寿曾把这个意思向溥仪说了，溥仪认为没有关系，还是决定演了。这出戏演得相当真切动人，尤其是演到虞姬自刎的场面时，听说太妃和王公的女眷们还掉下泪来。散戏以后，有些王公大臣却带着一种悲凄的心情离去，认为这是“不祥之兆”。到了一九二四年溥仪出宫的时候，还有人说：“大婚的日子演《霸王别姬》，就应在今日了！”

据我所知，这三天的戏共花费了三万多元。如一出《珠帘寨》就是一千元，《霸王别姬》是两千多元。这次大婚，由于处处这样铺张浪费，原来准备的四十万元还是不够，听说又抵押了一部分金银器皿，才补上不足之数。

大婚以后，溥仪对办理这场婚事的有关人员，还进行了一次“论功行赏”。只是由于清王朝已经退位，不能再大肆封王赐爵了，除荣源由于女儿做了皇后，被封为承恩公外，其他人等，只能在服饰方面以示恩荣。如我父亲和六伯都赏穿亲王补服；溥杰、溥佺、毓崇和我赏穿辅国公补服；陈宝琛赏加太师衔、朱益藩赏加太傅衔，庄士敦赏穿带膆貂褂等等。这个办法，真是既省钱又省事，只须溥仪下一道“上谕”，再在《宫门钞》上登一下，受赏者也就心满意足了。

溥仪这次婚礼，其浪费之巨和场面之大，真是轰动了北京全城。不但清王朝的服饰又出现在北京街市之上，甚至连龙旗也打起来了。其实在共和已实行了多年的当时，这恰如一个久病之人，在临死前的一种回光返照而已！

（一九六四年）

民初修建清室崇陵和光绪“奉安”实况

杜如松

一九〇八年（光绪三十四年）十月间，清朝光绪皇帝与慈禧皇太后相继逝世，清廷立即筹办两宫“奉安”事项。慈禧太后的陵寝在东陵菩陀峪，前后修建了十余年，她生前曾亲自到地宫看过多次，所以在她死后的第二年（一九〇九年），就“奉安”于东陵，定名为菩陀峪定东陵。光绪皇帝死后才在梁格庄修建的崇陵，在溥仪退位时，基础工程尚未及半。当时已经从京汉铁路高碑店车站起，修建了一条支路，经过涞水县、易州城，直达西陵梁格庄，光绪皇帝的梓宫即由北京用专车“奉移”至梁格庄行宫内“暂安”。当清室退位时，就一再要求民国政府代为继续修建崇陵。南京临时政府议和代表伍廷芳及各省都督对于优待清皇室条件都主张无妨宽大，经参议院通过后，就将这一问题附加于优待清皇室条件中。一九一三年春，大总统袁世凯根据这个条件特派赵秉钧与清室内务府大臣绍英等协商之后，立即拨款赶修。当时我充任驻守西陵的禁卫军连长，在奉安时又是仪仗队的一员，对崇陵的修建经过和光绪皇帝“奉安”情形，自始至终完全亲眼见过，只因年代已远，不免有所遗忘。今就记忆力所及者追述在下面。

“万年吉地”的勘定和施工组织

崇陵建设在西陵范围内，地址在河北易县城西偏北约四十余里的太平峪，是一个丛山环抱、面阳背阴、约五里见方、比较平坦的山谷。据说按照清朝定例，于皇帝登极的同一天，就由特派的王大臣一员，会同钦天监前往指定建陵的地点勘定“万年吉地”。但是光绪皇帝自入承大统以后，慈禧太后从不提起为他找“万年吉地”的事，臣下也没有一个人敢说这句话，所以一直到他死后，才由宣统皇帝下谕派溥伦、陈璧二人为勘定吉地大臣，勘定了这块“吉地”。

勘定“万年吉地”的方法是：首先根据“二十四山向”用罗盘测定一块祥瑞土地，做出标志，谓之“点穴”。在这个穴位上掘成一个磨盘大小的圆坑，谓之“破土”，圆坑名曰“金井”。然后在掘好的圆坑上覆盖以斛形的木箱。据说自覆盖这木箱后，就永远不让这个坑再见日月星三光，并且从此就派专人守护打扫，以待兴工。

梁格庄在易县城西约二十里左右，是京汉铁路特辟的西陵支路的终点，也是西陵的大门。在街内有泰宁镇衙门，村外有永福寺喇嘛庙。永福寺东隔壁有皇帝谒陵驻跸的行宫。光绪皇帝的梓宫就“暂安”于行宫的正殿内。守护的队伍，除内务府值班、绿营走筹[①]外，还有陆军第一镇步队第三标，由

① “走筹”是一种巡逻制度，由绿营（泰宁镇总兵所辖）官兵于每晚起更后，由一人手持“头筹”两字之木牌，口喊“头筹”，率兵若干人绕行宫行走不歇，口喊亦不辍。二筹以至五筹皆如是，至五更天明始止。北京宫内由八旗护军绕皇城墙内走筹，与此相同。

统带官长贵率领护送光绪皇帝梓宫从北京奉移西陵，到达后就奉命驻守西陵一带守卫梓宫。一九一三年春，该标调赴多伦，遂派禁卫军步队第三标统带札拉芬率领所部，附宪兵一排，接替西陵守护和弹压的任务。

承建崇陵的厂号，有兴隆木厂、斌兴木厂、广丰木厂、德源木厂、广和木厂、二合公柜、三合公柜等二十余家。工程开始时，仅有架子工和壮工数百名；至工程紧张时，每日上工人数总在六千名左右，经过一年半的时间，才大致完成。

施工区设有工程处，管理一切设施运输等事宜，附设有监工、走工等组织，并由北京调来消防队一中队防备火灾。另由禁卫军设立弹压处，附设稽查班，每班由宪兵二名、禁卫军士兵十名组成，循着规定线路昼夜巡查。

“暂安”和“暂安殿”

光绪皇帝梓宫于一九〇八年（光绪三十四年）十二月就从北京奉移到易州梁格庄行宫内停灵，即所谓“暂安”，停灵的所在，就称为“暂安殿”（又称“芦殿”）。在暂安殿的近旁设立了王大臣六班公所，凡现任各部院的王大臣和八旗都统都要轮流值班，守护梓宫，每日朝奠（民国后专由八旗都统担任）。该公所派有禁卫军充任门卫。暂安殿门内由清内务府包衣（满语，即奴仆）旗人们负一切责任；门外由泰宁镇的绿营白昼巡逻，夜间走筹。暂安殿内非有任务不准擅入。当时光绪皇帝和隆裕皇后的梓宫[①]都正在上漆。工匠们都是内务府吃钱粮的人，他们进暂安殿里面应差，叫作“进匠”。每名工匠都有腰牌一面，上打火印。进匠时首先要验明腰牌，而后搜腰，除了应用的工具外，一概不准携入，作工时另有专人

① 隆裕皇后于一九一三年旧历正月逝世，即于是年三月专车运送梓宫至梁格庄暂安殿，与光绪梓宫同暂安于此，后合葬于崇陵。

监视。帝后梓宫大致相同，都是内棺外椁。内棺看不见；外椁很高（若放于平地，左右各站立一中等身材的人，彼此谁也看不见谁），平头齐尾，两侧板直。棺盖向上倾坡，前端有一木板葫芦。这是满洲式棺材，名“葫芦材”。棺材上面上的是米色（麻酱色）油漆，皇帝的棺材上面有漆绘金龙，皇后的棺材上面则为彩凤。[①]据内务府官员说，皇帝和皇后的棺材都上漆四十九道，每上漆一道，同时另在一块木板上也上漆一道，作为记录。临到四十九道漆上完时，就根据木板断面漆的层数厚度来检验质量。（我曾见过这块漆板和匠人们在棺材上漆绘的龙凤）

遗老梁鼎芬的“愚忠”

王六班除在节日特别奉奠外，每日由值班王大臣照例朝奠一次。唯有梁鼎芬长期住在王六班公所，每日必随班朝奠，风雨无阻，并有时哭临于梓宫前，跪地不起。梁鼎芬忠于光绪皇帝，比较清室亲贵有过之而无不及，从以下几件事实可以证明：

一、募捐栽树：建陵工程竣工后，梁鼎芬认为陵园无树，既不美观，又关风水，但因在建陵的计划中和厂号的合同上都没有栽树的条文，梁鼎芬虽一再要求补栽，终未被采纳，于是他下定决心，想出办法，在崇陵栽树。他先派人往北京定购了二三百只陶瓷酒瓶，运回西陵。然后他就率领着十数人往崇陵的“宝城”上将所有的酒瓶都装满了洁白的雪，塞好瓶口，封上红纸签，上书“崇陵雪水”，再运回北京他的住所，并写了一份公启，说明崇陵理应栽树的理由。随后他就每天携着从人，用人力车载着雪水瓶，按着道路的远近和预定拜访的先后，到各亲贵和遗臣家一一拜访。他到达某一府第，先投名片并送雪水一瓶为礼，随即开门见山对主人说明崇陵理宜栽树，劝他

① 一说清制梓宫不画龙凤，而罩以黄云缎套。

们拿出几个钱来购买树秧，并将捐启递予对方，写上捐款数目。这些人所写的捐款数如与其身份职位相称，他就含笑而别；否则他立刻用激烈的语气给对方以难堪。倘若至某府第拜会未遇，他即留言于某日某时再来拜访。真是“有志者事竟成”，梁鼎芬终于用这种办法把崇陵栽了树。这是随同梁鼎芬到各处拜访的便衣宪兵盛泰亲眼所见的事实。

二、殉葬未遂：梁鼎芬当时已年逾古稀，并且有一条腿有病，行动十分吃力。可是在光绪皇帝“暂安”期内，梁鼎芬不断地坐棚车往施工区各处瞻视，问长问短，一般工人全认识他。他住在王六班公所，不断有士兵去求他书写对联，他经常是一挥立就。在奉安之际，他在灵前执绋，自暂安殿起杠一直走到地下宫殿，由两个亲随在左右搀扶着。梓宫安了位，所有的殉葬物品都布置妥当后，恭送人员就先后退出地宫的石门，唯有梁鼎芬身软如泥一般，坐在地上不动。人们见状，都很惊慌。在他身旁的两个亲随说：“梁大人曾说过到皇上奉安时他要殉葬的话。”主事人员这才令梁的亲随将梁背出地官，派三四个人保护着，乘棚车回到梁格庄住所。随后各亲贵和各大臣等也都回梁格庄到他的住所探视，见梁的神色万分疲倦，并且神经有些错乱。后来梁在其亲随和家属以及留驻西陵人员的照顾下，经过一段时间的调养，精神虽然日渐清醒，而身体反日益衰弱。每遇好天气，他时常令人搀扶，到梁格庄后的山麓下面田地里溜达。有一次他在一块地边坐下不走，令随从去询明他所坐的这块地是公产还是私产。去人打听明白是某姓的私产，后来他就托人将该地买下，并向公方和他的家属声明，他死后必须将他葬埋在该地。后来他死后，他的家属和公方就依着他的遗志，将他葬埋在这块地里。

除了梁鼎芬之外，赵秉钧也葬埋在梁格庄。赵秉钧是建筑崇陵的主要人物，对修建崇陵出力不少。在动工期间他经常往来于西陵。有一天他走到梁格庄对面一座名叫龟山的小山上，看到这座山的形势很好，“四面无缺欠，八方有关拦”，认为是一块“明堂广聚、生气勃勃”的好风水地。后来他便把山上原有的一座小庙易地重修，于庙的旧址兴建了赵氏家祠。赵秉钧死后，就葬埋于赵氏家祠的近旁。

崇陵的外景

崇陵远望好像坐北朝南的一座寺院。最前面的建筑物，是一座琉璃牌坊。在牌坊左右微抢前些，各建有下马碑。自牌坊沿着通向宫门的通路向里面走，约三百丈处有一碑亭，亭内立有“圣德神功碑”，碑面无文字[①]。亭东侧建有宰牲亭。宰牲亭东北约四百余丈处，为光绪皇帝的珍、瑾二妃园寝[②]。距碑亭约数丈，就是横跨护陵河的五孔桥。过了桥，东西两侧建有朝房。对着朝房北山墙，建有南向的值班房，上面就是崇陵宫门（隆恩门）。门内当中是飨殿（隆恩殿），左右有配殿。

隆恩殿内设有木制金漆龛，龛内供着木主神牌，前面设有桌案、供器。明堂设拜台，两旁摆着戳灯式的方柱，上系方木盘，盛着装“册宝”的木匣[③]。隆恩殿西侧紧挨着后墙，有一架帷以黄云缎的绣花床帐，内放黄缎绣花枕衾和衣冠带履等物。关于这一架床，有两种说法：一说是皇帝于大婚礼时用过的占物，一说是皇帝宾天时所用的灵床。东、西配殿是皇后和贵妃的木主神牌。

在隆恩殿后方，宝城的前面，建有明楼，上有石碑，上刻“德宗景皇帝崇陵”，有梯可以上下。楼下有瓮圈式的门通哑叭院（即地宫的外口），上面就是宝城。对着明楼的门，建有黄琉璃影壁一座，堵着地宫外口。影壁左右，各建有阶梯，俗谓“马道”，专为攀登宝城之用。宝城的底下即地下宫殿。

---

① 此碑文例由嗣皇帝亲自撰书，因清室已退位，故崇陵此碑有碑无文。

② 帝、后墓称陵寝，嫔妃墓称园寝。

③ 册文系檀香木木简，上写满、汉文，连缀在一起，做折叠形；宝亦用檀香木制（帝、后之宝，生前用玉，死后用木），满、汉篆文，方形。

地下宫殿的建筑

地下宫殿是整个陵寝的主要部分，也是全部工程的中心。修陵的步骤，是先搭棚后动工。开工之前，就以万年吉地的“金井坑”（即当初所点之穴）为中心，支搭一座高十三丈、圆径六十丈的大圆席棚。据说先搭棚后动工，是为了掩蔽日月星三光的照射；也有人说是为了防备空中飞鸟的遗矢。搭好了棚之后，仍以金井坑为中心，开始在棚下掘地除土，深达三丈有余，然后铺垫三合土（粘土、沙土、白灰），分层用夯打固二丈，下令丈余砌铺粗渣石。基础完工后，就开始建筑直径六丈的地下宫殿。

地下宫殿是根据旧成法和一定的方式，用预制的凿磨细致的汉白玉石块，选用技术最高的工人，在走工人员（技师）指挥监督下砌成的。地下宫砌好后，就分为内、外两部分施工。外部工程是先在汉白玉石外面砌以粗渣石，再在粗渣石外面用大砖砌成如普通城墙样式的大圆丘（即所谓的“宝城”），并砌出高丈许的垛口。在各垛口下脚都留有向城下流水的沟眼。宝城上面铺垫约三丈厚的二合土（粘土、沙土），除了用夯打固外，特别选用百数名小儿登城踽踏，每日早晚二次，每次二小时，一共五日，名之曰“童子夯”。后来经梁鼎芬在宝城上栽了梧桐和翠柏。这是地下宫上面宝城的概况。

地宫内部设备分述于下：

一、“石龛”和“石床”：地宫内部直径六丈，在后缘建有二丈宽的汉白玉石龛，下面是石床。在石床的当中，有凿透成轱辘钱形状的一块大方石覆盖着“金井”（即当初所点之穴），直通地中，以交流生气。

二、“龙须沟”：在石床上面两前角上，各开一个二寸见方的石孔，直通床前下角的孔口。据说是为了预防万一地内有水从石床上轱辘钱涌出来的时候，就可以从床角上孔道流下石床，不致妨及床上的梓宫。自床下的孔口起，沿着地宫两侧，又凿有由高渐低的小浅沟各一道，顺着地宫隧道直至护陵河。这二道干沟，名“龙须沟”。

三、石门：地下宫有一道石门，隧道有三道石门，构造形式和关闭的方法皆相同。每道门都是二扇，用铜包裹门枢，按在铜制的坎上。在门坎的平行线内面汉白玉石铺成的地上，紧挨着石门下角里面，凿有两个约有半个西瓜大小的石坑；对着这两个石坑里边约二尺之地面上，也凿有两个浅坑（仅是两个凹舀），并在这深浅坑中间凿出一道内高外低的浅沟。另外每扇石门都预制好西瓜大小的石球一个，放于石门里面的浅坑上。当奉安礼成、关闭石门的时候，二扇门并不合缝，中间离有三寸许空隙。然后用长柄钩从石门缝伸进石门，将浅坑里的石球向外钩拉，这石球就沿着已凿好了小沟滚进了门边的深坑，合了槽，恰好顶住了石门。从此，除非设法破坏，这石门就不能打开了。

修建崇陵的同时，在崇陵的东侧一小山谷内，另建有光绪皇帝的珍妃和瑾妃园寝。这两座园寝在地面上仅建有绿琉璃瓦亭和宫门、飨殿；在地下虽也建筑了洞穴，但在地上不建宝城，而各建直径丈二的红色坟墓（即坟头），前面设有石桌、供器和拜台，四面围砌红墙，和我们在京郊所常见的公主坟、皇姑坟类似。

“奉安”的准备事项

一、修筑道路：修理奉安经行的“御路”，除了平高垫低，修桥掘渠之外，还要铺垫黄土；并组织护路工队，担任随时修补和保管的责任。

二、演习皇杠：为保证奉安时梓宫安全起见，照例要演习皇杠数次。为了练习娴熟而免临时差错，光绪皇帝的杠，是用的所谓“独龙杠”。独龙杠是用一根前安龙头、后箍龙尾的大杠为轴心，并用加倍法以一百二十八人组成的大杠。杠外装置葫芦金顶、黄缎绣金龙的棺罩，罩顶上系有二条绒绳，披于前后两侧，有夫四名各牵一头。棺罩两侧各有十二名杠夫，各举拨旗（红漆竹竿，上挑尺二见方黄旗）。棺材前面有两个身穿孝衣、头戴去缨秋帽的人手敲响尺（系约二尺长和一尺长的木尺各一根，用绳相连，用小尺敲大尺），以引导皇杠的行进。抬杠员工都是包衣旗人，一律身穿紫色团花麻驾衣、黄手套、黄靴罩、土黄套裤，头戴盆式的黑毡帽，上安朝天黄鹅翎。演习皇杠时，在皇杠上面放棺材的位置摆上一桌一椅，桌上放一平盌水，并派一官员坐于椅上监视着这水盌。起杠后，任行多远，必须保证不摇不颤，不让水盏倾斜、荡动，不使水溢出盌外，以维持皇杠的平稳。

三、设置临时运灵车：自地宫外口至地宫石床上，特仿轻便铁路式样，铺就木制阴槽轨道（用铁道枕木錾出纵长的槽），在轨道槽上铺以绵毯，上面置一硬胶皮轮的平车，车上铺以棕毯，以备放置梓宫。

“奉安”实况

各事准备就绪，即行奉移。辞灵致奠后，先用六十四人杠（小请）将梓宫抬至行宫前大道上，换升大杠（一百二十八人独龙杠）。这时辒辌辂仗，亭伞旌幡等全副銮驾，已由銮舆卫（銮仪卫）准备整齐，待命发动。除了太宁镇绿营马队在最先头开道，并有一部禁卫军及宪兵沿路警戒外，在銮舆卫所属的銮驾范围内，最前是三十二人抬着红漆四方木架，中间装置一根红漆旗杆，上面挂着一面直幅下垂、黄帛金龙、红火焰、上系铜铃的幡（官文书称作丹旐）。在幡杆后面，有木制采漆的斧钺棍、熊虎常旗。其后是一班满洲执事，持大门纛一对、小旂旐八棍，形式相同，俱用红漆杆挑着直幅黄帛、金龙、红边的“驱路”（满语，译音）。驱路与幡杆相似，只是无铃成对。其次是大轿和小轿。小轿无帷，仅是一张大椅，上铺豹皮。随后是彩绸扎的影亭，跟着一柄黄缎绣花伞。下面是金鼓重乐器和笙管笛箫轻乐器各一班。再次有身穿孝衣的二排人，手托着木盘，盘内放着檀香炉，燃着檀香，分左右二班，一面走一面用有节奏的调子接连不断地发出举哀的声音，俗称“呼小呐”。另有一班身穿孝衣的人沿路向天空和路上撒纸钱，从起杠起，随走随撒，直到落杠为止，把所经的道路上都铺得满满的（我尚记得当时有三辆棚车满载纸钱，在道旁随行，到了宫门尚余半车）。随后就是由禁卫军步队第三标统带扎拉芬率领营连长和第一连官兵所组成的仪仗队，官长抱刀，士兵荷枪上刺刀。在队伍后面便是和尚、道士、尼姑、道姑、喇嘛的行列，他们都穿着各本教的法衣，手执法器，不断地吹奏念经。喇嘛的唪经方式和法器都有些特殊。“格司贵”（达喇嘛）身穿黄布袍子、白布褂子，斜披着紫色“哈达”，足蹬青靴，头戴挑顶黄秋帽，手托木盘，盘内放着用莜面（他们呼为“巴拉面”）捏成的灯和塔，灯还燃着。“得木奇”（二喇嘛）的衣帽与达喇嘛一样，手执法器铜铃。其余各喇嘛都穿着黄布袍子，斜披着紫色布代哈达，青靴子，藏着去掉帽结子的黄秋帽。喇嘛组的前引是一对两丈有余的大铜号（他们呼作“元筒”）。每支号前面有一人用黄绒绳提着，后边有一个人吹奏。二支号轮流吹奏，一起一落，声音极响。跟着是插把鼓二对，每个鼓用一人荷负，一人敲打。此外有手摇的“人皮鼓”、人骨制成的“金口角”等项蒙藏轻重乐器。再后面就是执绋恭送的王公大臣们了。王公大臣等一律穿着青布袍褂、青布靴子，戴着去掉顶翎的秋帽（因为皇帝宾天已过三周年，故不着缟素）。这是杠前的大致情形。在杠后尚有一小部分行列。紧随杠后有一班人，全身行猎装束，穿着灰布袍子、黄坎肩红边、青靴子，头戴秋帽，上缀豹皮叉尾，骑着马，手执矛，挂着刀，名叫“后扈”。其后便是隆裕皇后的影亭、凤辇（轿式的车）和九十六人杠。在皇后大杠后面，还有些车辆和备差员工人等。

到了吉时，烧了纸，撒了纸钱以后，即起杠。经过半碑店，进了“口字门”（在整个西陵区域四面围有围墙，名“风水墙”；这里所说的口字门是指风水墙东面的门，即东口字门；西口字门在紫荆关关外，属广昌界），直达崇陵的牌楼门。随即换了六十四人杠，抬至地宫外口，安放于特备车上，施以保险设备，左右有护卫人员，前后有杠夫牵引着黄绒绳，打响尺的一前一后，前敲后应，徐徐将灵车升堂入殿，移上了石床。后由钦天监指挥杠夫将梓宫按着山向，奉安于石床中央的“金井”上面。随后也同样将隆裕皇后的梓宫奉安于皇帝梓宫左旁齐头微低一些的位置。合了葬，奉安礼成，即布置殉葬事宜。殉葬物品除石桌、供器、万年灯（是用两口大缸装满了植物油，覆以盖，上面正中置一灯台，系以灯捻，直通缸内，临时燃着）册宝之外，其余大半是生前用过的衣被和心爱的文玩、金银器皿，以及佛经、香料、金玉等贵重镇压品。布置妥当后，恭送人员先后退出地宫，前去朝房更换吉服（顶翎齐备的朝衣、朝帽）。在这时候，有专人关闭石门（就是用铁钩子从门缝将石球由浅坑钩入深坑中，顶上石门）。四道石门都关闭后，就由事先派定的瓦工抢砌哑叭院的琉璃影壁，堵绝地宫门的外口。王大臣等在朝房休息片刻，即齐集于隆恩殿虞祭，由鸿胪哈番（满语，官员）赞礼，行三跪九叩首礼；礼成后退出，仍回朝房更换便服。除有尚未完成任务的少数人员外，其余人员都回梁格庄乘专车返京。

（一九六〇年）

皇姥姥的丧礼殡仪回忆

岳　超

光绪三十年（一九〇四年）春天，西太后的弟弟承恩公的福晋因病去世。因她是隆裕皇后的生母、光绪皇帝的岳母，所以人们都称她为“皇姥姥”。像她这样一个煊赫的皇亲国戚，在寿终正寝之后，其丧礼殡仪自然极尽铺张浪费之能事，以显示其死后之哀荣。我是叶赫那拉氏的晚辈，曾亲身参加了她的丧礼殡仪。兹将这次大出丧的经过记述如下，以备识者查考。

一

皇姥姥在死前，寿衣、寿材自然早就准备好了。当她病危的时候，桂公爷又面谕管事马鸣轩一面准备各项执掌，一面接洽杠房、饭庄、冥衣铺以及僧道喇嘛念经等事宜。这时全府上下表面上甚为宁静，实际上内心却特别紧张。

皇姥姥咽气之后，即由生前亲身伺候她的仆妇们，先替她洗脸、洗手、洗脚，整容化装，然后穿上寿衣——诰命服装，从寝室里抬到灵床上。接着又在两脚拴上红绳，尸身覆以御赐的陀罗经被，被上再放一个长柄镜子。灵床之前，摆上一磁罐米饭，俗谓之“倒头饭”；还点上一盏长明灯。待这一切安排就绪后，即在灵床前烧化纸钱，俗谓烧“倒头纸”。此时全府上下都换了孝服举哀，一齐大声哭号。

在灵床前烧倒头纸的同时，府门前也烧起倒头车、轿来。车是朱轮紫缰，蓝呢车围（都是真呢子），前后还有顶马、跟马；轿是八抬大轿，绿呢轿围。车轿都扎制得极为精致，远远看去，就跟真的一样。所有车夫、轿夫以及跟班人等，俱按生前所用人数、所穿衣服，用真绸真缎糊制。烧这些东西的用意，据说都是为了给死者的鬼魂花用和乘坐的，好让死者过着与生前一样的舒适生活。

烧倒头车、轿的时候，还要在府门前右侧竖起一个三丈多高的红幡。据说这是从满洲带来的习俗。过去满族是个游牧民族，游牧于人烟稀少的草原之上，死了人在帐棚前竖起这样的红幡；附近的牧民见了，就知道这里死人了，就会前来吊唁或帮助办理丧事。

按照旧的迷信传说，人死之后，有“殃”离体外出。出“殃”时人人都要避开它，以免被“殃”冲着。被“殃”冲了就要倒霉，所以要“开殃榜”。就是在皇姥姥死的当天，请阴阳先生先向灵床上的尸身行礼，然后检视死者的面部和手指甲，问明死者的生死年、月、日、时，略加推算，即用白纸墨笔开具殃榜。殃榜内开列有入殓时日、出殃时日和殃出的方向、颜色，以及在家停灵的日数和出殡的日期等。有了出殃的日期和方向，人们就会避免被冲着了。

开了殃榜之后，还要请来十三名和尚，身披法衣，手持法器，绕着灵床转咒，一般谓之“念倒头经”。

桂公爷府在东城芳嘉园胡同。府内虽然房屋极多，但照例还要搭灵棚。灵棚是宫殿式起脊棚，有一殿一卷，高达三丈余，檐际用素绸扎成花饰。灵棚外还搭了经棚；前边院子与几个跨院都搭了客棚。棚上专门派了两个人昼夜巡视，以防失火。

按殃榜所开列的日期，于次日卯时入殓。入殓时，先由杠房的人把寿材抬到灵棚的正殿中央，再由仆役四人提着尸身下边的垫褥，从灵床上平稳地移放棺中；上面覆以锦被，两边空隙处填满棉花和她生前的衣物玩饰；并用一颗穿有红线的珍珠含入她的口内，把红线的另一头拴在衣服扣子上，这叫作“含殓”。然后，再由长手德福用筷子夹着湿棉花，擦拭她的眼圈，这叫作“开光”。最后，由孝子和其他亲人一一向棺内看视，以作最后的诀别；之后杠房的人即把棺盖盖好。此时，全家又须大声号恸，入殓仪式即告完毕。

入殓次日，开始家祭和念经。家祭是每日早午晚三次。灵前摆一供桌，桌上置皇姥姥的全身画像，前边摆着烛台、香炉、花瓶和果品之类。家祭时，于供桌前边另摆一桌祭席，由桂公爷站着奠酒三杯，再由长子德福跪着奠酒三杯。念经有和尚、道士和喇嘛三棚经，还有亲友送的尼姑经。

二

从第三日起开始开吊待客。这时府门外设大鼓大乐，二门有堂鼓细乐。皇室贵胄、王公火臣、满朝文武前来吊祭的车马轿子，川流不息，几乎把芳嘉园胡同塞满。他们送来的祭席和饽饽桌之多，只能在灵前稍摆一下即须撤去；宁绸库缎的祭幛，也层层叠叠地挂满了灵棚和客棚的墙壁，上面只能露出送幛者的名字。至于那些挽联，多得只能系在绳子上，悬挂在棚里。僧、道、番三棚经整日念个不停，吊客此来彼往。为了待客，午晚都备了丰盛的鸭翅带果桌的酒席。我们本族族人和穷苦亲戚朋友，有事没事都来棚里胡混，真是像俗语所说的那样：“真吃假哭白穿孝，不亲也亲凑热闹。”

第三天的晚上是“接三”，要到北新桥再烧一次车马、轿子等烧活。这时，长子德福由两人搀扶在前，一面走一面哭，后随和尚击打法器，亲友来的也很多。这样一直走到北新桥，把车马、轿子等烧化。烧的时候，孝子跪在地上，烧毕一一向各亲友道谢。

到了第七天，即所谓头七，晚间“送库”。库是纸扎的三座楼，中间的一座，有一丈多高，还有纸扎的金山、银山和各种家具用品。尺头桌上的匹头，表面一层都是各色真绸真缎；摆设桌上的古玩器物，糊制得宛如真品一样。还有纸扎的许多男女仆役，也都像真人一样大小，技艺极为精巧。当时听说，光接三和送库这两项，就花了三千多两银子，结果只是在北新桥一烧了事。送库时，跟着看热闹的人，简直如同人山人海一样。

送库回来接着是“放焰口”，就是由僧道、喇嘛在法坛上念经，超度无归游魂，经毕，僧道撒馒头碎块；喇嘛撒白米，对无归的野鬼游魂施食。

按着殃榜的规定，在家要停灵五七三十五日。原订每“七”念一次经，做一次法事，待一次客，嗣因亲友送经的太多，成了每天都念经，每天都待客，有时还念对台经。在这三十五日之内，酒席招待，不下数千桌。

停灵满三十五天，就该辞灵了。这时，又在灵前摆上一桌祭席，先由桂公爷奠酒，次孝子，再次家里的女眷、亲戚等俱按近远依次拜奠。然后收供桌、祭席，幕布都撤去，拿下棺材上盖的软罩，由杠房的人把棺盖钉死。此时，孝子要拿一把条帚把棺盖扫一下；接着杠房的人把棺材前端稍微抬起，孝子把一个铜钱垫在棺下。这叫作“扫材欠棺”，即谐音音“捎财起官”，也就是升官发财的意思。钉棺盖时，全家又都号啕大哭。接着，就该出殡了。

三

皇姥姥出殡的前几天，先行演杠。演杠的办法是先把杠摆在街上绑好，杠上放一张方桌，桌上置一个碗，碗中满盛清水；桌后放一把椅子，坐一族人。杠夫要把杠抬行半里多，椅子上坐的人随时看着碗里的水。如果一滴不住外溢，那就说明抬得平稳，才算合格。

出殡的前夜，也就是辞灵以后，近族人、至亲好友多留着不走，俗谓“伴宿”。凡伴宿的人，这一夜都不能睡觉，于是有些客人就斗牌赌钱，以便熬过这一夜。

出殡这天，按殃榜规定是辰时发引。一大早，族人、亲戚、世交、寅谊以及京中文武官员，几乎全来送殡。真是车水马龙，途为之塞。发引之前，先请来宾一批一批地入席吃饭。客人们无论吃不吃，都得入席坐一下，俗语说“送殡不准空肚子”。送殡的饭，名叫“喝汤”，其实还是很丰盛的酒席，也是包办酒席的饭庄大赚其钱的好机会。因为一来时间短促，入席吃饭的客人极乱，容易以少报多；再则不少高贵的来宾都在家中吃过了自己的饭，虽也照例入席，但连筷子都不动。不少菜都是上来一摆就撤回厨房，由厨师稍加整理，又端给另一桌。真吃真喝者当然也有，那就是穷本家、穷亲戚以及各项执事人等。每一批来宾入席后，孝子都要挨席叩头道谢。

来宾和府中的上下人等吃完了这顿丰盛的“汤”，也就到了发引的时间。发引时，先用三十二人杠和小棺罩，把棺材抬出府门与胡同，叫作“小请”；到了大街，再换六十四人大杠和大棺罩。棺罩是大红缎子做的，上绣金线寸蟒；杠绳是紫色的，这是清朝八分公以上的爵位才准使用的颜色。抬杠的人分三班轮换，全穿着新做驾衣，一班是蓝色，一班是绿色，一班是白色。棺前有两个人手执响尺，前后有四个人手执拨旗，会同执响尺的人指挥抬杠的动作。合起来，一共用了二百多名杠夫。再加上各项执事，那就有一千多人了。由灵堂启棺后，孝子德福摔了丧盆先行，其他孝子、孝孙依次跟在后面，一同哭着引棺前进；孝眷们则都乘车在棺后哭送。车有一百多辆，另外还拉着两大车纸钱。

棺前有二十四对“小囔”，他们身穿孝袍，每人腰间挎一个方木盘，里面盛着死者应用的物品，如鼎、炉、瓶、碗之类，都是纸糊的，一面走，嘴里一面发出“噢——”似哭似喊的漫长声音。

紧跟棺后有一队“后拥”，共二十四人，都骑着马，身穿驾衣，手拿阿呼噜枪（即豹尾枪），随棺前进。

送殡的亲友走在孝子之前，不管多大的官都要步行。关系远的送了半路就各自离开；关系近的都要送到城门，或一直送到墓地。

在他们的前面，是和尚、道士和喇嘛的行列。他们都身穿法衣，手拿法器，一路敲敲打打，诵声不绝。再前面是引魂车和引魂轿，里面装着纸钱。车前轿前都有清音细乐吹奏导行。

车轿之前是香亭、影亭，影亭中供有皇姥姥的画像，由四个人抬着行进。再前面是旗、锣、伞、扇和鞭、板、锁、棍，以及头戴黑红帽子的衙役和手持砍刀的刽子手的执事行列。这个行列有一班人是由杠房的人扮演的；另一班人是大兴县衙门的全班执事和衙役。

他们之前，是一队骖马、单钩、鹰、狗、骆驼。这是满族出殡特有的习俗，是他们的游牧打猎生活的遗风。

再前面是用松枝松叶扎成的狮子、亭子、鹿、鹤等，都扎制得惟妙惟肖，精巧生动。这些“松活”，有由丧主自备的，也有亲友们送的。

再前面是全副銮驾的仪仗队，前有“肃静”、“迴避”的大牌，后面的执事一色蓝衣，拿着刀、枪、剑、戟、鞭、锏、锤、抓等各式兵器，以及金瓜、钺、斧、朝天镫、龙旗、凤旗、飞虎旗等各式仪仗和彩旗。

仪仗队之前是一对门纛和二十四根曲律，全是按八旗的色别制造的。因为桂公爷是厢黄旗人，门纛和曲律都是黄色，外镶红边。这是满族特有的标志。

再前面是一百多个官衔牌，红牌金字，牌上写着八分承恩公世袭罔替福晋；以及死者生前所得到的一切封诰和荣典，甚至连平日御赐珍玩、良饰、食品等事，也都写在上面，以示荣耀。

在殡仪行列中有四个人不断地向空中抛撒纸钱。只见他们把一厚叠子纸钱向上一掷，就把纸钱掷到数丈高，并且有秩序地散开，满天飘舞。

在殡仪队伍的最前面，是原竖在公爷府门前的大红幡。这时，由三十二个人抬着，在前面导行。

殡仪行列的中间和两侧，还不断夹杂着各式各样的纸扎烧活，有童男童女、男女仆役、各式盆景、金山银山等。

殡仪队伍所走的路线是：出了芳嘉园胡同到东直门大街；然后经北新桥、鼓楼、北皇城根、西皇城根、西四牌楼、羊市大街、白塔寺，由阜成门出城。由于殡仪的行列很长，棺材刚出芳嘉园胡同的时候，前面的大红幡已远远过了北新桥。沿途每个街口，还有亲戚朋友搭的“路祭棚”，内设供桌和座位，供桌上摆有香烛、鲜花、干鲜果品等物，还挂有祭幛、挽联。灵柩来到祭棚时，都要停下来受亲友祭奠；孝子们要跪下受唁，向亲友叩谢。路祭时有的还要念经。这样，一直到了下午四点多钟，才到达离城十多里的西郊墓地。

墓圹是预先修好了的，墓前尽管建有祭堂和其他房屋，但还搭了很大的席棚，备送殡亲友们休息、吃饭之用。下葬时，先由阴阳先生用罗盘测定山向，按山向下棺套椁，然后孝子捧土撒上。这时，孝子、孝眷们均大声哭号，僧道念经，同时把烧活全部焚化。下葬完毕，送殡亲友还要在墓地吃一顿酒席，整个丧事才告结束。

四

皇姥姥的这次丧事，究竟花了多少银子，外间都不得而知。但是，经办丧事的马鸣轩仅从杠房、饭庄、冥货铺所拿回来的回扣，就有五六千两银子。即以这个回扣的十倍来计算，那么，这次丧事所用的银子，至少也在五六万两以上。他们从老百姓身上所搜刮来的血汗，就这样浪费在无谓的排场上了。

孔子曰：“礼与其奢也宁俭。”历代的封建士大夫是一向标榜尊孔的，可是他们行起事来，却完全是与之背道而驰的。

（一九六四年四月）

清季的太监

李 光

清朝鉴于历代宦官的流弊，早在顺治年间，即对宫廷太监的机构进行改革，制定宫规宫法。顺治十三年，废除了明朝的太监机构，改设乾清宫执事，司礼监、御用监、司设监、尚膳监、尚衣监、御马监、惜薪司、钟鼓司、直殿局、兵仗局等十三衙门；太监人数由明崇祯末年的九万多人，减为九千人。康熙十六年，又废除了十三衙门，设总管内务府，以领其事。在宫中设敬事房，置总管太监二人，管理宫中一切事务。直到清朝末年，宫监的机构虽然没有什么大的变更，但宫监的人数是逐代减少的。乾隆时期，宫监机构共有一百二十七处，太监二千八百六十六人；嘉庆时期，宫监机构共有一百零二处，太监二千六百三十八人；光绪时期，宫监机构共有六十三处，太监共有一千九百八十九人；宣统退位之后，宫监机构有四五十处，太监仅有八九百人。

机构与官衔

兹将光绪年间的宫监机构和宫监的简要职责介绍如下：

敬事房太监：专司宫中太监的升、降、调、补和巡视宫中各门的启闭关防等；

乾清宫太监：专司供养列祖实录和圣训等；

昭仁殿兼龙光门、弘德殿兼风彩门太监：专司陈设、洒扫，坐更等；

交泰殿太监：专司供奉御宝、收存勋臣档案和陈设、洒扫、坐更等；

坤宁宫兼坤宁门太监：专司神前香烛陈设、洒扫，坐更等；

东暖阁兼永祥门、西暖门兼增瑞门太监：专司陈设、洒扫、皇后以下的差使等；

自鸣钟兼端凝殿太监：专司御前随侍、记自鸣钟时刻、陈设、洒扫、坐更等；

懋勤殿太监：专司御用文具、书籍、记御前语等；

养心殿兼如意门、吉祥门，建福宫兼重华宫太监：专司陈设、洒扫、坐更等；

四执事和四执事库太监：专司上用冠袍、带履等；

奏事处太监：专司传宣谕旨、接奏等；

御茶房太监：专司菜名、果品及各处的供献等；

御膳房太监：专司上用膳馐、各宫的馔品及供献等；

御药房太监：专司带领御医到各宫请脉并制药饵等；

尚乘轿太监：专司请轿、随侍等；

鸟枪处太监，专司上用的鸟枪；

古董房太监：专司收存古玩器皿；

尚书房太监：专司至圣先师前的香烛、陈设；

南书房太监：专司内廷行走等；

乾清门太监：专司御前理事、安置宝座、晨昏启闭、关防大小臣工出入、呈报值宿名单等；

日精门、月华门、景和门、隆福门、基化门、端刚门、内左门太监：专司启闭关防、清洁等；

内右门太监：专司启闭关防、茶膳房出入和每晚起更时刻等；

近光左门、近光右门、遵义门、苍震门太监：专司洒扫、清洁等；

荣仁宫、永寿宫、承乾宫、翊坤宫、钟粹宫、储秀宫、延禧宫、启祥宫、永和宫、长春宫、咸福宫、斋宫、毓庆宫等十三宫太监：专司陈设、洒扫、坐更等；

御书房太监：专司存收古书字画等；

御花园兼天穹殿太监：专司斗坛、四神祠的香烛和培灌花木；

祭神房太监：专司祭神、坐更等；

中正殿、英华殿、钦安殿、寿皇殿、永恩殿太监：专司陈设、洒扫、坐更等；

打扫处太监：专司洒扫、清洁；

熟火处太监：专司柴炭；

造办处太监：专司宫中各种器具的修理和制造等；

做钟处太监：专司修整钟表；

遇喜处太监：专司掩埋胎衣；

北花园太监：专司溉灌花木等；

兆祥所太监：专司嫔妃停灵事。

如此等等。

清朝顺治年间，宫廷太监无官衔品级。康熙六十一年，才规定五品衔总管一名，五品衔太监三名，六品衔太监二名。雍正元年，又规定总管内务府为三品衙门，敬事房的大总管为四品衔，副总管为六品衔，随传处的首领太监为七品衔，宫殿等处的首领太监为八品衔。雍正四年又规定敬事房的四品大总管为宫殿督领侍，从四品大总管为宫殿正侍衔，六品副总管为宫殿监侍衔，七品首领为执事衔，八品首领为侍监衔。到清代末期，太监才有了二品、三品的官衔。如光绪时期，权监李连英，代表慈禧太后到天津小站阅兵，就提为二品官衔，赐红顶戴、黄龙马褂。宣统大婚时，长春宫大总管张谦和、二总管阮进寿，督领侍张德安，都提为二品官衔。

凡有官衔品级的太监，帽子上都有顶戴。如二品官衔是红顶，三品官衔是正蓝顶，四品官衔是镍蓝顶，五品官衔是亮白顶，六品官衔是镍白顶，七品官衔是金顶，八品官衔是金顶带寿字。从其蟒袍前后补子上绣的禽鸟，也能区分出太监的官衔和品级。二品是仙鹤，三品是凤凰，四品是孔雀，五品是鹭鸶，六品是黄鹂，七品、八品是鹌鹑。无品级和顶戴的上差太监都穿紫色绸缎袍，前后补子上绣的是蟠龙花和五蝠捧寿；其他都穿蓝色布袍和紫色布袍，袍褂无前后补子。

太监的服色分灰、蓝、绛、茶、驼五色：春天是灰蓝色，夏天是茶驼色，秋冬是蓝灰色，诞辰穿绛紫色，忌辰穿青紫色。服装形式分靴、袍、帽、小褂、大褂、衬衫（无袖）、马褂、坎肩、叉裤、凉带、腿带等。其中总管、首领穿马褂，其他有品级和无品级的太监，不能穿马褂，一律穿坎肩。靴子都是青色，总管首领穿长筒靴，其他太监都穿角靴。

俸禄与赏赐

顺治、康熙、乾隆年间，太监的俸禄分月例、月米、公费钱和恩加银。其中恩加银是赏给服役年久而勤劳的太监的，服役年限短的无有。俸禄按官衔品级发。四品督领侍每月月银八两，米八斗，公费制钱一贯三百；五品宫殿正侍每月月银七两，米七斗，公费制钱一贯二百；六品宫殿监正侍每月月银六两，米六斗，公费制钱一贯一百；六品副宫殿监侍每月月银五两，米五斗，公费制钱一贯；七品正执守侍每月月银五两，米五斗，公费制钱一贯；七品副执守侍每月月银四两，米四斗，公费制钱一贯；八品侍监每月月银四两，米四斗，公费制钱七百，副侍监每月月银三两，米三斗，公费制钱七百。无官衔品级的太监，俸禄按三等发：一等每月月银三两，米三斗，公费制钱六百；二等每月月银二两五钱，米二斗五升，公费制钱六百；三等每月月银二两，米二斗，公费制钱六百。

在各亲王、郡王、贝勒、贝子等外府服役的太监，俸禄最低。他们和在宫中服役的太监一样，虽然也有官衔品级，但因他们的俸禄不是由皇室发，而是由外府自出，而府又有大府、小府之分，穷府、阔府之别，所以同官衔品级的太监，俸禄极不一致，大府就多，小府就少。例如：在宣统时期的恭王府（溥伟）、庆王府（奕劻）、醇王府（载沣），都是大府，在这些府服役的上差太监，每月的俸禄银：首领太监四两，回事太监二两，小太监一两多；其他在茶房、膳房、司房、药房、殿上、散差服役的太监，每月的俸禄，只有一两二钱银子。如太监刘新桥在醇王府服役十年，每月月银都是二元。有些外府还常年不发俸禄。如太监田壁臣在贝勒毓朗（宣统末年的九门提督）府中服役，每月月银三元，十年没有发俸禄，只发给些饭银，穷得连靴子、服装都买不起，而穿补丁衣服。

在宫廷服役的太监，除正式俸禄外，每年还有节赏、寿赏、加班赏等多种多样的赏赐。特别是遇到生皇子和皇帝大婚时，赏赐更多。在赏赐中除银钱之外，还按着季节赏赐各种绸缎、绫罗、锦纱、皮毛和珠宝、玉器以及各种名贵的书画等物。如端阳节除银钱之外，还赏有大叶蟒、多罗麻等名贵锦纱；中秋和年节赏宁绸、江绸、川绸、织锦缎、闪缎和各种洋绉与名贵的皮毛。每年所得的赏赐，都超过所得的俸禄。

兹将宣统时期节寿时的赏赐情况介绍如下：

节赏：每年三次，每次赏赐：总管太监银三百两，尺头（绸缎）四卷（每卷五十尺）；首领太监银一百两，尺头四卷；回事太监银一百两，尺头二卷；小太监银四十两，尺头一卷半（其中摆膳、梳头的小太监都是双份）。各处所：首领太监银二十两，尺头一卷（一般无顶戴、无品级的太监，只有赏银，最多的十两，一般的六两，最少的四两）。

寿赏：每年五次，每次赏赐：总管太监银二百两、尺头四卷；首领太监银一百两，尺头四卷；回事太监银五十两，尺头二卷；小太监银二十两，尺头一卷半。各处所：首领太监银二十两，尺头半卷（无顶戴、无品级的太监，只有赏银，多则六两，少则四两）。

皇帝的大婚礼，不但赏赐多，而且有顶戴有品级的太监，还要加官进禄，各升一级。如大总管邵祥禄在宣统大婚时，除晋级为二品衔外，得赏银二百五十两、尺头十卷、貂皮十张、水獭皮三张、海龙皮十张、碧玉朝珠一挂、金表一块，合计赏银共一万二千六百五十两。御前小太监张寿卿得赏银二十两，青白坎狐皮一张，白狐皮一张，合赏银一千四百二十两。

上层太监的生活

上层太监的豪华生活，是和封建帝王在政治上、生活上的极端腐朽分不开的。只拿光绪时期太监信修明所写的《宫廷琐记》手稿所述的两膳房（西太后、光绪的厨房）的积弊材料，就够令人触目惊心的了。其中说：太后之份例：每日盘肉（猪肘子）五十斤、猪一口、羊一只、鸡鸭各二只；新细米二升、黄老米（紫米）一升五合、江米三升、粳米面三斤、白面十五斤、荞麦面一斤、麦子粉一斤、豌豆折三合、芝麻一合五勺；白糖二斤一两五钱、盆糖八两、蜂蜜八两；核桃仁四两、松仁二两；鸡蛋二十八个、枸杞四两、干枣八两；香油三斤十两；面筋一斤八两、豆腐二斤、粉锅渣一斤；甜酱二斤十二两、青酱二两、醋五两；鲜菜十五斤。至于燕窝、鱼翅、银耳等山珍海味之多，那就更不用说了。

《清宫琐记》还提到了西太后的一次膳单，计有：

火锅二品：八宝奶猪火锅、酱炖羊肉火锅；

碗菜四品：燕窝万字全银鸭子、燕窝寿字五柳鸡丝、燕窝无字白鸭丝，燕窝疆字口蘑鸭汤；

杯碗四品：燕窝鸡皮鳜鱼脯丸子、鸡丝煨鱼面、木炒肉、炖海参；

碟菜六品：燕窝炒炉鸡丝、蜜制酱肉、大炒肉焖玉兰片、肉丝炒鸡蛋，溜鸡蛋、口蘑炒鸡片；

片菜二品：挂炉鸡、挂炒鸭；

饽饽四品：白糖油糕寿意、立桃寿意、苜蓿糕寿意、百寿糕；

随克食（小吃）一桌：猪肉四盘、羊肉四盘、蒸食四盘、炉食四盘。

还有野意十数种，如鹿脯、鹿胎、山鸡、熊掌、芦雁、天鹅、地鹔、哈司蚂（雪地蟾）之类。此外，皇族、后妃每顿也要贡献美食几品。这样合计起来，每次就有百数十品之多。

俗话说："有其主，必有其奴。"主子们一食千金，奴仆们也跟着学。光绪、宣统时期，大总管每月饭银一百两（名分上是如此，实际上没有数目）菜四十品，汤二个；首领太监每月饭银五十两，菜三十品，汤二个；小太监每月饭银十两，菜四品，汤一个；各处的首领太监，每月饭银十两，菜三个，汤一个。

总管和首领太监都有单人厨房，有的和主子吃一个厨灶。他们吃的是山珍海味，穿的是绸缎狐裘，还有太监多人伺候他们，派头俨然和主子一样。如隆裕太后的大总管张兰德，就是和隆裕太后吃一个灶，每餐和隆裕太后一样，菜四十品，有太监二十七人伺候。又端康皇贵太妃的大首领太监刘承平，有太监十二人，专司给他泡茶、打饭、穿衣、收拾房屋，自己还设有账房、茶房、膳房、客室等。

但是，像这样有权有势的太监，只是少数。根据调查，光绪年间，宫廷太监共有一千九百多人，其中总管太监十六人，占太监总人数的百分之零点八一；首领太监一百五十二人，占太监总人数的百分之七点六六。宣统时期也是这样。例如：敬懿、荣惠、庄和三宫共有太监二百六十七人，其中首领太监十二人，占三宫太监总数的百分之四点四九；端康宫中有太监一百二十一人，其中首领太监十三人，占该宫太监总人数的百分之十点七四；皇后宫中有太监八十九人，其中首领太监有十二人，占该宫太监总人数的百分之十三点四八。绝大多数的太监都是受压迫的贫困太监。如在各处所服役的太监，每月饭银只有五两，每餐都是一饭一汤；其他空宫、门头、打扫处等处的太监，每月饭银仅有二两，吃的都是大锅饭，大锅菜。他们长期在主子和上层权监的残酷蹂躏下，既要受主子们的笞杖，又要受上层权监的辱骂和欺压。

太监们的等级也很森严。在督领侍下面，有大总管、二总管、带班首领、御前太监、殿上太监、一般太监和下层打扫处太监之分，在宫殿监中，有总管、首领、掌案、回事和小太监；在各处所有首领、大师父、二师父、带班、陈人、徒弟。这样层层节制，一级压一级，统治得非常严密。

大太监的权势

在这些上层太监中，还有少数大太监不但俸禄高，生活优裕，而且还依仗主子的权势，媚上压下，结党营私，卖官鬻爵，干尽了坏事。如权监李连英、小德张等，就和袁世凯相互勾结，朋比为奸。袁世凯从戊戌政变到慈禧死前，因为一直在李连英身上下功夫，所以很快爬上了高位，而李连英也就借以大发横财，仅一次就接受了袁的白银二十万两。一九一一年，袁世凯为逼迫宣统退位，以窃取政权，又以巨额运动费，走了小德张的路子。

李、张由于一贯弄权纳贿，都成了晚清有名的阔太监

李连英在原籍河北省大城县置地三十六顷，到他临死时，除给隆裕太后贡献珠宝玉器八方盘（三尺宽、四尺五寸长）外，他的四个继子，每人

就分了宝珠玉器一大口袋，至于银钱那就更多了。就是他的两个继女，每人也分银十七万两。小德张在原籍河北省静海县置地十余顷，在南苑置地二十顷，[①]在天津英租界置楼房十二座，模仿故宫御花园养性斋的样式，在北京永康胡同建筑了一所宏伟的大宅第。另外，在北京前门外鲜鱼口和北沟沿开设永庆、永存两个当铺，资金达十万多两；还和王子元、李乐亭、魏彬卿、太监姚孟山在北京大栅栏合伙开设了祥益绸缎店，资金二十万两，他自己就出了十四万两。

这些大太监，还操纵着对太监们的升、迁、调补和责罚的特权。他们利用这种特权，立门户，树派别，怀挟私愤，任意责罚下面的太监。如小德张还在给西太后当掌案太监的时候，为了将来夺取大总管的位子，便和隆裕皇后狼狈为奸，拉拢内务府大臣世续、景丰、增崇和袁世凯（军机大臣）、江朝宗（九门提督）等，结党营私，互为利用。他爬上了大总管的地位后，又依仗隆裕的权势，搞垮了杜兰德、李兰芳、颜海潮、陈瑞峰和隆裕宫中的总管万宝斋、狄八等号称三十六友的联合势力。其中，除总管狄八因为看清了势头，主动提出退职养老，还保持原来俸禄外，其余的全部被斥革，罚做下贱差役，每月只给二两银子的俸禄。

小德张为了把持总管的地位，还用拜把结盟、收徒弟，来扩充自己的势力，并将他的心腹安插在各主要处所。例如，将把兄弟姚孟山由带班太监，提为隆裕太后的二总管，徒弟任福祥由小太监提为掌案太监，把兄弟刘兰卿提为司房大首领，徒弟信修明提为管理膳房的太监，不久又提为司房大首领。

小德张对太监非常残忍毒辣。他责打太监，几乎成为家常便饭。为逢迎主子的欢心，他专门挑选了四五十名小太监学戏，时常把他们打得皮青肉紫，以至腰断骨折。后来在天津竟把一个逃跑的姨太太大卸八块，装入皮包，埋于郊外。

---

① 一说五十顷，姑皆从原文。

太监的刑罚

按照清朝封建皇室的宫规则例，凡宫殿监等处的太监，在外犯法者，由外部按律治罪；在内犯法者，由内务府治罪。重者交总管内务府，轻者由总管和各处所的首领太监责罚。皇帝宫中的敬事房、太后、皇后、嫔、妃宫中的散差，便是责罚太监的御用机构。慎刑司是处罚太监的专用监狱。

清代的宫廷太监，除专权干政，图谋不轨，处以斩刑外，对于违犯内廷规则的太监，一般都是用杖刑责处。轻者由各处所总管首领杖责，重则交慎刑司依据犯罪情节轻重，按律惩处。

宫廷太监的处分则例，分宫殿监（即上层宫监）处分则例和各处所首领太监的处分则例。

宫殿监的处分则例，分三等十二条。计一等罪五条，二等罪三条，三等罪四条。条款内容主要是徇情、失职、怀挟私愤、假公济私等，犯者要受到斥革和罚月银的处分。例如，一等罪中，凡宫殿因选择和调补升迁各处首领，不秉公按例办理，而怀挟私愤或徇私枉法者，罚一年月例银。在二等罪中，宫殿监对内廷一切禁约之事，不实力稽查或遇事推诿等，罚月例银六个月。三等罪中，宫殿监不按则例，任意处分各处首领，不按则例浪费柴、炭、油、蜡等，罚三个月的月例银。

各处所首领太监处分则例，分三等十五条。计一等罪二条，二等罪八条，三等罪五条。内容主要是因在禁地饮酒行凶，口角斗殴，烛火失误，不守法度，喧哗无礼，宣招不应，抗违不至，假期不归等。犯者要受到杖责和罚月例银的处分。如坐更打磕睡，系首领罚四个月的月例银，系太监重打四十杖，罚月例银一个月。又如因宣召不应，抗违不至的，系首领罚四个月的月例银，系太监则重打四十杖。

另外凡太监，宫女在宫中自缢身亡者，将尸骸抛弃荒野，其亲属要发往伊犁、黑龙江等边远地区，给官兵为奴；对屡次潜逃的太监，永远罚在边疆地区给官兵为奴，遇赦不赦。如越省远飏，一经拿获，虽无其他不法罪行，均罚永远枷号，终身禁闭。

责打太监的杖刑、板刑都是用竹做的。杖刑是长五尺，圆五分的实心青竹；板刑是长五尺，宽五分的青毛竹板。行刑的规则是：先将受刑者按伏在地，臀部突起；然后一人按头，二人按手，二人按腿，一人掌刑，一人喊数。行刑时，一面打一面喊出数字。受刑的太监，须一面受打，一面喊饶恕奴才吧，下次不敢了；否则就有顽抗不服训的罪名，还要加倍重打重罚，一直打到喊出求饶声为止。刑毕，由刑监二人架到主子那里，给主子叩首谢恩，行刑才算完结。

行刑分殿上行刑和各处所行刑两种：在殿上行刑，有主子监刑，刑监不能徇情，打的须重，否则就要反坐；在处所行刑，刑监可以卖人情，受贿赂，打得轻。

光绪末年，慎刑司里设有“气毙”之刑。即用七层白棉纸蘸水后，将受刑太监的口鼻耳封闭，然后再用杖刑责打而死。戊戌变法失败后，慈禧曾用此刑把光绪宫中给维新派通风报信的太监气毙多人，珍妃宫中有三十来个太监，都是用此刑给打死的，造成迫害太监的一大惨案。

慈禧心毒手辣，还表现在她责打太监，几乎成了家常便饭。每日被她责罚的太监，常常不下百人。而且一个太监犯错，他所在处所的全部太监都要连坐。太监们为了避免她的残酷的责打和处罚，每人都制有两块长一尺，宽五寸的牛皮，当班时用绳捆在两个大腿上，以备挨打时减轻痛苦，并起了个名字叫做“护身符”。

晚年的寺庙生活

清代的太监，大部分是河北省青县、静海、沧县、任邱、河间、南皮、涿县、枣强、交河、大城、霸县、文安、庆云、东光和现在京郊昌平、平谷等县的人，也有少数是山东乐陵等县和蒙古人。这些太监都出身于贫苦的劳动人民家庭，是为生活所迫而走上这条悲惨道路的。他们宁肯忍受着生理上的痛苦而幻想摆脱贫困，但没想到当了太监以后，却给他们带来更为严重的后果。他们不仅绝大多数人当了太监，仍然终身过着贫困的奴隶生活，而且更严重的是，一到年老体衰，失掉服役能力后，都要被逐出宫外。他们在社会上，既无谋生能力，又无安身之地，只能以寺庙作为安身立命之所。就连慈禧太后的三大权监李连英、崔玉贵、刘诚印，一到晚年出宫后，也只得以寺庙存身，死后也得葬在他乡异地（李葬在北京西郊恩济庄，崔、刘葬在金山宝藏寺）。根据恩济庄、立马关帝庙、金山宝藏寺、岫云观、玄真观等十六个太监寺庙的统计，共有太监墓二十三百三十六座。

太监们晚年被逐出宫后，所以多以寺庙栖身的重要原因，是因受社会和家人的歧视，认为家中出了“老公”是个家丑，死后不许入祖坟。社会上也认为他们不男不女，是下贱的人。因此太监们在青年为监之时，大都积蓄资财，自己购置房地，拜师做徒和修建寺庙，以备晚年有个栖身的处所。如同治十年慈禧太后的二总管刘多生，曾拜白云观方丈张宗璿（号耕云）为徒，法名刘诚印，道名素云道人，以后和高云溪同为白云观第二十代方丈，并由龙门派创出了龙门分支霍山派，从此太监信奉道教始有了宗派。

刘诚印为了扩大道教的声势，曾先后捐募白银两万一千多两，在白云观传戒三次，受戒者达一千一百人，不少太监都受了戒。计同治十年募银五千多两，受戒者三百多人；光绪八年募银七千多两，受戒者四百多人；光绪十年募银九千多两，受戒者五百多人。自捐白银三千六百二十两，购昌平县好地十五顷，作为白云观长年香火的费用。又在北京城内外，修建太监寺庙二十座，其中以地安门鼓楼后娘娘庙胡同的鸿恩观，北海东夹道的素云观和蓝靛厂立马关帝庙规模最大，房地产最多。又如宣统年间的太监张修德，拜韩续旺为师，继承北京西郊莲花寺一座，房产二百多间，耕地和果木山林地共一千一百二十五亩；太监赵荣陞，青年为监时，除给家中置房买地之外，在北京置房二十一间，花银三千四百元；太监边树楠入宫为监数十年，每月月例银只有三元，为了晚年自养，也在北京蓝靛厂置房六间。少数无钱的贫苦太监，既无法拜师，又没钱入兄弟院，只能流散在外地异乡，以乞讨为生，直到冻饿而死。

根据调查，在北京城郊，共有明、清时代的太监寺庙二十六座，计有：恩济庄，在北京西郊八里庄；立马关帝庙，在北京海淀蓝靛厂；金山宝藏寺，在北京万寿山青龙桥；岫云观，原河北省良乡县琉璃河；玄真观，在北京西郊门头沟石板营；福寿寺，原河北省宛平县北安河；朝阳院，原河北省宛平县北安河；莲花寺，原河北省宛平县白石山；普照寺，原河北省宛平县北安河；秀云观，原河北省宛平县北安河；定慧寺，原河北省宛平县北安河；元通观，原河北省宛平县南安河；裕华庵，北京市海淀八沟村；护国寺，北京西郊黑山；五花寺，北京香山（靠近卧佛寺）；咸兴观，北京西四石桥；鸿恩观，北京地安门外鼓楼后娘娘庙胡同；素云观，北京北海东夹道；灵官庙，北京南长街灵官庙胡同；玉玦庙，北京南长街九道湾；真武庙，北京钟楼酒醋居胡同；佛堂庙，北京南长街；宝金山，原河北省房山县；三官庙，北京海淀；高公庵，北京地安门鼓楼东大街宝钞胡同；大悲庵，北京万寿山青龙桥。有些权监们为了解决太监晚年贫困无依的惨景，曾成立自养组织。乾隆年间，由乾清宫督领侍刘钰、副侍萧云鹏、王进禄、张进忠、杨连盛、靳九十一人，成立万寿兴隆寺养老义会，并在北京南郊采育黑垡置地二百一十亩。总管崔玉贵为解决晚年太监自养费用，给立马关帝庙献地六顷八十亩。

寺庙太监的生活来源，除靠大量的房产、地租外，还经营粮食、蔬菜、果木等。据北京郊区恩济庄、立马关帝庙、金山宝藏寺等十四个寺庙的调查，太监们以出租、出佃等方式，经营着粮、菜土地四千零九十五亩，果木山林六万一千七百二十五亩。其中有的又依靠剥削收入过上了寄生生活。

（一九六三年）

清宫太监回忆录[①]

马德清　等述　周春晖　记

难忘的酷刑

马德清

我姓马，叫马德清，是天津南青县窑子口人。我父亲是个卖膏药的，我母亲是个穷人家的女儿。我还有一个姐姐，现在还活着，已经七十多岁了。

小时候的事，能记起来的不多了。拿“房无一椽，地无一垄，吃上顿没下顿”这几句话来形容我的家，也就够了。

那年头，穷人恨有钱的，也羡慕有钱的。比如我父亲，他厌烦自己的卖膏药的营生，骂地主吃人饭、拉狗屎。但是他也常常想，用什么法子，

① 这几篇回忆录是清宫太监们口述，由周春晖笔录的。

一朝变成一个有钱的。

我有一个姑母，住在邻近的村子里。她有个远房侄儿，叫李玉廷。李玉廷的父亲也是个穷人，可是自从李玉廷进了清宫，当上太监，十几年后这一家便发了：有两顷多地，还拴着几头大骡子。我父亲常常提到这个李家，羡慕人家有办法。

青县，在清朝是个出太监的地方。当太监真正“出息”了的，千里挑一，可是人总是往“亮”地方看啊！我父亲便下了狠心，决定让我走李玉廷的那条路了。

走这条路的头一步是“净身”，用句粗话说，就是割掉能生儿育女的玩意儿。因为当皇上的要保持他的三宫六院的“贞洁”，只容纳净了身的男人在宫廷里做仆役。

我九岁的那一年，大概是光绪三十一年，有一天，我父亲哄着我，把我按在铺上，亲自下手给我净身。那可真把我疼坏了，也吓坏了。疼得我不知道昏过去多少次。这件事，我从来不愿意对人讲，我并不是害羞，实在是太痛苦了。从旧社会来的苦寒人，人人都有不少伤心的事儿，可是最伤心的事，自己总是不愿意想的，想起来，心就像挨针扎一样疼啊！①

请想一想，那年头，没有麻药，没有什么注射针、止血药那一类东西……硬把一个活蹦乱跳的孩子按在那儿，把他的要命的器官从他的身上割下去，那个孩子该多么疼啊！一根根脉通着心，心疼得简直到要从嘴里跳出来了。从那一天起，我的整个生殖器官便同我分家了。

动完这种手术后，要在尿道上安上一个管子，不然，肉芽长死了，尿就撒不出来啦，还得动第二次手术。我后来听懂得这个道道的人讲，割掉那个玩意儿以后，不能让伤口很快地结疤，要经过一百天，让它偎脓长肉，所以要常常换“药”。说实在的，哪里是药呢，不过是涂着白蜡、香油、花椒粉……的棉纸儿。每一次换“药”，都把人疼得死去活来。

我记得，那个时候，我整天躺在土炕上，父亲只准我仰面朝天。有的

---

① 述者谈到这里，流下眼泪。

时候，脊梁骨像断了一样，想翻一下身，可是哪敢动一动呢；就是略微欠一下身子，伤口也牵着心疼呢！

大、小便就这样躺着拉、尿。屁股下面垫着灰土；灰土天天换，也是湿漉漉的。

那时候，我不懂父亲为什么这样整治我，我也没有淘什么气，惹犯老人家啊！母亲在家里没有发言权，她疼我，可是救不了我。我想她一定难过极了。就在我能爬起来，拉着两条腿走路的日子里，她永远地离开我了。

大约四个月后，我的伤口好了，我父亲便带着我投亲找友，想把我暂时寄养在一个地方，他好去找门路，把我送进宫里去。但是我这个残废的孩子，到处遭到亲友们的耻笑。他们责怪我父亲，可是也不同情我。最后，我姐姐把我收留下，父亲就走了。他这一走，像石沉大海一样，我们再没有见到他，也没有听到他的一点消息。他摧残了我，却从我身上什么好处也没有得到。

我十三岁的那一年，由前面讲的那个李玉廷把我送进清宫里，那时候，已经是民国了。

“毕五”、“小刀刘”和慎刑司

任福田　池焕卿

我们俩：一个叫任福田，今年八十多岁了，大概是活着的太监里的最老的一个了。一个叫池焕卿，今年也七十多岁了。

马老先生讲的净身的情况，就是那样，用不着再补充了。但是当父亲的亲自动手给儿子净身，终究是不多见的，大多数人都是把子弟送到专门干这种营生的地方去净身的。

光绪二十几年前，在北京专门干这种营生的，有南长街会计司胡同的“毕五”和地安门内方砖胡同的“小刀刘”。这两家的家主都是清朝的七品官，他们每年按四季，每一季给总管内务府进四十名太监。净身一类的“手续”就全由他们两家包办了。

太监的来路有几条：穷人家，被生活所迫，指望把孩子送进宫里，将来得些好处，这是一条；歹人拐骗别人家的小孩，送到毕、刘两家，图得一笔身价，这是一条；毕、刘两家诱骗苦寒人，说当太监有这些、那些好处，鼓吹他们把子弟送进宫里，这是一条；有的人犯了重罪，拿“净身”来逃避“刑罚”，这又是一条。千条万条，一句话，被送上这条断子绝孙的绝路的都是贫苦人家的子弟。

那年头，直隶省的青县、静海、沧州、昌平、平谷、任丘、河间、南皮、涿县、枣强、交河、大城、霸县、文安、庆云、东光，山东省的乐陵都是出太监的地方。因为一个地方，有几个当太监的发了财，对穷人家就会起影响。而且他们彼此援引、介绍、鼓吹，也就成了风气。这和老早年青县、乐亭一些地方的妇女，彼此援引、影响，到北京来当老妈一样。

那年头，想把孩子送宫里当太监的人，首先要到毕家或刘家“挂挡子”，也就是报名。经过审查——看相貌、言谈、聪明伶俐劲儿，摸裆（隔着裤子摸生殖器官）——认为合格以后，才收留呢。

“净身”这件事是由毕、刘两家包办的，他们积有多年的经验，而且有一套设备，比起马老先生的父亲总会爽利得多。但是挨整治的人也是疼得死去活来的，因为这两家也没有什么止痛、止血的灵丹妙药。动手术用的刀子在火上烧一烧就算消毒了。

养好了伤，在进宫之前，每个人要备置一套靴帽袍褂。这笔置装费，连同挂挡、净身、疗养、饮食、医药等等费用，毕、刘两家可不白送。这些费用合起来总有百八十两银子，穷人家向哪里去凑呢。拿不出来，就得事前立下“文书借契”，等孩子进了宫，听凭毕、刘两家从孩子应领的“月分”里扣。月分少，利息大，如果进宫后混得不怎么好，这笔债十几年还还不清呢！为了“报答”毕、刘两家引进的“情分”，以及希望他们能在总管太监跟前说几句好话，进宫之后，逢年过节还要给这两家送礼：尺头啦（衣料），皮毛啦，银钱啦，其他什么啦。

毕、刘两家从穷苦人家或骗子手（那年头，社会上把拐骗幼童的人叫作“拍花的”）那里买来的孩子，就成了他们两家的人了。这些孩子们进宫以后，月分钱和别的进项就全归他们两家了。

毕、刘两家收买的孩子都是长得漂亮，聪明伶俐的。他们十几岁就被送进宫里，当“童监”、“孩监”。这些孩子一般都得到后、妃、贵人的喜爱，俸禄和当“上差”的中小太监差不多。毕、刘两家就把进奉“童监”和“孩监”当作发财的买卖，想方设法买小孩，给他们净身，往宫里送。

光绪二十六年（一九〇〇年），毕、刘两家的“包办”机构被取消了，改由慎刑司管理。慎刑司是总管内务府下面的一个司，原来的地址在北长街北口路西，它是掌管总管内务府应管的刑罚一类事的。那年头，太监们犯法，就是由这个司责罚。

慎刑司的情况，不是我们当太监能够详细知道的，我就不再多谈了。

进宫和拜师父

赵荣陞　张修德　魏子卿

早先年进宫的情景，我们没见过，就不说了。现在把我们进宫的场面讲给大家听听。

我们是光绪三十一年（一九〇五年）进宫的。进宫前在慎刑司住了些日子，没有在旗的，要认旗，也就是要我们这些准备进宫的人归到哪一旗下，比如归镶白旗啊、镶红旗啊，……这大概是为了明确一下身份，将来好有人负责。旗的详细情况，我们也不清楚，就不谈了。

入官以前，大家都准备好新衣服、布袍子、靴子、腰上扎的带子。还要演礼，学习怎样跪，怎样磕头，怎样回话。我们心里总是七上八下的。封建时代，人们把皇上看成天人，金口玉言，应对进退上出了岔子，保不住会把脑袋丢掉。教我们演礼的人也左叮咛，右嘱咐，要我们学好，临时也不要发慌。比如说下跪吧，要先跪左腿，后跪右腿，跪下去，袍子不能褶在腿底下；上边问话，什么时候抬头，抬头后眼睛往哪里瞧，都有一定的规矩，不能乱来。

一天早晨，总管内务府的老爷，把我们领进宫去，进的是午门旁边的一个门，低着头跟人家走到养心殿，跪在院里，听候挑选。

我们的名字、年岁、来路……早就由慎刑司写好呈上去了。

跪了一会儿，“老佛爷”来了——那个时候我们把慈禧太后称作老佛爷——，我们偷眼瞧，她手里拿着牌子，按牌子上写的名字仔细地端详了我们一阵，叫几个人的名字。被叫的人抬起头来回话。一会儿她就离开了。西太后，看起来还不老，很有精神。

西太后挑中的人，留在她或皇上那儿，剩下的分给别的地方。那时候，清宫里用太监的机构还有四五十处，每处里的人数并不少，但是谁不愿意多弄几个人呢，人多了，每个人做的事就轻松了。实在分不出去的，还可以分给外府。王府里也用太监。

决定留在宫里以后，首先要认师父。能当师父的都是地位高，年纪大的太监。像总管太监、首领太监这一类人，一辈子收的徒弟多得很。徒弟们跟师父学规矩礼法，师父用徒弟做自己的仆役。一个师父将来能有几个“出息”了的徒弟，不但有面子，而且也有实际好处。

宫里的规矩礼法多，够你学几年的。比如叩头、请安就有多少样儿，对什么人、什么时候怎样跪拜，都有一定的形式；梳头，端茶，斟水，摆膳，服侍上边穿衣服，传事，回话……都有一定的做法。能学到看上边的眼神行事，能摸出主子的心情，投其所好，那才有“出息”呢。还有，在宫里讲话有不少忌讳，忌讳的话是不能上口的，必须认真地记住。

上面讲的那些事，都要跟师父学，服侍师父起居饮食，也要学。学得快，学得好，讨得师父喜欢，就有“发迹”的希望了。

初进宫的人，师父就是自己的主人，把师父服侍好是自己的唯一任务。早晨天不亮就得起来，给师父准备漱口水、洗脸水。钟点到了，要轻轻地走到师父炕边，轻轻地叫醒他，服侍他穿衣服。夜里，师父睡下后，自己才敢休息，而且睡得还要机灵些，师父什么时候唤，要立刻应声。

太监的品级不一，大小有别，一层制一层，一层压一层，当徒弟的是最末的一层，师父有气没地方泄的时候，徒弟就遭殃了。

同时当徒弟的，也有先后之分，比自己先进宫的人，叫陈人，陈人在新人面前也有时摆架子、逞威风呢。

旧社会，行行有行行的苦处，最要紧的是忍耐。我们在当徒弟的时候，什么事都是逆来顺受，为了自己的前程，什么委屈只有压在心里。说一句不好听的话吧，就是别把自己当人看。可是千千万万干这一行的人，真的“出息”的有几个呢！真的“出息”了的人，回想自己当年的委屈，就要捞本，好好地来享受一番，把当年自己受的，转给下一辈了。

入宫后我们是怎样“受训”的

池焕卿　赵荣陞　边法长

皇帝的宫里，规矩礼法多，我们这些乡下穷孩子进了宫是要“受训”的。不过那时候上一辈太监“训”我们，并没有一定的谱儿。

我们被送进宫里后，最初是上不了什么场面的，在下边认过师父，跟师父学本事。

先说称呼吧，那时候，宫里头的太监把皇帝称作万岁爷，把西太后称作老佛爷，把妃称作主子。比如对端康皇太妃、敬懿皇太妃，都要把她们称作主子。至于太监们彼此的称呼，同辈的互称爷，姓张的张爷，姓李的李爷，低一级的把高一级的称作师父。太监们不喜欢人们把他们直称作太监，如果你把他们叫作老公，那简直是骂他们八辈祖宗，这一套称呼是要先记住的。

忌圣讳这件事，上年纪的人大概都晓得，在宫里，这更是一件最要紧的事。不单是与万岁爷的名字同音的字不能上口，太后、妃、太妃的名字也一样。这些应避的字音是要牢牢记住的。比如大家都知道的小德张，本来他的名字叫春喜，因为隆裕太后的小名叫喜哥，喜字犯了圣讳，小德张就被改名叫恒太了。还有不吉利的话，就是在私下里也不许上口，紫禁城里是不许讲丧气话的。

要学习请安的礼法。在宫里，膝盖是不值钱的，可是你不能一跪了事，跪拜是多种多样的。比如向主子回话、请安，跪的是双腿安，就是两条腿先左后右地跪下去，身子要挺直，摘下帽子，放在身右边。谢恩、谢赏或者万寿节……对主子要三跪九叩。为了表示感激“浩荡的天恩”，有的时候还要把头往地上撞，撞出声音来。这就是俗话说的磕响头。还有单腿安，这是用来对待上司或者品级低一些的人的。日常侍奉主子的太监，虽然不是天天见到主子就磕头，可是俗话说的“站有站样，坐有坐样”，这个样儿也得学习。上了班，无论是站在主子身边或者在廊檐下听候吩咐，都得笔直地站在那儿，两只手紧垂在身子的两旁，要像庙里的金童玉女塑像一样，纹丝不动。站久了，脚掌子都站出了毛病，但是也得保住避猫鼠的样儿。这些礼法学不到家，首领太监是不会把你提上去的。

回主子或者顶头上司的话也有一定的规矩，第一要熟练的是上边的吩咐一入耳就得明白，这是不能向上边要求再吩咐一次或者解释的。第二是要用“嗻”来表示自己领会了吩咐，不能用“嗯”“啊”一类字眼。在这方面显出你的机灵劲儿，才有“出息”呢。

给上边请安，说起来是个俗套子，但是也得学。比如“吉祥”这句话是用在日常问安上，“进得好”是用在饭后的问安上……

当师父的并不是按什么计划来教你，是要你随时注意，随时学的；等到一朝人家看中了你，把你挑上去。比如到御前或者某一个宫里，你还要拜那里的顶头太监做师父，继续学。

比如斟茶、倒水、摆膳、递东西，不能一下子拿过去就算事。第一，不能捧在你的脑前递，你必须把东西捧在身子前边，同时又得把身侧过去。第二，不能捧得过低过高，大约的高度是在你的眉心的地方。

又比如主子吸水烟的时候，你得跪在地上，把仙鹤腿水烟袋，用手握紧，小水烟袋你得站着捧在手里，随时装烟，吹纸媒儿。你得掌握好点火的时间。这件事不经过长时间留心观察，是做不好的。那时候清宫里的主子抽水烟、旱烟成了生活中的常事。一般是饭后抽水烟，平时抽旱烟，用不着主子吩咐，到时候得准备好，捧上去。

宫里抽鸦片烟的事是少有的。只有宣统皇帝的皇后抽[①]，侍候烧烟要跪在地上。皇后左边吸四口，在她倒过身子的时候，你得把烟具随着捧过去，再服侍她右边吸四口。当然服侍长了，人也就成了机器，节奏不差，但是在最初，也紧张得够人受的。

服侍上边穿衣服，有专管御衣的司按季节准备。可是直接服侍的人也得记清楚，而且主子的胳膊腿不能随着服侍人的意思动弹，你得迁就他，要让他在穿着的时候一点不感觉别扭。这也得学。

膳房里有荤局、素局、点心局，对哪一宫、哪一个主子每天都有一定的进献样数。传膳声一下，取膳的人不能慌，要按你的号儿从膳房的转动架上往下取，取错了、漏了是不行的。

跟主子到哪一个宫去，或者到什么地方去遛弯儿、散心，除了主子身旁的两名太监，随在左右搀扶之外，其余的人要随在身后，捧着应携带的东西。如果主子坐轿出去，扶轿杆的、随轿的都要走一定的步伐，起轿、落轿、搭帘子也都得小心谨慎。

晚上坐更，白天站班，尽管什么事也没有，也不能擅离职守。如果皇上召见哪位大臣，圣旨传下来，你得准确地往下传，“带某某大臣……”。大臣或王爷被带上来之后，你得放下帘子，赶紧躲开，站到既听不到室内的谈话却又能听到主子命令的地方去。

这礼法说起来太多了，够人学的。所幸太监们各司己事，把你分内的事学到家，也就够用了。不过学这些事，要凭自己的心计，师父从不给你讲明要求，也很少指点你，要你自己去琢磨，或者要你私下演习一下。可是师父注意检查你的现实活动，如果你在哪方面做错了，轻则狠狠地挖苦

① 一说到天津后才抽。

你一顿，虽然不骂爷爷奶奶，但是够你受的。重则巴掌便上了你的脸，你虽然挨师父打，口里还得说好的，脸也不能往左往右躲。至于出了大错，挨板子、挨禁闭也是常事。

这是我们做太监的头一个阶段必经的路儿。就是把人训练成奴才的经过啊！我们当初受的“训”没有系统，“不正规”，回忆起来也就讲得更不系统了。

御前太监一天的生活

魏子卿　戴寿臣　刘子杰　孙尚贤

现在把我们当“御前”的情形讲一下。

我们进宫后，先在东夹道里打杂，熬了几年，当了“御前”。“御前”就是在皇上跟前做事的，他们都住在东西夹道里，分班侍候皇上。

东西夹道都有领头的太监，人们把他叫作带班的。早晨天朦朦亮就起来，盥漱之后，穿好衣服，由带班的领到皇上那儿去。那时候，皇上是住在养心殿后殿的寝宫里。

带班的先上去给皇上请安，双膝跪地，禀报后退下来，他的事就完了。我们当御前的照例不跪拜，上了班就各人做个人的事去。其实也没有什么值得讲的事，不外是站班，听吩咐罢了。

皇上用过早点之后，御前们排队，陪驾到上书房去，大家都慢腾腾地走，走到上书房，在屋里屋外站班，除了端茶倒水，接受随时交下来的差事，也是闲着的时候多。

皇上从书房回来，十一点钟就摆膳了。膳是由厨房里的塔塔们送来，御前一提盒一提盒地接过来，又一碗一碗地摆在两张大八仙桌上。八仙桌是摆在地下，两张桌子连着，前一张又和皇帝坐位前的宴桌连在一起。

午餐的菜总有三十几样，都盛在带盖的碗里。除了例进的菜，每天还有太后赐的，后、妃等人献的，合计起来有四十几品。皇上吩咐一声“碗盖”，就开饭了。御前们站在屋地上，把桌上的菜往皇帝的面前传。那么多的菜，皇上哪能样样尝呢，也不过是拿来摆摆样子罢了。

御前的袖口是白布缝制的，两只手也洗得干干净净的，看起来，是够卫生的。

皇上吃完饭，下一班御前就来接班了，上一班退下去，什么事也没有，干歇着，一直歇一天半。

下半天，皇上也许到各地方走走，也许休息，也许做点什么，御前们随着他转，一直到晚上摆晚膳。

晚上八点钟，由总管太监那儿传下“上闩、打钱粮、灯火小心”！的口号，一呼众传，一直传到紫禁城的各门。“上闩”就是上门闩。“打钱粮”是上锁。“灯火小心”大家都明白，用不着解释了。

这个口号一喊，凡是男人，都得出宫，夜里，宫廷里是一个男人也不留的，除了太监和值班的御医。

服侍皇上就寝时，又换上另一班御前了。皇上睡下后，几名御前就在皇上的寝宫地下“坐更”（“更”字在这里念成“京”），另外的御前在外边“坐更”。说是坐更，有时也打个盹儿或者睡一会儿，反正不耽误事就行了。

当皇上的同外边老百姓过日子大不相同，他们夫妻不同桌吃饭，也不同床睡觉。皇后和妃子每天照例按时间到皇上这儿请安，真像客人一样。

御前和带班的每天还有一项任务，就是按时候分几次到太后、太妃和应当去的宫里，跪报皇上昨天睡的怎样，每一餐进了多少饮食，给太后、太妃请安。这些都是把背好的熟套子，丝毫没有感情地念诵一遍，大概听的人也听厌烦了，很少得到什么反响。如果哪一天，太后点头笑笑，或者问上个半句话，去禀报的太监倒认为这是太后给自己的面子，也就是说赏了脸，心上说不出地舒服，甚至终身不忘，而绝不认为这是对皇上的关心。

现在回想起来，帝王之家充满着虚伪、客套，在这里找不到家人父子夫妇间的真正感情。

御前的一天生活，就是这样。当班的时候没有多少事做，不当班的时候，除了服侍老爷（宫里这样称呼上层太监）也没有什么事做。在固定的圈子里走，也走腻了。宫里没有休假，有时候请几个钟头假到外边去玩玩，也没有散心的地方，而且进出宫手续很麻烦。过去凭“腰牌”出入，“腰牌”等于现在机关用的出门证，是木制的，上边有火印；到民国以后，改用粘本人照片的“护照”。出入宫门要给护军看。

心里烦还有一个原因，服侍皇上事情虽然少，但是并不轻易，比如给皇上枕头打辫子，就得十分小心，做得要麻利，要好，还要皇上觉得舒适，皇上是“金人”，不能让他觉得一点不舒服。服侍他穿衣服也要周到。当皇上、皇后的，衣服从来是要人家穿的，什么时候进什么衣服、靴袜都有讲究，不能弄错了。

封建社会，当皇上的是天下第一人，但是他也有心烦的时候，心烦没有地方发泄，当御前的就倒霉了。有的时候，没有缘由地遭到辱骂、责打。我们是真正的奴隶，主人随心所欲地看待我们，高兴的时候也许唤我们的小名或外号，不高兴的时候乱七八糟地打我们，打死了拖出去，没有人管。

王祥亲眼看见珍妃被丢到井里

戴寿臣

听说珍妃被害的事已经有许多人写过。我们过去同人中一位叫王祥的是亲眼看见珍妃被丢到井里去的。以下是王祥在前几年对我讲的话。

珍妃是光绪皇上的妃子。当皇上的夫妻生活并不像外边老百姓那样和美，真有两口子的味儿。皇上和皇后、妃子的中间有多少礼法、虚套子，他们彼此都很少能领会到家庭的乐趣。

珍妃同一般妃子不一样，她活泼，没有被虚套子捆住。王祥看见过她穿着皇上的服装，扮作光绪皇上在宫里走，她有时还穿上太监的服装，陪着光绪皇上在养心殿里办事。她能拉会唱，年轻貌美。光绪皇上在政治上被压制，生活行动都受西太后监视，心里一定很烦恼，能有这样的一个妃子陪伴他，他一定很喜欢。

西太后年轻守寡，对这一对的恩爱劲儿，当然看不上眼，更重要的是西太后和光绪皇上的政见的冲突，她恨不得一口把光绪吞下去，对珍妃就更放不过手了，因此，早就把她打进冷宫去。

八国联军打进了北京，西太后站不住脚，临走的时候，把珍妃害了。

王祥那个时候才二十几岁，他清楚地记得，庚子年七月二十日，宫里乱七八糟的，西太后和光绪皇上都改变了装束，就要逃出宫了。就在这个当儿，她亲自率领瑾妃和御前首领太监崔玉贵、王德环到了宁寿宫，把珍妃从三所（囚禁珍妃的处所）里提出来。

珍妃在这里不知道已经受了多少折磨。她被提到西太后眼前，我们从门缝里看到她，战战兢兢，憔悴的样儿。

西太后究竟同她说了些什么，王祥没有听见。后来在场的太监们传说，西太后对她说，现在太后同皇上就要离京了，本来想带她走，但是兵荒马乱的年月，万一出了什么事，丢了皇家的体面，就对不住祖宗了，让她赶快自尽。还听太监们传说，珍妃对西太后说，皇上应该留在北京。但是还没有等珍妃说明道理，西太后就冷笑了一声，抢白她说，“你死在眼前，还胡主张什么”。

这些传说，是不是实情，王祥说不能判断。当时王祥从门缝里只看到珍妃跪在西太后面前，哀求留她一条活命，口里不断地呼叫“皇爸爸，皇爸爸，饶恕奴才吧！以后不再做错事了！……”西太后气狠狠地呼喝：“你死去吧！”

在场的人，有的眼里含着泪，像木鸡似的呆站着。大概谁也不忍下手。光绪和瑾妃也眼泪汪汪的。

西太后怕时间耽搁久了，就接连着喊叫，快点动手。崔玉贵走上前去，把珍妃扯过去，连挟带提地把她丢到井里去。

珍妃临危前，王祥还听到她呼唤“李安达！李安达”！“安达”是对太监的尊称。这是珍妃呼唤李莲英，求他搭救她。

西太后就是这样残酷地把珍妃害了。说起来珍妃还是西太后的侄女呢；封建时代的统治者在家人骨肉间都这样残忍，对老百姓怎样就更不用说了。

崔玉贵因为害珍妃有功，被提升做二总管。

女主的生活

刘兴桥　赵荣陛　冯乐庭

清宫里服侍太后、皇后、贵妃等女主的，有宫女，但是也离不开太监。因为有些事宫女们做不了，有些事太监比宫女做得更好，能随女主们的心思。就拿梳头这样事来说吧，本来是女人的事，但是清宫里给女主梳头的都是太监。至于管理宫内事务，那年头，女人也干不了。而且宫女在宫里一般是做几年就出宫，太监是终身服役。

这么一来，就是在女主的宫里，做总管的也是太监。新进宫的宫女要认他或者其他首领太监做师父，让老宫女做姑姑同他们学习礼法、规矩。她们的银钱也由师父来管理，生活由师父照顾。

清代末年，女主里寡妇多，当权的西太后虽然有好多事要做，但是日子过得看起来也是怪无聊的。她闲下来的时候，写写字，画点画，看看戏……心神也像没有着落似的。

能解西太后心烦的是太监李莲英，李莲英最会服侍她，成了她离不开的人。他两人的感情看起来非常密切。

就我们知道的，每天三顿饭，早晚起居，他俩都互派太监或者当面互相问候："进得好"？"吃得香"？"歇得好"？有时候，西太后还亲自来到李莲英的寝室，招呼："莲英啊！咱们遛弯去呀"！李莲英便出来陪她去玩，他俩走在前边，其余的人远远地随在后面。西太后有时还把李莲英召到她的寝宫，谈些黄老长生之术，两人常常谈到深夜。

讨西太后喜欢的小太监也有几个，但是谁敢越过李莲英呢。像旧社会的官场一样，已经得到上司宠爱了的人是不会让别人踩着自己往上爬的。

李莲英后来爬得高了，在西太后跟前也不总是百依百顺了。有一天西太后去招呼他，他装起病来。西太后立刻传御医来给他诊脉开方，眼看他把药吃下去。

有关西太后的生活，我们亲眼看见的不多，传闻的话，这里就不多谈了。

同治皇帝的妃子敬懿皇太妃的生活是我们目睹的。

敬懿皇太妃是宣统年间加的号，因为溥仪是“继承同治，兼祧光绪”而继位，论辈数她是宣统皇上的母妃。她住长春宫，那时使唤的太监有二百六十多人。宫女的数目很少，还不及太监的一个零头呢。她的宫里有茶房、膳房、司房、药房、佛堂、殿上、散差七处，都是由太监们任事，每处有个首领太监。宫女和妈妈只做寝宫里的事，比如服侍女主洗脸、漱口、沐浴、大小便等。另外还有品级高的两个首领太监，品级低的三个回事太监，更低的十三个小太监。这个寡妇就有这么多的人服侍她。

这位太妃早晨起床后，由妈妈、宫女替她穿衣服鞋袜，走出寝宫，由梳头的小太监给她梳头、整装。八点钟进早餐，餐后，她回到屋里去坐下，手拿着念珠念半个钟头无声佛。随后吃茶、吸水烟、旱烟。午后一点钟进小餐，餐后歇午觉。三点钟起床，四点钟进正餐，餐后又回屋里去念无声佛。随后由妈妈、宫女、太监们陪她，也许到外边转转，散散心；也许摸骨牌，让太监们讲故事、说笑话，让小太监们学猫叫、狗叫，乱扯些什么，有时候也由太监讲些从外面听来的新闻。无聊的时光常常这样混到夜里十点、十一点，进完晚粥太妃就进寝宫睡觉了。太妃睡下，有两个宫女，六个太监给她守夜，这叫“坐更”。宫女在屋里，太监在屋外和殿外。他们不能睡，要不出声地坐在那里，一直到第二天天亮。

太妃每天四餐，早、晚正餐荤素菜四十品，三样粥，四样糕点，四样面食。小餐都是糕点。晚粥，小菜十几样，粥两样，面食三样。一个人哪里能吃这么多呢，连每样尝一尝也尝不过来呀！而且菜和点心的品种只能按季节更换，不到季节，天天、月月是不变的，不用说尝，就是看也会看腻的。

听说太妃每天生活用度就要二百两银子，生活就这样奢侈。

还有宣统皇后，一天的生活也是这样无聊，不过她有时还读书、写字、画画。后来她吸上了鸦片烟，赵荣陞就一直替她烧烟。她每顿饭后吸鸦片八口，每口一个烟泡。每次太监要跪着服侍她二十多分钟。这个女人到伪满时期，在长春的宫里生活也是异常苦闷的。她生活的圈子太窄，在长春时只到外边公园里玩过几回。

这些女主们对待下边人喜怒无常，常常因为一点小事情责打人，尤其是当她们心里发烦的时候，太监们就成了她们泄气的对象了。最残酷的一件事，宫里的太监都知道，就是西太后有一次硬逼着一个老太监把他自己的粪便吃下去，这个老人就因为这件事丧了命。可是西太后自己呢，却选用两名奶妈，每天要洗净全身，穿上一件大红紧上衣，只露出奶头，跪在西太后床前让她躺在床上吮奶吃。自己吃人奶，让别人吃粪便，皇上家的事就是这样。而且为了让奶妈能生好奶，把鸡鸭鱼肉给奶妈吃，但是不加盐酱，据说，加了盐酱奶就不好了。这么一来，奶妈吃这些好东西，也像吃药一样难受了。

太监的生活

张修德　魏子卿　边法长　王悦澂

我们做太监的也是三六九等，生活有天上地下之分。

总管和首领太监的生活享受和皇帝、太后几乎没有什么两样。先讲吃吧，比如服侍西太后的李莲英和服侍隆裕太后的张祥斋（都管他叫小德张），和太后是一个灶，要讲菜的味道，有时候比太后吃的还调配得好呢。他们每顿饭的主副食够一个人一个月用的。穿的也全是绫罗绸缎，虽然形式上不能同皇上一样，讲舒适却差不了多少。住的房子，里面的陈设也是满讲究的。他们养的哈叭狗每天都照例领猪肝、鱼虾。

首领太监一天到晚，除了在主子面前献殷勤，讨主子的欢心，是没有什么具体的事做的。闲下来的时候，戏弄哈叭狗儿，找下边人陪着他们玩骨牌、说笑话；再不，就是琢磨怎样同别人争宠，要弄别人；计算买房子买地，开买卖赚钱；同当朝的文武大员怎样勾打连环，舞权弄势，或者无缘由地责打手下人取乐。

西太后有个时期宠爱上一个叫姚宝生的御医，经常传他进宫诊脉，同他聊天。李莲英怕这个御医占了他的上风，设计挑唆恭亲王奕䜣，逼着这个御医自杀了。小德张在隆裕太后跟前得宠后，也把宫里有势力的太监杜兰德、颜海潮什么三十六友搞垮了。

李莲英和小德张在北京城里有自己的公馆，修建得堂皇富丽，赶上了王府。他们还有同别人合伙和独自经营的买卖。

李莲英在家乡大城县有地三十六顷，浮财就更不用说了。他死后，单是他的两个过继女儿就每人分到了十七万两银子。小德张在天津英租界四十一号路有洋楼。入民国后小德张在这里“纳福”。他有四个老婆，他的过继的儿子也有三个老婆，“公馆”里上下人等三十多个，什么花匠、厨师、门卫、账房、丫鬟、老妈子，应有尽有。太监马德清就在他的天津公馆里打过下手，一直干了九年。小德张家规森严，他毫无人道，对女眷看管的更严，妻妾是难得出门的。他自己也从宫里学会了念佛。“公馆”的楼上有佛堂，一天总要到那里去念几遍佛。

说起来，人们也许奇怪，太监们还娶老婆干什么。原来他们虽然不能过夫妇生活，但是家庭的“乐趣”还是要享受。旧社会里，有了钱，什么不人道的事都干得出来。发了大财的太监有年轻漂亮老婆的不只是小德张一个人。有时候他们还倚仗年轻漂亮的老婆给他们联络大官，拉拢同行，搞钱搞势呢。比如御膳房的首领太监古玉秀，没有哪点出众的地方，凭着他的年轻漂亮的老婆替他奔走，结果爬上了御膳房大总管的地位。

清朝最后的得势太监小德张，权势发展到连他的顶头主子隆裕太后都得听他的，不知道他凭了什么手段，把隆裕太后的生活起居都管起来。表面上看，好像他关心这位女主的身体健康，这个不能吃，那个不能动，到后来隆裕想多吃一口她爱吃的东西都办不到了。

清朝初年，定下了太监干预国事杀无赦的家规，但是到后来，这条家规就不生效了。家规是由主子执掌的，他们宠上了谁，哪个人还敢搬家规向主人算账啊！而且主子想通过身边人了解宫外的事，重臣们又想通过太监摸宫里的底，摸太后的心，这样的三结合，大太监的权势自然越来越重了。听说袁世凯、江朝宗和清室的一些王爷们都同李莲英、小德张有勾结，都给过他们大笔贿赂。这些事，我们下边人不详细，不能细说了。

说起我们下边人，俸禄有限，每年较多的收入是三节的赏钱。那时候宫里用钱都是白银和现大洋，一般是每个月月银二两到三两，米二斗到三斗，公费制钱二百到六百。三节和圣寿节赏钱四两到六两。比起上层太监就天地悬殊了。我们吃的也是一般菜饭；不过那时候宫里的上层每天吃剩下的东西多，颁赏下来，总是够的。有的点心一类的东西吃腻了，就给外边人带出去。在各个太监单位管洗衣服，买零碎，跑外的人，他们每天下闩前都得出宫，一些吃不了的东西就给他们带走了。

下层太监，讲活计，倒也没有什么过重的，只是行动处处受限制，同坐牢差不多。服侍上边，无时无刻不提心吊胆。顶头太监要你做什么你就得做什么，不是人做的也得做，一切要看别人的喜怒行事。 旦不知道做错了什么事，也许根本没有做错，只是顶头主子或太监讨厌你，就得听凭人家打骂。有的时候还得跪在地上，自己打自己的嘴巴。

清朝末年，不补太监了，新进去的人叫作“效力”，得等机会，哪一个太监死了，你得改姓他的姓，才能算太监呢，不然就得永远当效力的。效力的除了白吃饭，一年到头是得不到几个钱的。冒名顶缺，也得花上三十二十块现洋。比如太监刘兴桥是顶外号叫江够本的江某的名字，当上太监，后来当了御前的。

这些下层太监和效力的，进了宫便再难回家了；家里来人探望也有一定的限制，不能常来，见面谈话也有人看着。清宫末年还有几千太监，大多数是这一类下层人，他们过的都不是人的生活。

民国以后，溥仪有一次不知道为了什么，把太监撵出了宫，但是过了些日子，女主们没有了太监服侍，哭着闹着，又把撵出去的太监收回来一些。实际上，宫里多年的习惯，没有太监是生活不下去的，单是宫女，许多生活上的事是做不好的，而且她们的体力等方面也是不能胜任的。

在西太后晚年，宫里的小太监被逼着学京剧，请外边戏班上的名角来教。每天吊嗓、练功。这些事不是出于志愿，人家硬逼着学，单是拔腿筋一件事就够苦了。练不好，管这件事的大太监对你非打即骂。到后来，宫里的“戏班”也能演戏了，供太后们消愁解闷。我们还记得杨猴子给我们说铁笼山、艳阳楼，谭叫天给我们说四郎探母，我们每早晨到宁寿宫山洞里吊嗓的情况。民国后，学戏学得不错的刘寿丰还在上海下了海，专唱花脸，唱过一个时期后，听说被人排挤，加上生活潦倒，病死在外乡了。

在这“帝王之家”过久了，我们的思想也自然而然地变坏了；怎样过好寄生生活成了我们的中心思想，把依靠别人过日子当作天经地义。身体毁了，精神也毁了。

太监与寺院

张修德　孙耀廷　田壁臣

太监在宫里一般是从小干到老，可是老到熬干了服侍人的力气的时候还得出宫。

出宫后往哪儿去呢？哪儿是我们安身立命的所在呢？如果是李莲英、小德张那一类人，是没有这样的问题的，比他们次一等的也不会被这些问题难住。可是一般当太监的，情况就不同了。第一是，旧社会对太监这类人是瞧不起的，把“老公”当作骂人的话；就是有点财产，也很少有人肯同你接近。这种思想也影响了你的三亲六故。如果你在宫里混一辈子，什么名堂也没有混到手，就是有家也是难奔的。第二是，当太监的都是贫寒人出身，你在宫里待上几十年，你的家也许早就没处找了，而且有的太监，从小就被人拐出来，连自己也不知道家乡住处在哪儿，到老了往哪儿找避风的地方呢。而且我们从小伤了身子，在宫里什么手艺也学不到，真是手无缚鸡之力，肚子里没有半点才学，吃惯了靠人养活的饭，就是没有老残，也无术谋生啊！

这样一来，太监们就只有把所谓尘世之外的寺庙当作苟延残喘的所在了。

清朝的太监，在年富力强的时候，就给自己的晚年退身之所做下准备，用自己积蓄下的钱买点地，以寺庙的住持做师父，把地捐给寺庙或者“施舍”一些钱给方外人，修建寺庙，出宫以后便到寺庙里安身。

一些有钱有势的太监，也把寺庙作为自己退身的地方，他们凭着财势，可以到寺庙里做方丈，还可以站在别人的头上，作威作福。比如西太后下边的二等太监刘多生拜在白云观方丈耕云的门下，后来做了这个庙的方丈。

清代末年，北京的太监养老义会规定，入会的太监要先交百八十块钱，三年后便可以到养老义会所属的寺庙养老，吃住不用花钱。不过也有些老太监连这几个钱也拿不出来，出宫后只有流浪各处，冻饿而死了。

北京有不少寺庙，过去都同太监有关系。北长街万寿兴隆寺便是其中的一个。在这个寺的后院有座石碑，记述养老义会的情况，是乾隆年间立的。

太临同寺庙的关系，早在明代就开始了。首领太监同皇亲国舅、高官显宦都有关系，寺庙里收容几个过去有权势的太监，对木寺庙的前途发展也是有好处的。有权势的太监出宫后，还可以用僧道的身份同显要人物接近，而且太监比起出家人来，同显要们的内眷接触更方便，更让显要们放心，这里的发财门道也就更多了。

养老义会与其说给穷苦太监解决了养老送终的问题，还不如说给寺庙结施主的善缘，给有权势的太监出宫后继续发财致富开了方便之门呢。许多这样的寺庙，自己有庄田、买卖，用来剥削农民，住在这里的太监依旧过着寄生生活。而低一等的太监也还是仰人鼻息；弄不好，不知道什么时候被撵出来。现在残留下的太监，差不多都在寺庙里混过。

（一九六四年）

我所知道的太监小德张在天津的点滴

夏琴西

清末太监张兰德，号祥斋，是河北省静海县唐官屯人。我和他相识是亡友房玉林介绍的。房原是张勋的亲信副官，而张勋与小德张又是换帖兄弟，所以张勋后来便介绍房玉林到小德张家中当了管事，且颇得小德张之信任。

一九二一年旧历正月初六日，房来寓谓小德张对我慕名已久，急欲相见。当时我因事刚从南方归来，本不拟往晤，但又感于盛情难却，遂即同房君至张家。相见之后，张极表热情，并坚留午餐，自此便时相往来；不久又聘我任其常年法律顾问。这样我便和他往来了将近三十年，中间因躲避李景林的追捕，还在他家住了一段时间。因此，有机会听他谈论往事，也看到了他的一些日常生活和家庭琐事。

我初和小德张认识时，他只不过刚五十开外，瘦长身材，精神很旺；且居家如宫禁，平时很少外出。他从不喜与宾友往还，当时常到他家的，只有张勋一人而已。他自信治家很有办法，家中除雇有管事、账房、门房、厨师、杂役、女仆之外，还有他从宫中带来的四五名小太监，也可能是他的徒子徒孙，专司给他烧烟、倒茶、摆饭、招待来宾等事。那时，举家上下，除他母亲外，都要称他老爷，就连我每次到他家去，也必须向门房问一声“老爷在家吗”？他的家规很严，凡是男性一律不能进入内宅；对于门户也非常注意，每日上锁、启锁都须亲自料理。客人来访，如不经他同意，更不能径直入内。他的日常生活很刻板，每日起床后，先由小太监给他烧好十二口鸦片烟，分左、右侧卧各吸六口，吸毕下床熄灯，绝不恋灯。然后到院内散步，舞一趟太极剑，回来吃早点。将及九点时，他在客厅升坐，接见他的子孙以及管事、账房、佣人等。这时，大家须向他请安问好；他只用手帕托着一个康熙瓷蓝八卦纹的盖碗，略一颔首表示还礼。据说这是宫中的礼节。午饭照例是先给他开，厨房做的菜极其平常，但他不一定吃，而是吃自己做的素菜。子孙吃饭时，必须双手捧碗向他请蹲安，口中说：“请老爷赏饭！”他便向每人碗中夹一箸菜或饭之类，儿孙们再说一句：“谢老爷赏！”据说这也是宫中礼节。他午后常以写鹅三五幅做消遣，另外还喂有很多小叭儿狗，以及养金鱼、花草等。有一个时期，邀请名评书家陈士和，到他家说了一个多月的《聊斋》。他信仰道教，在道家节日，他便戴上道冠，穿上道服，手持宝剑盘膝静坐。据他说，他信奉道教已多年，早在宫中时，每逢休假便到万寿山对面的宝珠寺去静修。但后来又很想皈依佛教，要拜江南的名僧印光法师为师，然因印光始终未北来而作罢。

他幼年丧父，其母董氏生他及其胞兄二人。其兄留在故乡，他收其兄之子张彬如为继子。张彬如有二子继光、继和，继光神智不清，皆以傻大哥呼之；一女名素霞。他的妻室叫张小仙，外面传说他有三四房妻子，但我和他相识时，只见张小仙一人。也有人说他把妻妾关在房里如坐天牢，这话也不近实，不过除年节、喜寿很少与外人见面倒是真情。关于张小仙的来历，据亡友房玉林说，小德张由京初到天津时，住在重庆道，当时亟欲觅一称心伴侣，不时由他的表弟董墨臣和房陪同，到旧日租界妓馆区冶游。先结识了一个叫方金翠的，二人初也情意相投，娼主也极力逢迎，整日园楼居馆，花天酒地，打得火热，花了很多钱。他俩还照过一张相片，小德张端坐正中，方金翠却跪在旁边。小德张到方寓，方也百般殷勤招待，伺候周到。他吐痰时总是要方金翠以口承接，然后再由方口将痰吐入痰盂，所以外面传说很多，称这叫“过笼痰筒”。两人热度愈来愈高，张竟不准其再接待其他客人，每日派房玉林去监视。他想买方金翠从良，尽管娼主索价很高，他也准备同意，不料方金翠却坚不接受，理由是自己当时还是处女。小德张一气之下，就在另一家班子里买了另一个处女，就是张小仙。小仙入门后除拜见婆母董氏外，所有张家的子孙人等，都向她行了跪拜礼，仪式相当隆重。一家人先称她为四太太，到小德张之母去世后，便改称为老太太了。至于为什么要称她为四太太，我不了解，但小德张的妻室，我只见过此一人。她进门后，由于小德张对她十分宠爱，真是言听计从，从此他们父子间、祖孙间便生了隔阂，家风也变了。

小德张对他的继子张彬如看起来好像管得很严，平时无论他会客，或是一人在房内静坐或是写字时，张彬如总要垂手侍立在侧，非经他许可不能擅自离开。张彬如替他掌管家产，可是这个人却是个不学无术、好吃懒做的人。张彬如吸上了鸦片，烟瘾很大，经常在他面前犯瘾，一时鼻涕眼泪、呵欠懒腰俱来，浑身打颤；小德张却装作不知，既不问为什么，可也不让他走开。因此，张彬如非常恨他，加之吸毒无钱，就偷着出卖他的房产。小德张虽有耳闻，却并不追问，只是按月催张彬如交收来的房租。所以张就时常靠偷卖房产交租。至于家里的古玩等更是得便就偷。此人后来终因吸毒而死。

小德张之次孙张继和，张不让他上学，从小游手好闲，长大无恶不作，养成一种流氓习气，尤其善偷。小德张家的大门钥锁，一向是他自己掌管，大门启闭从不与人，可谓严谨已极。然而张继和不仅暗中配了大门的钥匙，还把所有房门及箱柜都配了钥匙，可以任意盗卖什物，光经他偷卖的宝石顶子就有几十颗，其他古玩更不用说了。张继和不仅偷自己家的，就连张勋家也不敢让他进去。此人在日伪时期，曾与李纯的养子李子周经齐燮元介绍，在天津市公安局刘玉书那里弄到个勤务督察的名义，又交结上恶霸袁文会，拜袁为老头子，时常仗势欺人。他在华清池洗澡，常常带着同伙洗完了不给钱，下饭馆不但不付钱，反而砸人家的碗盏家具，并经常在国民饭店开房聚赌为乐。此人解放后被依法判处无期徒刑。

张彬如父子盗卖房产什物，小德张虽装作不知，而张小仙却不能忍受。所以张彬如死后，她终于于一九四四年，怂恿小德张将其寡媳及孙儿、孙女等逐出，并断绝了财产及一切关系。

我和小德张相识时，他是住在重庆道一所相当考究的楼房里。他母亲就是在这里死去的。他母亲出殡在天津来说也是数一数二的。那是一九二二年，小德张为了光耀门庭并博得孝子之名，特请满清末科武状元武国栋祭门，由当过北洋政府内阁总理的高凌霨点主，并邀请大事全赁活铺的经理魏子文和天兴寿材厂的经理李锡三为料理殡葬事宜的总理，光经就念了十三棚，有喇嘛、和尚、道士、尼姑等；亭、幡、伞盖、联匾、神轿，应有尽有，所有纸人纸马，一律用上等绸缎扎糊，极尽铺张之能事。当时在天津出大殡的除了李纯、张勋之外，就要算他家了。

他母亲出殡之后，这所住房为庆亲王戴振所相中，与小德张商议，以北马路浮房十余所和郑州道空基十亩余作为交换。小德张遂借寓于洛阳道马福祥的空宅内。马福祥与小德张是换帖弟兄，马鸿逵又是小德张的干儿；马家当时都在宁夏，天津无人，正可借住。

他在郑州道起盖新房时，是以八亩地盖自住的楼房，其余二亩盖民房，以便出租。小德张虽识字不多，却很聪敏，所有盖房设计、画图都是他自己动手。他对我说：盖房子主要是地基坚固房子才能延年。在打地基时，他每天都要亲自去看，并向工人们说："你们要把地基打坚固，打一寸厚我给一寸厚的洋钱。"工人们当然乐于从事。于是每天下午二时，他便带着现洋百余元到工地视察，认为地基打得满意就把现洋向基坑中一撒，工人们一面检钱，一面喊："谢老爷赏！"小德张遂引以为乐。这所楼房大概是在一九二四年盖成。楼分前后，前楼为其自住，楼内地板都是软硬木镶嵌，花纹图案极细美；另有玻璃厅、戏楼，西边还有家祠、神堂等等。平台也很宽阔，台上设有飞机型的定风仪；室内陈设富丽堂皇。

小德张在北京也有很多财产。如市内的祥义绸缎店、天成信绸缎洋货店等；并担任致中银行的常务董事。另有当铺两座，南苑有稻田五十顷，西苑万寿山对面山上有一宝珠寺，庙称为寺，而里面的主持却是道士，这等于是他的家庙。以上这些财产，都是他在宫里当差时，各封疆大吏送给他的，可见他们的关系之密切。

上面说的都是小德张生活方面的事情。下面我想把他向我口述的几件事也谈谈。但我只能作个转述，至于其实情如何，我无从鉴别，尚希查证。

他首先向我谈的是他的身世，他说他幼年失父，仅有老母、胞兄和他母子三人。他在十五岁时因为拾粪受到赶车的辱骂，因而想发财，一赌气净身出了家，进宫后西太后对他很赏识。他说侍候人的人，应当比被侍候的多三招。如随太后出宫，得要先看天气，预测冷暖好带衣服；不能忘记携带她日常最喜欢用的东西；察言观色，一呼即到，一要就有，因此使得西太后称心如意，受到“服侍勤谨”的赏谕。他起初是给太后管理八宝，也叫八宝总管。八宝就是纸、笔、墨、砚、玉印、印泥、佛珠、藏香等八宗用品。后来兼管服饰，也叫尚衣总管。太后喜欢写“福”字，一高兴就写；太后一说写，他这儿就早预备好了。太后高兴玩牌，他就跪在地上陪她玩。总之要随时随地揣摸她的心理，才能讨得西太后喜欢。

他谈的第二件事，是光绪囚居瀛台时，每日三餐都是由他送去，送饭之前，慈禧还要亲自检查，并授意他搭配一些中、下食品、菜肴等。他说他总是想法在途中调换一些适合光绪口味的菜，所以深得光绪的欢心，把他也当作亲信看待了。中间有一件事很蒙光绪帝的恩典。当时，西太后虽然是临朝亲政，但按规定签放大员事先必须由军机处通过阁议签奏请准，并由光绪盖章，慈禧不能代行皇帝对外之权。有一次，军机处签放一名江海关监督（姓名忘记了），送请光绪盖章；光绪拒绝盖，而被签放人又亟欲谋到是缺，所以通过一些关系许他二十万两银子，要他请光绪盖章；等他向光绪一求，光绪就把章盖了，这件事就办成了。他说思念起来至今还深感光绪的恩典。

小德张和我还谈过一件关于端方革职的事。他说在慈禧驾崩准备奉安时，他是负责监督和检查由北京到东陵的灵道事宜的，住在玉田县城里一家当铺里办公。有一天张勋、姜桂题偕同端方等到他这里来，他以前未见过端方，可是他的弟弟端老六却与他换帖，因此他对端方表示很敬慕。见面时张一躬到地，端方竟漫不经心地用胳膊略一哆嗦就算还了礼，而且忽而坐在沙发上，忽又坐在椅子上，翘腿伸足，坐不安位。他觉得这人很轻佻，一时怒起，就向张勋说："绍轩，我这儿不是茶铺酒馆，是人不是人的少往我这儿领！"他们听了虽未答茬，也觉得没趣，于是坐了一会就走了。事后他把这件事向李国杰（李小侯）说了，李听完也愤愤地说他很傲慢。不久，举行两宫奉安大典，这时天津鼎章照相馆买通了端方，在沿途拍照片，并拉上电线。小德张就联合李国杰以"妨害风水，破坏灵道，偷照御容，故意亵渎"十六个字为词，专折参奏，请按大清律对上不敬罪予以斩决。奏上立交军机阁议，端方这时已有所闻，于是托人多方求情、疏通，最后阁议予以革职处分。但他不久又谋得全国铁路督办之缺。迨革命四起，复为四川百姓杀死于资江。

小德张还说，当年和他最要好的大臣是袁世凯、张勋、马福祥三人，宫里头只有崔太监一人（名字忘记了）。他说他在宫里当差时不像李莲英那样遇事给大员们难堪；他是抱着广交结，多受益的宗旨，各省大员到京觐见，只要对他有表示他就帮忙。他说他还喜欢和艺人交接，像谭鑫培、王瑶卿这些御前供奉，都和他有往来。他喜欢唱小生戏，有时也哼两口黑头，都是跟这班人学的。他说他和崔太监身材相等，只是一胖一瘦，往往被人误认。推珍妃下井的不是他，而是崔，可外面有人说是他。一九四四年秋，天津南市群英茶园演出话剧《清宫秘史》，其中有一幕是小德张将珍妃推入井内。当时小德张就利用其孙张继和与袁文会的关系，将推珍妃下井的改成崔太监了。

（一九六四年）

回忆醇亲王府的生活

溥　杰

一　醇亲王府的来历

从醇亲王府的成立到没落，一共约有六十多年，到我这一辈为第三代。

第一代的醇亲王奕𫍽，我的祖父，是清朝六代皇帝旻宁（道光）的第七子，道光二十年（一八四〇）九月二十一日生。生母为道光的贵人乌雅氏（后谥为庄顺皇贵妃）。道光三十年正月，我祖父的四兄奕詝即皇帝位（咸丰）时，我祖父被封为醇郡王，但仍以皇七子的身份住在宫中。咸丰九年（一八五九）三月他由宫中分封出来，居于本市西城太平湖的新府，仍挂有"内廷行走"的官衔。咸丰十年由宫中赐银三千两。咸丰十一年七月载淳嗣位（同治）后，特与以"免宴见行叩拜礼"的优遇。八月授满洲都统。十月授"御前大臣领侍卫内大臣"。不久又给予"免奏事书名"的进一步礼遇。十二月命管理神机营事务。同治三年（一八六四）七月加封亲王衔。四年三月东、西两太后命“稽察弘德殿皇帝读书事务”。五月命筹办京师防务。十一年九月晋封醇亲王。十二年正月，因同治长大亲自管理国政，免除他“弘德殿行走”的职务。十三年十二月，当他的次子载湉继同治之后入宫嗣位皇帝（光绪），特下优诏赐以世袭罔替亲王的待遇，并予以“免朝会行礼”和“有大政事备顾问”的一系列的优遇。光绪元年（一八七五跨一八七六）十二月命“照料毓庆宫皇帝读书事务”。五年二月赐食亲王双俸。十年三月特命“商办军机处紧要事件”。十月慈禧太后特赐亲笔匾额。十一年九月命“总理海军衙门事务”，节制沿海水师。十二年三月特允乘用杏黄色轿。十四年九月因光绪生于太平湖醇王府内槐荫斋，特将该府返缴，而另建造新府于什刹海后海北岸。十五年正月光绪结婚后加增王府内的护卫人员，并发官帑修建新府。二月光绪亲掌政务后，更加赠“免奏事列衔”的优遇。光绪十六年正月，又增加王府护卫的甲数。十一月二十一日丑刻疾卒，年五十一岁。赐以“贤”字的谥法，又特定其称号为“皇帝本生考醇贤亲王”，光绪并为服期年之丧。光绪十八年四月，以亲王礼葬于京郊西山妙高峰园寝，庙制和祀典准许用皇帝之礼。光绪三十四年十一月又因为他的长孙溥仪以“继承同治、兼祧光绪”的名义入宫，当了清朝的末代皇帝（宣统），所以更改定他的称号为“皇帝本生祖考醇贤亲王”。

在清朝的惯例中，一般的世袭爵位都是降一等承袭，如亲王之子袭郡王，郡王主子袭贝勒……之类。世袭罔替只限于被认为有“特殊功劳”，如清初参加“开国”战争的八大家铁帽子王等。由皇子分封之后，因“功”特封以世袭罔替爵位的，在清朝的二百余年统治中，只有在乾隆三十九年特下诏旨以“怡贤亲王（康熙第十三子，始封和硕怡亲王，名允祥）公忠体国，其爵亦应世袭罔替”为蒿矢，开辟了特封世袭罔替的道路。后在同治十一年特封恭忠亲王奕䜣以世袭罔替的爵位；更在光绪元年我的祖父奕譞也得到这种特例的优遇；最后则是奕劻在光绪三十四年又得到了世袭罔替庆亲王的特封。

二 两代醇亲王的思想面貌

第一代醇亲王

第一代醇亲王奕譞，字朴菴；后来因把在京郊西山的别墅命名为退潜别墅，把晚年什刹后海醇王府内所住之处名为九思堂，故又号退潜居士和九思堂主人。只从这三个号来看，就可以看出他平生为人处世所致力的地方。总之，就是态度谦抑、遇事退让和处处谨慎小心。

在道光的九个儿子之中，除第四子继位皇帝（咸丰）和早死幼殇的之外，被封为世袭罔替亲王爵位的只有二人（即第六子恭忠亲王奕䜣和我的祖父）。即在此弟兄二人之中，始终一帆风顺、保持着荣贵未尝遭到贬谪的，也只有我的祖父一个人。特别是在慈禧和光绪的多年反目当中，在两派你死我活长年明争暗斗的既复杂又尖锐的政局中，一方面能和慈禧方面的荣禄等人诗酒往还终于成为亲戚的关系，一方面也和光绪方面的翁同龢等人以文会友地保持着相当的关系。这就是我的祖父所以能够一生荣显未遭蹉跌的主要原因。以下就从我祖父日常生活中的种种态度作风谈起。

持　家

我年幼时，常在我祖母的房间里看到一幅悬在木框里的治家格言。我的祖母常爱对我们讲："这个格言是你们的玛父（满族呼祖父为玛父）自己作的。你们要好好地记着，将来长大了好当你们玛父的好后代……"我在当时只是似懂非懂地听着，但因在每天的目睹口诵下，我至今还能记得它的全文：

"财也大，产也大，后来儿孙祸也大。借问此理是若何？子孙钱多胆也大，天样大事都不怕，不丧身家不肯罢。财也少，产也少，后来子孙祸也少。若问此理是若何？子孙钱少胆也小，些微产业知自保，俭使俭用也过了。”

在我父亲的大书房宝翰堂的房屋中央的几上，有一铜制的陈设品，也是我祖父模仿着周代的“欹器”特叫人制造的。上面还有我祖父的题词，只记得是一篇戒骄戒盈的铭词，大意是“月盈则昃”和“满招损，谦受益”的意思。我的祖母常对我们讲：“这是你们的玛父找人定制的。把水放入一半，它便保持平衡不致溢倾。如果把水放满，它便倾倒过来把水全部流掉……”我在当时只觉得像是幻术器具似地好玩，便纠缠祖母把水放入以为试验，感到非常有趣。

我的“嫡”祖母姓叶赫那拉氏，是慈禧的亲妹妹。我祖父和她的感情很不坏。虽然后来也有了三位“侧福晋”，但在家庭关系中总算是美满的。我祖父母的结婚，不用说，是在慈禧的政治拉拢下实现的。

慈禧虽然使自己的妹妹和我的祖父结了婚，但并不以这样的拉拢关系为满足，后来更从内务府“秀女”中，选出一名姓颜札氏的女子，特赐与我的祖父。虽然过了两年之后就得病而死，但我祖父在慈禧和“嫡妻”之间，在“嫡”与“庶”之间，仍是处理得非常圆满。例如，在我祖父的诗集中，就有悼颜札氏的诗，题为“钦奉懿旨，颜札氏追封侧福晋，敬纪”。在那首七言律诗中，有“没受殊恩生拜赐，旁妻几见此哀荣”的结句，并注有“自从选赐，历赐簪珥、衣服、银两，并命入宫禁二次，特赐珠钿蟒袍。死赐白檀梵文牌，命殓时挂胸间，并赐玉佩、荷包各一。连日派中使酹奠凡五次。今日发引赴妙高峰，复蒙派太监送往”的注释。从这里可以充分看出慈禧多方的拉拢和我祖父处处感恩戴德的表示。

此外如在花园的长廊亭上挂有“恩波亭”的匾额和在我过去所住的玻璃抱厦内挂有“福禄重重增福禄，恩光辈辈受恩光”的对联等等，都是处处表示自己的安分守己和处处没有忘掉宣传自己的忠诚无他。

在政治方面的应付

在我祖父的诗集中，还有两首告诫光绪的七言律诗，从这里更可看出我祖父在慈禧和光绪之间所下的苦心。题为：

“正月十七日蒙皇太后召见面奏，因皇帝四月二十一日入学读书，仰承慈命照料一切事务。现作诫勉诗二章，拟书横幅届期交入内廷，奉懿旨允许存稿如左。”其一是：

“懔承列圣艰难业，永记东朝复载恩。心似权衡持正直，事如泾渭辨清浑。行成端赖研磨久，志减常因享用尊。见善则从过勿饰，义为人路礼为门。”

其二是：

“慎依家法敬临民，上下情联一点真。偕乐始容王在囿，有为应念舜何人。简篇要鉴兴衰迹，舟楫仝资内外臣。天命靡常修厥德，隋珠赵璧总浮尘。”

这张横幅在我十四五岁陪着我哥哥溥仪在毓庆宫读书时，还看到贴在书桌西墙上。足见在当时这两首诗正合乎慈禧心意，否则在清王朝封建的家规国法上，一个亲王的诗，是不会堂而皇之地高悬在宫殿之中作为皇帝的“座右铭”的。

我祖父自从光绪当了皇帝以后，爵位越荣显自己就越害怕，越害怕就越谦退，越要抓尽所有的机会来表示自己在政治上并没有丝毫的野心。从下面的一首诗中，更可充分看得出来。

“西园新室自额之曰退省斋，诗以记之：

励志唯崇约，修身务退思。己情非力省，物理固周知。爵秩荣叨忝，奢华念易滋。铸颜期寡过，不疚发予私。”

我在祖母处，还看到一个象牙的镇纸，上面刻有我祖父亲笔所写的题词，文为“闲可养心，退思补过”，题款为“退省斋主人”。

我的祖父尽管在政治方面，利用所有机会表示自己的谦退，但在慈禧不能不破格优待的情况下，并不是风平浪静的。王公大臣中自有妒忌他的人，慈禧的心中也是猜疑着他，防范着他的。例如光绪八年，因为法帝国主义侵略越南，清朝政府软弱无能，慈禧便借题发挥，把恭亲王奕䜣从军机处撵了出去，改用礼亲王世铎等，并使军机处遇到紧急事件，须和我祖父商议办理。这时任庶子的盛昱和锡珍，任御史的赵尔巽等便先后上书，说“醇亲王奕譞不宜参与机务”。当然我的祖父每遇到优遇的旨意，总是要再三固辞，甚至会流涕坚辞，于是慈禧便下了一道意味深长的指示说：“自垂帘以来，揆度时势不能不用亲藩进参机务。谕令奕譞与军机大臣会商事件，本专指军国重事，非概令与闻。”同时，对于我祖父的坚决辞退，也特降“谕旨”明示道：“俟皇帝亲政再降谕旨。”

在光绪十三年时，慈禧命我的祖父会同直隶总督李鸿章巡阅海口，并特派自己的心腹太监李莲英同行。这时有个叫朱一新的御史，因为李莲英居然被派参加巡阅，便奏了一本。大意是借着直隶省发生水灾，请太后反躬修省为理由，更借题发挥提到了李莲英。慈禧看到非常不痛快，便板起面孔令朱一新重新复奏，朱便举出具体的例子，说李鸿章派船迎接我祖父，我祖父谢绝了，可是李莲英却坐上了这只船，因此曾使出迎的文武官吏误认为是醇亲王的船。慈禧到了这个时候，当然不能一意庇护李莲英，不能不作出一副“公事公办”的面孔来，就问我的祖父有无此事。我祖父全面否认了此事，结果是朱一新在“诬奏”的罪名下丢了官职。

这一年慈禧又表示打算在翌年的正月，把政权交给光绪。我祖父遂和王公大臣等联名上奏，请慈禧再训政几年，同时光绪也再三地请求，于是慈禧也就欣然答应了。

当光绪即位之后，我的祖父曾立即递上一个奏折，内言：

“臣侍从大行皇帝十有三年，……何图昊天不吊，龙驭上宾。臣前日仰瞻遗容，五内崩裂。……忽蒙懿旨下降，择定嗣皇帝，仓猝间昏迷罔知所措。致触犯旧有肝疾等症，实属委顿成废。唯有哀恳……矜全，许乞骸骨，为天地容一虚糜爵位之人，为宣宗成皇帝留一庸钝无才之子。……”

跟着对于世袭罔替的亲王的爵位，也曾再三力辞，但终于未得允许。

光绪十二年三月，又命我的祖父、祖母可以乘用杏黄色轿，也是在固辞之下未得允许，但他们却始终未敢乘用过一次，因此很得到慈禧的赞许。

我的祖父不但在上述各种的日常生活中，把自己寅畏小心的事实经常显示出来给人看，尤其是在政治的全盘透视上，也有极锐敏的嗅觉。例如，在光绪嗣位的那年，就曾先发制人地布置好自卫的阵势，秘密地递一本奏折，预先给自己站好了脚步。内容大略是：

“臣见历代继承大统之君推崇本生父母者备载史书。其中有适得至当者焉：宋孝宗不改子偁秀王之封是也。有大乱之道焉：宋英宗之濮议；明世宗之议礼是也。张璁、桂萼之俦无足论矣。忠如韩琦，乃与司马光议论抵牾，其故何欤？盖非常之事出，立论者势必纷沓扰攘。虽乃心王室不无其人，而以此为梯荣之具，迫其主以不得不视为庄论者正复不少。恭维皇清受天之命，列圣相承，十朝一脉，至隆极盛，旷古罕觏。讵穆宗毅皇帝春秋正盛，遽弃臣民，皇太后以宗庙社稷为重，特命皇帝入承天统；复推恩及臣，以亲王世袭罔替渥叨异数。感惧难名，原木须更生过虑。唯思此时垂帘听政，简用贤良，廷议既属执中，邪说自必潜匿。倘将来亲政后，或有草茅新进之徒，趋六年拜相捷径，以危言故事耸动宸聪，不幸稍一夷犹，则朝廷徒滋多事矣。合无仰恳皇太后将臣此折留之宫中，俟皇帝亲政时，宣示廷臣世赏之由及臣寅畏本意。千秋万载，勿再更张。如有以治平、嘉靖之说进者，务目之为奸邪小人，立加屏斥。果蒙慈命严切，皇帝敢不钦遵。是不但微臣名节得以保全，而关乎君子小人消长之机者实为至大且要。”

当然慈禧对于我祖父的这种意见，表示衷心欢迎并且认为是可以放心的了，于是这件奏折就如同上述我祖父诩励光绪的那两首诗一样，藏在宫中留作一朝有事之用。到了光绪十五年（一八八九），果然不出我的祖父所料，有一个想要拍马投机的河道总督吴大澂，便上了一道奏本，请求尊崇醇亲王。慈禧便利用了我祖父预先准备好的“武器”，既用不着顾虑光绪，也用不着顾虑我的祖父，堂堂正正地用吴大澂作为惩一警百的典型，下谕宣示道：

“皇帝入继文宗显皇帝，寅承大统，醇亲王奕譞谦卑谨慎、翼翼小心，十余年来深宫派办事宜，靡不殚竭心力、恪恭尽职。每遇优加异数，皆再四涕泣恳辞。前赏杏黄轿，至今不敢乘坐。其秉心忠赤，严畏殊常。非徒深宫知之最深，实天下臣民所共谅。自光绪元年正月初八日，醇亲王即有预杜妄论一奏，……请俟亲政时宣示天下，俾千秋万载勿再更张。其披沥之忱，自古纯臣居心，何以过此。……当兹归政伊始，吴大澂果有此奏，用特明白晓谕，并将醇亲王原奏发钞，俾中外臣民咸知我朝隆轨，超越古今；即贤王心事，亦从此可以共白。嗣后阚名希宠之徒，更何所容其觊觎乎！……”

这就是我的祖父在光绪和慈禧之间，所布置妥当的棋势。不但慈禧对他可以大安其心，就是一般王公大臣之中妒他忌他的人，也都没有可资借口的话柄。

慈禧对于醇亲王一家的操纵利用

慈禧最初利用了恭亲王奕䜣和我的祖父杀了肃顺等妨碍太后垂帘听政的王公大臣，随后对于我的祖父除用联姻的办法进行拉拢，使与自己亲妹妹结婚外，更赐以颜札氏以为进一步的笼络。利用光绪幼帝支撑门面更设法延长了“垂帘”的年限。光绪长大之后，虽然一度归还了政柄，旋由于所谓“维新变法”的失败，更使慈禧重又有了听政的机会。但由于内外的压力，不得不废黜了准备替代光绪的“大阿哥”溥儁，同时却又不能不拉拢第二代的醇亲王———我的父亲载沣。后来我父亲和我母亲的结婚，也就是慈禧对第二代醇亲王的继续操纵利用。以下附带谈谈慈禧对我祖父的另一方面——猜忌妒恨的事例。

我幼时，我那位刘佳氏祖母，曾拿出一支镶有大珍珠的金簪给我看，并对我讲：“在光绪二十二年五月初八日，你的那位太太（我家呼祖母为太太，呼母亲为奶奶）故去后，慈禧太后曾到府中来哭吊。因为她的妹妹死了，你的阿玛又袭了王爵，她非常妒恨，事事找茬，处处寻事，把我们都吓坏了。太后怒声吩咐把府中最好的珠宝簪环之类都装到你那位太太的棺里，为的是不给我们留下什么好东西。这个珠簪，就是在那时未被太后发现的唯一物品。等你长大娶了媳妇之后，我就把它交给你的媳妇，好作为王府中的传家之宝。”

我还听我家的一位老长辈讲过：我的祖母刘佳氏，曾因为受到西太后的三个重大的刺激，终于得了间歇性的神经错乱症。

第一个大刺激是在光绪二十三年，为了和我的祖母刘佳氏找别扭，就把我祖母最心爱的十岁小儿子——我的七叔载涛，硬用太后的命令过继于嘉庆的第五子和硕惠端亲王绵愉的第六子贝勒衔固山贝子奕谟为嗣。我的祖母因为事出突然，又不敢违抗，只得忍痛从命。不料过继出去之后，奕谟贝子老夫妇因为有了过继儿子，心中高兴异常，就在府中演剧招待亲友以志庆祝。慈禧听到此事，就迁怒于奕谟（因为他喜爱我的七叔，又触了西太后的忌），便又下令将我七叔过继于我祖父的第八弟多罗钟端郡王奕詥为嗣，因此致使奕谟老夫妻先后抑郁而死。

第二个大刺激是在光绪二十七年，慈禧为了政治上的拉拢，就用太后"指婚"的大帽子，硬把她的心腹重臣大学士荣禄的女儿——我的母亲给了我的父亲。那时我的父亲早已和某家的女儿定了婚，是由我的刘佳氏祖母包办的。这次却因事出朝廷的命令，我的祖母便不得不在良心内疚的心情下和那家退了婚，这对于我的祖母，实是她认为最难过的一件事。

第三个大刺激，则是在光绪三十四年十月二十一日，慈禧用晴天霹雳的手段，突然把我的大哥接入宫中，旋即继嗣同治，兼祧光绪当了清朝的末代皇帝。因为我的大哥自幼即在我祖母处抚育，忽然又把她所钟爱的长孙夺去，并且我祖母深知光绪晚年的结果，以为溥仪这一入宫，不但等于和我祖母的生离死别，而且更惩前毖后地害起怕来。于是她从那时起，就得了时发时愈的神经病。

我的母亲也曾对我讲：慈禧由于光绪的缘故，特别是在我嫡祖母叶赫那拉氏故去后，对于醇王府又恨又妒。因为听人说，醇亲王府所以出了皇帝（指光绪），就是因为醇王府的妙高峰坟茔内有两棵大白果树——白果树下埋了醇亲王，将"白"、"王"二字合起来，岂不是个"皇"字。慈禧听了就命人把那两棵白果树锯掉。孰知由此更以讹传讹。说在锯树时，从树身中出了很多的蛇。更牵强附会说，光绪二十六年的义和团就是那些蛇精所化。

第二代醇亲王

第二代醇亲王名载沣，字亦云，因爱藏书又自号书癖。我父亲的谦抑退让的作风，好逸畏事的性格，大致和我的祖父相似。不过，我父亲对于接人处事的深谋远虑，却远不及我的祖父。例如，我父亲在大书房宝翰堂的旁室鉴意轩中所悬挂的自书对联"有书有富贵，无事小神仙"的意趣中，就可看到我父亲的疏懒自乐的人生观点。还有，我的父亲最爱白居易所做的"蜗牛角上争何事，石火光中寄此身。随富随贫且随喜，不开口笑是痴人"的七言绝句，曾写在团扇上借以言志。

我的母亲曾对我说过："你的老阿玛在辛亥革命后，从宫中回到家来，神情不变地对我说，'从此就好了，我也可以回家抱孩子了'。我听了大哭了一场，你长大了，可不要像你阿玛那样地没有志气！"

一生概略经历

我父亲是光绪九年（一八八三）正月初五日生于北京西城太平湖醇王府内。时我祖母刘佳氏年十七岁。光绪十年十月二岁时，因慈禧五旬正寿，封不入八分辅国公。光绪十五年七岁晋封奉恩镇国公，是年开始在家塾读书。光绪十六年八岁，十一月承袭醇亲王爵位。光绪二十年十二岁赏戴三眼花翎。光绪二十二年五月十四岁时嫡母叶赫那拉氏故去。光绪二十六年十八岁命在内廷行走。光绪二十七年十九岁，正月命为阅兵大臣，二月命管理镶红旗觉罗学事务，四月为正蓝旗总族长，五月充专使赴德国道歉，十月回国，任正白旗汉军都统。光绪二十八年二十岁，八月和我母亲瓜尔佳氏结婚。光绪二十九年二月派为随扈大臣。光绪三十二年，正月命管理健锐营事务，九月任正红旗满洲都统，十一月命管理新旧营房事务。是年长子溥仪生。光绪三十三年，五月命在军机大臣上学习行走，八月给予西苑门内骑马之优遇，十一月命穿带膝貂褂。光绪三十四年正月得到在西苑门内乘坐二人肩舆之优遇，任军机大臣。十月光绪故去，长子溥仪入宫承继同治、兼祧光绪为皇帝（宣统），命为监国摄政王入朝理政。宣统元年二十七岁，闰二月安徽军队起义被镇压。宣统二年，以朝廷命令宣布缩短立宪年限，企图缓和革命的压力。宣统三年八月武昌起义，十月宣布退归藩邸。一九一三年（民国二年）三十一岁娶邓佳氏。一九二一年八月嫡配瓜尔佳氏自杀。一九二五年闰四月生母刘佳氏故去。一九二八年移居天津英租界“十三号路一六六号”溥仪的别宅内，十一月我的三祖母李佳氏故去。一九三四年六月赴东北晤溥仪，在长春住月余。一九三八年移居天津日本租界“伏见街十五号”。一九三九年七月天津水灾，八月回北京住什刹后海醇王府内。一九四二年六月邓佳氏故去。一九四四年，将王府一部作为学校。一九四九年九月将王府售于高工学校，十一月移至本市东四北魏家胡同四十六号居住。一九五〇年六月将住宅售与政务院，七月移至东城利溥营十一号。一九五一年农历十二月二十七日病故。

兄弟姊妹妻妾子女

我父亲有兄四人，均我嫡祖母叶赫那拉氏所生，长兄载瀚二岁夭折。次兄载湉即光绪。三兄生后不久即死。四兄载洸，五岁死。

有弟二人均与我父同母。六弟载洵，光绪十一年四月初七日生。光绪二十八年六月慈禧命承继瑞敏郡王奕誌（嘉庆第四子和硕瑞怀亲王绵忻之后）为嗣，降袭贝勒。我父亲任监国摄政王时，授予郡王衔并任海军大臣。辛亥以后在北京天津之间闲居，一九四九年三月初二日死于天津。

七弟载涛，光绪十三年五月初三日生。光绪二十三年四月慈禧命承继贝勒衔固山贝子奕谟（嘉庆第五子和硕惠端亲王绵愉之后）为嗣。光绪二十八年五月更命转继多罗钟端郡王奕詥（道光第八子）为嗣，降袭贝勒。我父亲任监国摄政王时，授与郡王衔，任专司训练禁卫军大臣。后任管理军谘处事务大臣、军谘大臣。中华人民共和国成立后，被选为政协代表、人大代表，代表满族为人民服务。

有妹三人：长妹为大庶祖母颜札氏所生，幼殇。次妹与我父同母，三岁夭逝。三妹为我三庶祖母李佳氏生，死年二十八岁。

我的母亲姓瓜尔佳氏，名幼兰，是慈禧的心腹重臣荣禄的女儿。她和我父亲的结婚，是在慈禧的包办之下，用“指婚”的大帽子，破坏了我父亲已经订妥的婚约。嗣在光绪二十八年八月结婚。我的母亲的性格和我的父亲不同：她始终不甘心于清朝统治势力的失败。例如，她在张勋复辟阴谋失败后，听到无稽的谣言便眉飞色舞，甚至对天磕头祈求张勋的无恙；并一度打算让我和张勋的女儿结婚，由于算命的说属相不合才作罢论。她和端康太妃（即珍妃的胞姊瑾妃）相互结托，各使自己的心腹太监和当时的奉系军阀拉拢，结果是财物被骗，拉拢不成。

在我童年时，我母亲即经常拿“恢复祖业”教育我，如痛恨革命党人，咒骂孙中山先生等等。所以在我七八岁时，每当在我祖母处，看到杂志、书刊上所登载的孙中山和袁世凯的相片必定要用手指把两个眼睛挖去，因此很得到祖母以次的家人的赞扬，说我“有志气”。有一年，看见父亲的月份牌上，在中华民国的“民”字旁边，加上一个亡字，我就问为什么改为中华“氓”国？我父亲会心地笑了，我也悟到“氓”字的意义。在我母亲自杀之前给我写的遗书里，就有“你长大了，千万不要像你阿玛那样没有志气，要好好地念书，好好地帮助你哥哥，这才不负我生你一场……”

即我母亲的自杀，也是由于瑾妃的缘故。因为我母亲平日对瑾妃很要好，特别是在企图勾结奉系军阀中尤为志同道合。所以溥仪一和瑾妃闹翻，我母亲就觉得心痛：既认为溥仪不听话，又觉得对瑾妃不起，于是在进退维谷的心情下，吞服鸦片自杀。

我父亲的“次妻”邓佳氏，是在十八岁时和我父亲结婚的。因为她平日很老实，我母亲又在“女子不妒便是德”的环境压力下，虽非出情愿但又玉成其事的。

我父亲一共有四个儿子、七个女儿。长子溥仪、次子溥杰、三子溥淇（三岁殇）、四子溥任。长女韫媖（十八岁死去）、次女韫龢、三女韫颢、四女韫娴、五女韫馨、六女韫娱、七女韫欢。

持　家

我父亲不但对政治一贯不感兴趣，对于家事也同样是嫌麻烦，不闻不问；只靠着我的祖母刘佳氏当家，而自己落得清静。

我祖母故去之后，虽然自己不得不亲自操持，但只是依靠府中管事官和自己信任的“当差人”照管一切，自己仍是过着“闭门读书”，自得其乐的安闲生活。

我父亲虽然对于我母亲的好吃、好穿、好买东西认为是浪费，但自己却在管事官以下的蒙混舞弊下，专靠当卖过着坐吃山空的生活。例如有一次我听我父亲给“奉命卖物”的听差打电话吩咐说：“八件不行，你说再添两件，叫他凑个整数得了。”那就是想拿八件狐皮之类的衣服卖一千元，八件不行再叫添卖两件凑成整数的意思。

我父亲对待府中的佣人，也和我母亲不同，因此不论是太监和妈妈，连我们也是一样，都不怕我的父亲而怕我的母亲。有一次我父亲因为天已昏黑，散差太监还不“上窗户”（当时在夜间，每扇玻璃窗，都得用方形雕木的纸窗安在外边，叫作上窗户），便问一个姓李的散差，为什么今天还不上窗户，那个太监便“理直气壮”地回答说：“因为今天‘奶奶’（指我母亲）不在家。”当时其他的太监一方面在旁暗笑，一方面替同事担心。我父亲听了虽也生了气，但仅大声说了一句“我还在家哪！可恶，上窗户！”

待人处世

我父亲对于任何人都是淡泊的、敷衍的。对于任何人也是既不肯信任，也不肯拒绝。即使明知被人所利用，只要一见到那个人，便只能甘被利用而无法摆脱。

在一九二一年左右，有一个叫嵩龄的旧官僚，想从“清室小朝廷”讨一些虚荣上的满足，如“赏紫禁城内骑马”甚至“黄马褂”之类，便向我父亲纠缠起来。时常来谈，一坐下就不走，还套贵胄学堂的旧关系，呼我父亲为老师。在我母亲办丧事的时候，更是送祭礼、送经、送烧活，叫人办路祭棚，甚至特意把北京市内的名厨师邀到乡间，作出精肴美馔，以备我们送葬中途“打尖”之用。我父亲是最讨厌他不过的，可是又推辞不过，只是在背后向我们骂他。一见到他的面，便又唯唯诺诺竭力敷衍。有一次他把当时鼎鼎大名的奉系军阀头子张景惠和邹芬等拖到我父亲处，口若悬河地向他们宣传我父亲对于张作霖地方政权如何仰慕与关怀。张等不知他葫芦里卖的是什么药，还以为我父亲在政治上对张作霖有什么联系，便对我父亲说："我们就要回奉天，王爷如果有什么事，我们可以负责向'雨帅'（张作霖字雨亭）去说。"我父亲听了为难半天，只说出一句"替我问张雨帅好"。那想要拉纤的嵩龄听了，不禁面红耳赤，目瞪口呆；张景惠等也怒目看了嵩龄一眼，立时起身告辞。这位嵩大人，也许是受到了张等的埋怨，或者看穿了我父亲的态度，便从此不再来打扰了。

我父亲最怕应酬交际，来客不论坐谈多久，决不留饭，也从不到别人家去盘桓。即使对于亲戚本家，只是在庆吊大事时照例露一露面，见了面也只限于寒暄几句，随即起身告辞。我的母亲虽然好交际来往，但因午、晚两餐照例须和我父亲同桌，也不好意思留客人同吃。有一次贝勒毓朗的夫人，甚至对我母亲这样要求："听说您这里的西餐做得很好，您既不留我在这里吃饭，给我送两样尝尝好不好。"于是我母亲只好在苦笑之下把菜送到她家。

对于帝国主义的看法

我少年时，我父亲曾对我发过牢骚："你看，英国征服了印度，可是印度的王公贵族，至今照样存在。日本灭了高丽，李王一家在日本也继续保持着贵族的爵位。可是咱们，现在一点优待都受不到。"我听了，很受到一种冲动，认为"宁赠友邦，勿与家奴"确是一句"名言"。

由于"九一八"事变，溥仪卖身投敌，在伪满当上了头子；由于我赴日本读书……这一系列的事实，在我父亲从幼就在帝国主义列强蚕食下过惯生活的民族自卑感中，越发发展起来，认为"唯有依靠帝国主义的势力，才能生存下去"。例如，和我第一次结婚的妻子唐怡莹的正面冲突，就是在日本势力的背景下，得到"胜利"的。

在我父亲四十九岁（一九三一年）那年冬天，怡莹因为有卢小嘉（浙江的军阀卢永祥之子）等的撑腰，更利用溥仪离开天津到了东北，我父亲也一时无回北京之望的机会，就把我父亲的财物大批地用卡车运走。我父亲接到急报之后，因无法抵御怡莹，就想出了利用日本帝国主义的势力的方法。于是和日本的银行界人原田梁二郎商妥，扬言醇王府早已抵押于日本商人。原田梁二郎就面见唐怡莹，阻止她继续窃运。那时，只要一有外国人出来，连当时的政府都会被吓得手足无措，所以怡莹也只得中止盗运，离开了醇王府。我父自从得到这一“胜利”之后，就雇一个日本浪人持原武夫，每日贴补他一元钱，叫他住在府内充当“保镖”。尔后持原既挟醇王府以自重，更勾结日本宪兵，在北京立下了脚步。有人说曾见醇王府挂着日本的国旗，就是那个时代。一九三九年，我父亲因为天津遭到水灾，迁回北京醇王府，持原为了邀功，就倚仗日本帝国主义的势力，抢夺西城太平湖的旧醇亲王府。该府因为是生光绪之处，我祖父奕譞于光绪十四年已将其缴还清朝政府，所以辛亥革命后，该府即成为民国大学。后因日寇侵略华北，该校师生南迁避难，民国大学即无形取消。本来该府早与醇王府无关，持原因挟日寇势力，无理取闹地当作酵王府的私产由我父亲出售，持原也分了肥。直到一九四五年日寇投降为止，持原始终盘踞在醇王府中。

我父亲虽然利用过帝国主义的努力，但是对于伪满却始终没有政治上的联系。在伪满罪恶的十四年中，我父亲只在一九三六年到长春探望过溥仪一次，虽在伪宫内府中住了月余，并未在政治上作任何活动。特别是在一九三七年，操纵溥仪的日寇关东军的大特务头子吉冈安直中将，以我父住在英租界内不易“保护”为理由，纠合我的亲戚、本家等劝他须立即移住日本租界时，我父亲曾大拍桌子表示反对。关于上述两项事例，可以说我父亲尚比我们这样甘心卖身投敌、几以身殉的儿子略胜一筹。

三　醇亲王府的组织

按清朝的旧制，亲王以下的皇族府邸内的人员编制，是各按其爵位的大小各有不同。即以亲王的规定编制来说，一般是：长史一名，头等护卫六名，二等护卫六名，三等护卫八名，四、五、六品典仪各二名，牧长二名，典膳一名，管领四名，司库二名，司匠、司牧六名。此外尚有世子的服务人员：即除减去二、三等护卫各二名之外，其余仍旧。

从醇王府内的组织来看，编制的人数较定例为多。因为在我祖父的时候，已经由于光绪生父的关系，加增护卫人员共有两次。到了我的父亲载沣的时候，又因为溥仪的缘故，当上了摄政王，所以醇王府内的服务人员不但较清初规定的人数要多，而且比一般王府也都要多得多。我记得在我父亲摄政之后，府中的组织概况是这样的：

长史一名；管事官一至二名；庄园处五至六名；回事处五至六名；随侍处最多时十余名，少时六七名；司房五至六名；祠堂三至四名；大、小厨房共约十余名；茶房三至四名；花园（包括暖窖）最初有十余名，后减至六七名；大书房八至九名；小书房四至五名；更房十余名；马圈二处，共约十名左右；裁缝铺人数不详，轿夫约有二十名。

属于“关防院”（内院）范围的，有首领太监一至二名，回事太监二至三名，小太监六至七名，散差太监十二三名，“妇差”（当时呼保姆为“妇差”或“妈妈”）约三十余名，“使女”（又唤丫鬟）约六至七名。

此外还有看守“园寝”（即坟地）的官员若干名，连看坟带种地的佃户若干家。另有看管京郊海甸别墅——蔚秀园的特派人员二三名。

现在谈一谈长史以下在王府中“为虎作伥”的作用和其担任的职责。

长史　长史是由皇室内务府派来给王府当家的最高级的管家，但在实际上，却只是一个高高在上、有名无实的官员。王府中的实权，照例是掌握在管事官（一般呼作“大管事的”和“二管事的”）的手中。因此，长史在平日根本不到府中来，只在府中有婚丧大事时露一露面而已。以我家为例：我就是在十五岁办我母亲丧事时，才知道府中原来还有这样一个官儿。

管事官 这才是名副其实的大管家。他们还是戴有三四品顶戴（即亮蓝和涅蓝的顶子）与花翎的官员哩。除内院属于太监的职责范围之外，府中其他的一切事务都得归管事官管理。醇王府里的大管事张文治是从幼时即服侍我祖父奕譞的一个“老家人”，我祖父曾“赏”过他一个满族的名字，叫“喀喇莽阿”。在我父亲时代，他就一步步地爬到管事官的地位。辛亥革命以前，还看不出他在王府内、外的作用，因为王爷的名声还可以慑服一切。到了辛亥革命以后，王爷的威风既不能出王府大门，王爷的俸银俸米的来源不断，供王爷以下寄生之用的地租也在当地军阀和管事官勾结平分下收入逐渐减少，可是还不得不支持着外强中干的王府臭架子。再加上由王爷起，直到我们这些“阿哥”等为止，人人只知茶来伸手、饭来张口地过着养尊处优、不劳而食的寄生生活，所以王府中对外的一切联系和对内的弥补、支撑，全要看管事官的手腕如何。因此张文治的名字就逐渐代表了整个的王府，他的腰包也随之日见饱满起来。他同北京的历任步军统领、警察总监等都有交结，甚至和奉系军阀张作霖、张宗昌等也成了结拜弟兄。当时日本帝国主义在北京的机关报《顺天时报》“冠盖往来”的专栏内，还经常刊有张文治的姓名。而我父亲虽然也时常来往京津之间，反倒从来未曾看到他的名字。

庄园处 其中办事的都是从四五品起码的王府官员。他们在见王爷时，虽然惯于满口里“嗻嗻、是是”地答应着，“王爷圣明”、“奴才该死”地恭维着，而且还善于“哭穷”——诉说地租催不齐的“苦楚”，同时还会假慈悲——替佃户“求情”酌减地租，以便达到他们欺上瞒下的中饱目的，可是当他们一走出王府、面对佃户时，却又是惯于“见羊现凶相”、发挥出逼人投河上吊和卖儿鬻女的威风杀气来。我记得在我十岁左右的时候，看到在我祖母的书桌抽屉内，时常有一叠叠折子式的文书，上面差不多都写有“甘结”的字样。我就向祖母问“甘结”的意义，她起先不耐烦告诉我，经我纠缠不休，她才慨叹着对我说：“甘结就是佃户给我们立下的字据，保证下次一定交足租钱。”她叹了一口气又说：“现在的人心大不如从前了！不让他们立甘结，就是在好年成，他们也是不肯交足租子的。”我听了仍是觉得有些似懂非懂，翻开折子一看，看到在里面都写有类似的字句：“如果到下期不交足，情愿受任何严厉的处置。”我这才模模糊糊地了解到“甘结”的意义原来如此。

回事处 办事的也都是些五六品官衣官帽的王府官员。他们的专职是：有客人来时向王爷回禀；回禀之后听到“请”的吩咐时，就把客人引到王爷那里去；在客人谈完辞出之后，再把他们引出来直到上了车轿为止（至于女客则是先由回事处人员把来客的姓名告知内院的回事太监，由他们向内院引进、导出）。这就是回事处的全部职责。此外电报、信件等的收发，虽然也归回事处掌管，但只限于外院的函电，有关内院的照例直接送到太监之手。切莫以为回事处的人们看到宗室王公只会把双膝跪地；看到显官大臣只会屈单膝致敬；看到经常和王爷有交道的一般来客也会挑帘请进，献茶敬烟；如果遇到主人所不欢迎的来客，或是官卑职小的一般来访者，他们不但会摆出王府官员的臭架子，甚至还会迟延通报或是替主人“挡驾”呢。他们的外来财源虽然比不得庄园处有固定的“吸血管”和“榨油地盘”，但是，只要王爷的架子一天尚未倒下，像勒索门包、接受年节馈赠之类，都是他们的生财之道。

随侍处 服务的也都是从三品起到最低无品的“柏唐阿”为止的王府官员。任务是：在王爷出府门时，担任车前轿后的护卫之责。翎顶辉煌、衣帽齐楚，骑在马上作前趋的叫作“顶马”，由随侍之中比较资深的人来担任。其余的也都是缎靴缨帽、骑马跟在“王驾”的后面。每当快要到达所访之家以前，照例有一骑后卫越过顶马飞驰而前，到那家先期通报“王爷驾到”，这种飞马报信的行动叫作“蹿拨”。在清初，这群“头等、二等辖”以及“骁骑校”之类的武弁，都是一些蒙着王爷的“虎皮”蹂躏村镇、鱼肉百姓的王府护卫，什么坏事都干得出来。到了辛亥以后，他们的财源虽赶不上回事处，更无法和庄园处相比，但每当王爷到人家拜年贺节和婚丧庆吊时，他们每次都能得到“称家之有无”的茶资或饭费。特别是年赏、节敬更是大有可观。除此之外，他们还有给主人买东西的回扣和以少报多的赚钱方法。所以他们在王府中的生活还不算坏。

司房 司房是专门管理王府日常出纳的一个小单位。在那里办事的都是一些能写会算的人。因为我祖母当家，所以每天的各项出纳账目都得由司房逐日清算出来提交我祖母过目。我还记得在我祖母的书案上，每天都有几份大小不同的白纸折子摆在那里。一种是每月收支账目，如“九思堂”（我祖母所居的堂名）、“清荫斋”（我三祖母的堂名）和“思谦堂”（我父母的堂名）各领月例多少之类。另一种是每天的出纳账目。除我祖母处有一份全家出纳账本之外，我父亲和我母亲处也各有一份，所记项目大体是遣随侍某赴某处买物或办事赏车钱或饭钱若干，或在我的父母以及我们出门拜客时赏随从的随侍某某、太监某某、赶车人某某各钱若干之类。还有一种则是对于每日轮流值夜和夜间巡逻的人支给夜宵钱多少的报告。

以上这几种都是司房每天要在白折子上用墨笔写成恭楷小字呈请当家人——我的祖母过目的。

祠堂 在祠堂里有一个老太监和两三个“苏拉”（最基层的勤杂人员）。每逢农历初一、十五，他们要摆供上香和洒扫祠堂内外。逢年按节的祭祖祀神以及祖先忌辰的烧香上供等等，更是他们的主要任务。

厨房 厨房分大厨房和小厨房两种。大厨房是全家公用的正式“法定”的厨旁，小厨房则是我母亲“擅”自设置的个人专用的“私”厨房。先从大厨房说起。

在醇王府内，厨房里的服务人员，从掌灶、掌案的大小师傅到学徒的小伙计（当时叫作“小力笨”）为止，都是父死子继世世代代做着以割烹伺候主人的工作。因此，即使他们不去下功夫钻研烹饪技术，也照样能维持这个饭碗，从而他们的煎炒烹炸的艺术也就一代不如一代了，在当时就有“醇亲王府里的饭菜中看不中吃”的定评。我因为自幼受到“君子远庖厨”的传统教育的影响，直到我长到二十多岁离开这个家为止，厨房内究竟是个什么样子，厨师傅们的姓名、面貌等，我都是一概不知。大厨房照例是由首领太监管辖，饭菜虽然做得不怎样，每月的开销却相当可观，以致我的祖母曾为月底的伙食开支过大而发过愁甚至流过泪。

享有吃大厨房的饭菜的资格的，是我的两位祖母和父母以及一位塾师。后来我的母亲因嫌大厨房的饭菜不好，成立了自己专用的小厨房。至于我和我的妹妹、弟弟，则是各有个人的小小厨房，由各自“手下”的妈妈来做。

每当正午十二点和下午六点左右，便有我祖母等处各自属下的散差太监到大厨房去取饭菜（塾师的饭菜则由小书房的“当差人”去取）。每顿饭都照例是四碗四盘，另有粥和饭以及一盘面类蒸食并两小碟的咸菜等。当厨房把饭菜分装在两个圆笼里面后，散差就用扁担把它挑起来，小太监在两只衣袖上安上白布袖头跟在后面。到了屋内，散差便把汤、菜等放在圆笼盖内，端到饭桌前，由小太监一样样摆在桌上。至于每日早餐，则是不分大人小孩，每人都有从外面买来的油炸果和马蹄烧饼各两份和一桶粥并一些咸菜。不过我的祖母照例要加上两个煮鸡蛋和一碗牛乳，我的父亲则是加上两盘炒菜，我的母亲加上一些熏鱼、熏肉之类或是另炒一些半荤素的菜。

每大午、晚两餐的饭菜既是放在无法保温的木条制的圆笼内，又由散差太监慢腾腾地挑起来，穿过七道门、三个大院落和两条好几百米长的更道（即内外院墙之间的环形夹缝甬路）和甬路。这样，本来做得就欠高明的饭菜，就完全变成冷饭凉汤了。无怪乎我的启蒙业师赵世骏老夫子曾对我哥哥溥仪的老师陈宝琛慨叹过：“醇王府的饭菜，每天就和上供的一样！”

小厨房是我母亲“力排众议”而自行设立的。我母亲乍和我父亲结婚时，本来同样吃着大厨房的伙食。但是我的母亲因为在娘家自幼娇生惯养，吃不惯我家的饭菜，起初只是在公费的每餐之外，偷偷摸摸地叫自己身旁的“陪奉”（随嫁而来的女仆）做一些可口的东西吃。后来因为我的父亲当上了摄政王，我母亲手中也有了钱，更因为她已经有了两三个孩子，成了王府中“有功”之人，所以就大胆地打破了府中的惯例，另雇来几名手艺高的厨师，占用了花园小戏台旁的一个院落，成立了自己专用的小厨房。在我家那样诸事“率由旧章”的封建大家庭里，我母亲的这种举动，虽然不能给加上“大逆不道”的罪名，但却被认为是一种非比寻常的“轨外”行为，因此就遭到我祖母的不满。我母亲为了缓和这种空气，就主动地退出了公费的大厨房伙食，并且声明小厨房的一切开支全由自己个人担负。同时她还在每天午、晚两餐时，在“请尝一尝”的委婉词令下，给我祖母送去一两样菜。于是，这个小厨房就正式在醇王府内创立起来了。过了几年之后，由于我母亲身旁太监和身旁妈妈的分赃不均起了内哄，把小厨房的舞弊赚钱情形暴露出来，我母亲就把绰号“小辫刘”的厨师傅撵走，另换了一批兼擅西餐的师傅。到我母亲死后，我的祖母因看穿了我父亲在平日对我母亲的小厨房既嫌破费，又敢怒而不敢言的隐情，立即把小厨房解散了。

至于我们的小小厨房，则是在凡没有结婚（成人）的人就没有享受大厨房伙食待遇的老习惯下自然形成的。每个孩子都由自己的看妈“各自为政”地买些米面油盐之类，做出每日午、晚二餐的一熬一炒来。在吃饭时，也是兄弟姊妹各不相扰；即使看到弟弟或妹妹的饭菜比自己的好时，也只能小声向自己的看妈提出让她在明天也给自己照样来一份的意见，决不能，也不允许走到邻桌去分弟弟妹妹的一杯羹的。

再按照我家的惯例，头生的孩子过了满月便须离开母亲身旁送归祖母抚育，第二个孩子由母亲自己抚育，第三个仍须归祖母，第四个仍由母亲自抚……”以此类推。不过由于我大哥溥仪从三岁就抱入宫中以后，我家的“抚幼”次序就被打乱了。于是改为以我二妹补溥仪的缺，而我三妹又成为我母亲自己抚育的对象了。抚育的次序既被打乱，跟谁吃饭的问题也就乱了：我本来是归我母亲自育，当然理应在我母亲的屋中吃饭，可是因为我成了长孙的缘故，又必须在祖母处吃饭。这样，就不得不打破惯例，在祖母处食而在母亲处宿了。

我和我长妹、二妹虽然同在我祖母处吃饭，但我们和我祖母的饭桌却不在一个饭厅内。还有，我和我长妹、二妹虽然同在一间屋子内吃饭，但仍须各据一桌各有自己的“疆界”。因此，每逢吃饭时，我祖母照例派人把自己桌上较好的汤或菜分给我们三人吃的时候，送菜的人就须走遍三桌各分与三分之一。我们这时还须齐声大喊：“谢太太赏。”我祖母平日好吃斋念佛，每月农历初八、十八、二十八那三天，照例终日吃素，因此每到逢八这天，我祖母对我们便无好菜可“赏”。补救的方法是：每到那天，我们每个人的小小厨房都要改善一次伙食，不是烙饼就是炸酱面，再不然就是煮饺子。

茶房 茶房的任务是在来客时担任给客人斟茶，给府里的病人煎药和做一些有滋补性的食品，如杏仁茶、莲子汤、百合汤和甜煮白扁豆之类。在醇王府中，茶房的任务仅仅如此。但在其他的王府如豫亲王府里的茶房，在清末就以点心做得好出名。豫王府不但对于各府经常主动地送点心上门，就是其他人家（当然不是王公就是大臣）如果有所表示，也是有求必应，从无吝色，因为该府是素以“点心压倒北京城”而自豪的。据说过去北京撷英西餐馆的奶油栗子面和东安市场的糖葫芦（用一根短竹签串两个大果实的小型糖葫芦），就是从豫王府“偷艺”而来。至于在当时紫禁城皇宫里的御茶房更不用说，不但有各式各样的干鲜果品、蜜饯糖果、水果加工制品以及各种罕见的点心和精制饴糖的所谓“果桌”，还有在年节时成桌子的叫不出名堂来的古式糕点等等。

花园 醇王府内除有八九名专门担任看守房屋、陈设和洒扫的人员之外，到我十三四岁为止，还有专门担任管理温室、地窖的把式。固然温室内一冬的成绩，只限于少得可怜的几条黄瓜，地窖的作用也只限于使盆中的花木不致冻死，但是所需的费用并不少。所以在我十四五岁的时候，那些位把式们便都在节约开支的理由下被打发回了家。在其他的王府内，有的除雇有花把式之外，还雇有专门养鸽子的把式，甚至还有专门伺候龙睛鱼的鱼把式呢。

大书房和小书房 大书房是我父亲办事和休息的所在，叫作“宝翰堂”。我父亲照例是在早晨睡醒之后，便立即到我祖母处问早安，然后才到大书房盥漱和吃早点。到了上午十一点钟以后才回到内院和我母亲一同进午餐。午餐之后，稍谈片刻，他又到大书房自得其乐。到了快要吃晚饭的时候，他才回到内院的“思谦堂”和我母亲一同吃晚饭，晚饭后相继到我祖母处问晚安，然后才回到自己的住处，结束一天的生活。从我记事的时候起，一直到我离开这个家为止，我父亲的日常行动始终犹如刻板文章一样，从来没有丝毫改变过。

小书房是我和我妹妹、弟弟们读书的地方，叫作“任真堂”。我从八岁起，直到十七岁为止，每天上午从八时到正午，下午从一时到四时，都是我们读书的时间。我从十六岁到十八岁，每天整个上午须到紫禁城里的毓庆宫陪我哥哥溥仪读书。到我十七岁第一次结婚时，家塾的生活才算告一段落。那时书房的制度，到了钟点就开始讲、念、背诵以及读诗、读文、做诗、作文，讲通鉴辑览、写小楷并临碑帖等等；不到下学的时间，必须始终在砖炕上正襟危坐，除了大便小便之外，没有缓一口气的工夫。我的幼年光阴，就是在这样的环境下度过的。

在任真堂服务的人员一共有六名：一名小太监、两名五十多岁的老书童和三名专门伺候老师的人。他们的主要任务是洒扫书房内外；给“孔圣人”上供；到大门口迎接老师，把他搀到小书房；上课时沏茶、打手巾把和送迎我们往来厕所；给老师开正午的饭和下午散课后的点心，最后把老师搀扶到大门口上了马车为止。

小书房内，在中央稍稍偏东靠墙处，有一个八角形的木门，门内放有一个红漆“连三”长几，中央置一木龛，龛内有“大成至圣先师孔子之位”的木牌，牌前放有香炉、腊扦，前面放有四盘“如意饽饽”（又名“二五眼”）之类的粗点心，每月初一、十五各换一次。

在我八岁开始上学之前，先由我的祖母和母亲对我和我的长妹训了一大篇“万般皆下品，唯有读书高”的大道理，跟着又由我母亲对我们作了一场更进一步的具体告诫，如应怎样尊重老师，怎样用心读书，直到怎样请假出恭等等细规为止。我的父亲特别着重地对我们说：“你们的这位老师，是由陈老师（溥仪的业师陈宝琛）推荐来的，你们要好好地跟他念书。”到了开学那天，我们都换上上下全新的衣帽鞋袜，诚惶诚恐地跟在我父亲身后，来到了充满神秘气息的小书房。只见有一位道貌岸然的老头，头戴瓜皮小帽，身穿蓝袍青褂，迎到门口。我父亲和他互揖一下，就你谦我让地一同进入屋中，分宾主坐在中央砖炕上面。我们随着进来，站在我父亲的身旁。这时，我父亲便恭恭敬敬地向我的老师赵世骏说了一番希望对学生严加督教的话，我的老师也惶恐而谦逊地说了一套才疏学浅、当尽力而为的答词。接着就开始了拜师之礼：由小太监把一块折叠式的蓝布棉方垫放在老师的面前，我和我妹妹便依次各磕了三个头，老师也带着拘促而又高兴的神情，退避到拜垫的右后方趴地还了三个头。然后我们就在老师的率领之下，到孔圣人的神位前“先师后徒”地依次磕了三个头。我们回到原位，站在炕桌前面斜对老师。老师摘下近视眼镜，把眼睛眯成两道细缝，打开砚盖用毛笔醮上朱墨，在《三字经》上点圈了四句，教我们念了“人之初，性本善。性相近，习相远”这几句书。到此，就算是完成了全套的开学典礼。回到内院之后，太监、妈妈和丫鬟等都纷纷向我祖母、父母以及我们请安道喜。跟着就大摆家宴以表庆祝。

每天早晨八点钟，那个专门伺候我们读书的小太监照例先到我祖母和我母亲处报告“老师来了”，然后再通知我们。我们兄妹便由他挟着书包跟在后面，到两位家长前请安并报告上学。出了内、外院分界的“钟灵所”大门之后，便由候在那里的两名老书童从小太监手中接过书包，和我们一同来到小书房。进门之后，到预先侍立在孔圣人牌位左前方的老师那里站好，我们二人一齐先向孔子的牌位作一个“上过鼻、下过膝”的长揖，再半面向左转对老师作个同样的长揖。老师对我们还一个“上及唇，下到胸”的短揖。然后各自就位，老师坐在中央炕上，我们分别坐在东西两炕；老师随即来到我们的炕上，“先兄后妹”地开始教我们认字读书。到了下学的时候，我们向“圣人”和老师作揖行礼之后，便在太监的跟随之下，先到祖母处报告下学。还须把当天所上的生书当面念上一遍，再把学习的成绩（起初是“红模子”，后来是“仿”，然后是“跳格的仿”，最后则是“临帖”和写“白折子”）递过去，以便家长查看一下当天的功课。过了祖母这一关之后，还须同样再过我母亲的第二关。每天放学之后，都必须先闯过这两道关口，然后才能去玩耍。不过是我祖母的这一头关我们并不怕，因为祖母比较好说话，即使念得磕磕巴巴，也可以混得过去，杠子、叉子比圈子多些也不致成问题。我们最害怕的，就是我母亲的这一关：读得不流畅，便会得到“不好好念书”的坏评，甚至还会遭到大声斥责；红圈圈的比重小了，也要得到严厉的训戒。不过，我们对于习字的成绩却有“补救”的方法。因为我母亲全凭红圈圈的多少来判断我们习字成绩的好坏，我们就钻了这个空子：经常趁老师打盹或赴厕所的机会，偷偷地用朱笔把红杠子改为略带长形的圈圈就行。在我父亲处，虽然用不着每天向他作下学的汇报和受他的恒例检查，但他却时常亲到小书房面见老师来考察我们的用功与否。

更房　更房分为东、西两组，隔日轮流值夜、巡更和在清晨打扫内、外院落。民国初年，每到夜晚定更以后，巡更的须按时一边敲梆子一边绕着更道不断巡逻。后来废止了梆子，改为边巡边用水棍敲墙的办法。据说用木棍敲墙巡更的“妙用”很多：巡更人可用木棍做自卫的武器；宵小可以闻声远飏；最主要者是巡更人不敢贪睡偷懒少走几步。

此外在府内搞清洁卫生、整理库房、搬动东西以及其他需要体力劳动的时候，都随时吩咐更房的人员来做。总之，他们在王府的各项工作人员中，要算工资最低，待遇最下和受累最多的。

马圈　马圈也分为东、西二圈。东马圈掌管妈妈、丫鬟跟随出门乘坐的旧式骡拉轿车和饲育骑乘的马匹。西马圈担任马车和汽车的管理驾驶。我记得在东马圈经常饲养着一只猴子。他们饲养的目的，据说是因为《西游记》中的齐天大圣曾在天宫当过“弼马温”的小官，“弼马温”和“避马瘟”的读音相近，所以他们认为在马圈内养猴子，就可以避免马匹闹瘟疫。

裁缝铺　这是由外面雇来专门在府中设下案子缝制衣服的一个专门服务机构。在那里人数有多少，因为我从来没有去过，所以无从知道。我只记得在醇王府内，凡是成年人（如我的两位祖母和我的父亲、母亲以及我父亲的次妻等人）都有在大厨房吃公费饭的资格，但是在穿衣方面却不能援引上例报销，而是按照他们在家庭中的身份地位，每月给予一定的经费，由各人自行处理。至于未成年人的衣装费用，照例是由担任抚育之责的长辈从自己的规定经费中支出的。究竟每人每月开支多少我不记得，只记得在我十三四岁时，我母亲有一次由于裁缝铺开来的账单约有五六百元，以致急得流过泪，并说过今后非得少做衣服不可的话。我还记得每逢我母亲和我们要赴亲戚家拜年贺寿的前夕，裁缝铺就得大忙一阵。由于限期紧迫而且非到期交货不可，所以裁缝铺不但必须昼夜赶制，还得向外分摊任务才能勉强完成。还因为有太监从中分肥等原因，手工费要比社会上一般的价格高得多。

还有我的两位祖母和母亲始终都着旗装。她们所用的旗装头饰上的人造花和“两把头”（即京剧“四郎探母”中铁镜公主的装束）以及旗装高底鞋和布袜之类，也都有专门承办的手工业者送货上门。我还记得到了民国初年，我家尚未普遍穿洋袜、皮鞋等以前，大家都在穿着手工制品的布袜、造鞋、毛窝之类，因此，男人用的靴、鞋也另有专门的手工业者包办。特别是在当时，我们除了到宫中和亲戚朋友处作正式的庆吊之外，到大街上闲逛和买东西，可以说是很少的，因此这类送货上门的买卖，在当时就成为必不可少的事情，而使佣人中饱分肥的事情也成为家常便饭了。

轿夫 在我十岁前后的时候，我祖母和我母亲到宫中去见太妃和我哥哥时，还经常坐八人抬的银顶官轿。我记得我还和我母亲同坐在一个轿子内到清宫去过。当时轿夫也是分为两班，经常是一班在抬，一班坐大车上紧跟轿后，以便随时轮换。轿夫的通常装束，是头戴敞檐的官帽，脚穿青布洒鞋，身穿窄袖、窄裤腿的青布短袄、裤，腰扎蓝带。他们都是一帮身强力壮的小伙子。据说这帮人经常倚仗王府的势力，公然放赌，甚至结伙斗殴，有时酿出人命，地方官吏也不敢过于穷究。因此，他们就成为封建统治势力下的一群无赖集团。曾在恭王府内当过小太监的某人对我说过这样一件事：“恭亲王奕䜣有一次乘轿走到半途，碰到他哥哥惇亲王奕誴的轿子在前面。当时精壮轿夫见轿就要赶过，已成为一种习惯，于是奕䜣的轿夫就加快脚步想要赶过前轿。奕䜣知道他哥哥的脾气古怪，如果超越了他的轿子，严重的后果定会随之而来。他就在轿中大声制止，但是轿夫不听，仍然加劲拔腿前行。奕䜣无法，急得在轿中连连跺脚说：‘超不得！超不得！前面是我的哥哥！’轿夫回答得更妙：‘是你的哥哥，不是我的哥哥！’结果是赶过前轿扬长而去。奕䜣身在轿中，王爷的威风当然无法使出，只得在回府之后分别主从轻重责打轿夫们几十板子。可是事情并没有就此结束。奕誴在回家之后第二天，便派人到恭王府借轿一用。奕䜣自然是不敢不借，那班轿夫在挨完了打之后也不敢不去。这帮轿夫到了惇王府之后，奕誴就命人把很多的银两放入轿内，派专人监视着让他们抬起轿子遍游四城。当这些轿夫困惫不堪，回到惇王府复命时，奕誴这才责问他们越轿的‘罪状’，并问他们以后还敢不敢再这样。那些轿夫这才死心塌地地认了输，齐声回答说‘再也不敢了！’”

太监　清朝统治时代，在宫中、府中的太监当中，声势显赫、得到皇帝和王爷宠信的，只是千分、万分之一的极少数，其余绝大多数都是在层层压制之下受尽奴役和摧残。关于宫中的太监的事情，在这里略而不谈，只就王府中的太监来说，他们的层层压制的组织情况是这样的：

最高的为首领太监，照例可戴七八品的顶戴，但须请得宫中的许可。他们的职权范围限于内院。从回事太监以下，包括“妈妈”、“丫鬟”在内，都受他们的管辖。其次为回事太监。他们的职责是管理小太监以下的太监和在来客时担任禀报、引导客人出入。回事太监以下照例没有顶戴。小太监为专门服侍主人的贴身侍者。王爷、福晋、太福晋（王爷的母亲）、阿哥等都有个人专属的小太监。格格只能由妈妈侍奉而没有专门伺候她的小太监。散差太监是王府太监中地位最下、工资最低而受累最多的可怜人。他们的职务是担任洒扫主人居室、挑饭、烧炉子之类的杂役。他们也和小太监一样，各有专属的主人。

清代有由皇宫向王府“赏”太监和由王府向宫中“进”太监的制度，到了辛亥以后，虽然在优待清室条件中，有“不得再招阉人”的明文条款，但仍有私自阉割儿童，托亲戚朋友中充当太监的人送往宫中、府中以供驱使的。

不论宫中和府内，太监之中的师徒制度是极其严格的。首领有权管理回事以下的太监，回事有权管束小太监以下的太监。此外还有在王爷或福晋的命令下，让某老太监为某小太监的师傅的事情。如果当徒弟的太监年岁比较大或是能得到主人的欢心，那么师傅对于这个徒弟不但不致摆出狰狞面孔，甚至还会卑躬屈膝向他讨好。但是如果当徒弟的是个初当太监的小孩子或是不得主人赏识以及与府中素无瓜葛的人，那么，不但师傅对他非打即骂，即回事太监，甚至同僚的小太监也会对他呼来喝去，有时还会在主人或师傅面前落井下石，加以陷害。

在我十岁前后，有一个名叫“得全”的十四五岁的小太监进府伺候我母亲，我母亲就命首领牛祥当他的师傅。牛祥就在教徒弟学规矩的借口下，经常对他加以虐待。得全曾对我诉苦说，他的师傅经常以打他来开心解闷。例如，牛祥有时看到他脸上有些愁苦神情，便说：“你又想家了，我给你治一治想家病！”于是他就得趴卧地上，饱挨一顿竹板。又如他偶尔发笑，牛祥便又说：“看你这嬉皮笑脸的样子，在我面前就敢这样没有规矩！”于是他的皮肉也得受一次苦。还有一次，我的母亲叫他把糖拿来，他听错了，跑到厨房端来了一碗汤。我母亲就半开玩笑地对身旁的其他小太监说：“这孩子多糊涂，真得叫他的师傅好好地管教管教他！”不料这话传入牛祥耳中，等到得全晚间回房睡觉时，就重打了他几十大板。打得他屁股好几天不敢坐凳子，晚上睡觉时，得侧着身子躺下或是伏在床上。还有一次，他陪我耍木刀木枪唱戏玩，因为躲避我的木枪进攻，把屁股碰到桌子角上。他立时“哎哟”了一声，蹲在地上，一边流泪、一边用手揉搓。我问他为什么这样，他说昨天晚上刚挨完师傅一顿好打。我问他挨了多少，他说，谁还记得，反正打了他好几十分钟，打完之后，连门坎也迈不了，上炕是别人给抱上去的。

还有在我十四五岁时，我的母亲曾对我说，过去府中有一个叫“祁贵”的老太监（我能记事时他早已死去了），患有很厉害的颜面神经抽搐病。有一天我母亲问他这病是怎样得的，他说，在他从小进府伺候我的“嫡”祖母叶赫那拉氏时，因为我祖母经常用毛掸子的藤把抽打他，所以就得了这个毛病。我听了就问我母亲："我听说我那位祖母平日吃斋念佛，甚至在夏天不敢到花园去散步，说是怕踩死了蚂蚁，为什么会把祁贵打成那种样子呢？"我母亲听了，"扑哧"一声笑了出来，说道："别胡说，小孩子家知道什么！"

妈妈 当时也叫作"妇差"，她们在王府中也有地位的高下。在我祖母处，有"当上差"的三四名，其余则是干缝、洗、生火以及其他的体力劳作。我父亲处有他的自幼的"看妈"（我们呼她为"老妈"，表示与一般的"妇差"不同）和干杂活的约三名。我母亲处有"陪奉"以下的"妇差"四五名。我们小孩子每个人都有"精奇"、"水上"和"嬷嬷"各一名。"精奇"是满族语言，即看妈，地位最高，工资亦较高。"水上"又叫"水妈"，专门担任生火、烧水、洗衣、做饭等事，工资最少，地位最下而受累最多。"嬷嬷"即乳母，在哺乳时期待遇较优，断乳后的地位，工资与"精奇"差不多。我记得在我乍能记事的时候，她们中的最高工资为二三两银子，民国以后改为银圆。如果她们所服侍的小主人到了整生日的时候，她们照例可以增一些工资。府中有喜庆大事的时候，她们也有普遍加工资的可能，但是最多的也不超过十元钱。此外，她们还可以领到仅能饱腹的伙食费和一年多少尺布来做衣服。

乳母的哺乳时期，固然经常有肉、有鸡蛋可吃，但是据当过乳母的切身经验，说那也是苦事。因为在荤菜里既不准放盐或酱油，吃的时候更不准蘸用调味的东西，在乍一吃时还觉得不错，经过几顿之后，不但不能下咽，甚至看到肥肉就要作呕。可是在老主人监督之下又不能不勉强去吃，因为这是有关小主人的"哺乳大事"，不把强吃当作必尽的义务去做是不行的。

当乳母的有时虽然会得到老主人的特别赏赐，如金、银首饰或衣料之类，可是这些也就是使乳母和她自己亲生儿女宣告生离以至死别的一种代价，例如，我哥哥溥仪的乳母王连寿，在十九岁时就入府当了乳母，溥仪三岁进宫时，她也跟随进去。溥仪吃她的奶一直到了九岁。在这九年中，她不但从未见过她的孩子一面，而且当她的孩子得病死去时，宫中为了不致影响皇帝的吃奶，曾严令不准把这个消息泄露给乳母，否则定要“严惩不贷”。

丫鬟 客气一些的人，把她们叫声“姑娘”或是“丫鬟”，不客气的就把她们叫作“丫头”，甚至还在“丫头”二字之上加上“使唤”两个字——“使唤丫头”。不论在宫中或府中，“妇差”之中地位最低的，连起码人格保障都得不到的就是当“使女”的了。待遇更不用说，总是受尽累、吃尽苦，人人都比她们高，人人都有管束她们的权力。尤其是被主人指定专门管理她们的“姑姑”，更是和管小太监的“师傅”一样，打骂、奴役，不但可以公开，而且是被认为是“合法”的。

宫中的“宫女”（即宫婢），绝大多数都是由内务府和八旗官员的家中选出来的。就是在中华民国成立之后，清宫“小朝廷”中，每年仍有征用宫女的例举（在当时把这种征选叫作“挑秀女”）。我幼时到宫中“会亲”时，曾遇到过多少次。照例是由内务府的负责官员，先把按册征来的待选的宫女引入神武门，集合在顺贞门内，在御花园钦安殿后面排列，由“太极殿”、“储秀宫”、“重华宫”和“永和宫”四位太妃坐在一起挑选。每个应征的秀女，照例都发给一身新蓝布长衫和一面约五六寸长约两寸多宽的白木牌。木牌要系在长衫右上边第一个衣纽上，牌上写有“佐领某某之长女大妞年十五岁”的字样。应征秀女父亲的官职、姓名，牌上写的虽是按人不同，可是“长女”、“大妞”和“年十五岁”三项，却是千篇一律，个个都是长女，人人都叫大妞，而且都是年十五岁。

挑选时，大约每十名左右为一排，一排排地被带到殿陛上，有的太妃则坐在殿门口附近，一手用手绢堵着鼻子，一面指定留下谁。被选中的立即被负责的妈妈、太监带走，落选的交还木牌，赚一身新布衣回家。除了挑选宫中留用的以外，有时还额外多选几名“赏赐”各府或太妃自己的“丹阐家”（即娘家）做使女。我家就曾受到这种“赏赐”有多少次。

醇王府中的“丫鬟”来源约有三处：（一）由宫中“赏”来；（二）由“家奴”或佃户中征用而来；（三）由亲戚的援引而来。她们一进府中，先派一个有管人能力的“妇差”做“姑姑”。姑姑的权力可以说是无所不管和无所不包。新来的“使女”须先在姑姑的严格管教下学习当婢女的成套规矩：如对主人不准说“我”，须自称“奴才”，答应须说“嗻”，怎样端茶，怎样打手巾，怎样向主人开口禀事，怎样侍立，怎样给主人开门和掀帘子，怎样磕头和怎样请安等等。对于这些既严格又烦琐的要求，稍有错误或违反，轻者是挨骂、罚跪，重者不是一顿嘴巴就是一顿竹板子。她们非得经过多则半年少则两三个月的教练之后，被姑姑认为是磨炼得差不多了，这才能到主人那里去当“上差”。不过，即使丫头混上当上差的资格，所受到的姑姑的压力并不减弱，而且还得同时受到主人的苛酷待遇。

园寝 清朝皇帝的坟叫作“陵”，王爷的坟叫作“园寝”。我祖父奕譞由于是载湉（光绪）的生身父，所以当他在光绪十六年死去之后，不但立即得到“贤”字的美谥，还得到“皇帝本生考醇贤亲王”的优异称号。而且载湉还在他临死之前，亲到府内去问病；在他死后，慈禧也亲去祭奠，光绪还“诣邸成服”——穿了期年的丧服。到他死后第二年的四月，就特以亲王礼葬于北京西郊妙高峰，庙制和祀典都用天子之礼。我记得民初某年，我祖母、母亲和我七叔载涛带着我和我的大妹到妙高峰的阳宅去住的时候，还有不少绿营的老兵驻守在坟地附近，个个烟容满面，可是官衣官帽却穿戴得齐齐整整，还在每天定更以后，按时在坟茔附近巡逻，并且不断喊着满洲语的“更筹”。

园寝的范围，据说连“宝顶”（即坟）、享殿、阳宅以及看坟佃户所耕种的土地统统包括在内，方圆大约有几十里之谱。据我的记忆，光就我们所住的阳宅来说，就有利用山形盖成三个阶梯型的大院落，而且每个院子内都有类似“四合房”格式的住房。在当时，我的七叔、母亲和我的祖母，都各自带着一帮佣人分占着一个院子。此外还有车房、马厩等的设备以及花园式的鱼池和“曲水流觞”式的亭院等等。

四　醇王府内的生活

从我个人的切身体验来看，王府中的生活，处处都脱离不了极端专制的滋味，人人都藏在假面具下过着表里不同的生活。如果专从表面上的个人的生活享受来看，当然是时时有人侍奉，样样有人供应，天天在过着“人上人”的享乐生活。可是，在父母兄弟姊妹夫妻之间，各自有一道沟、一段墙从中形成了障碍，致使家庭中的空气——特别是人与人之间的关系，经常是冷冰冰的。真正的家庭中的温暖，我敢断言，在王府之中是不可能找到的。

上项里曾经说过，因为我和我的三妹，自幼就在我母亲的抚育下成长起来，所以就和在我祖母处抚育起来的长妹、次妹的对家庭的看法、想法截然不同：我们是觉得母亲比祖母亲，而她们则认为祖母比母亲亲；在日常的言谈举止中，就形成了两派，这种情况一直影响到我的祖母和我的母亲。

例如，我幼时在院中摔“摔炮”（掼在地上发响的小儿玩具）玩，我的长妹在我祖母院中听到，便偷偷地跑到我这里捡回一个碎炮的残骸拿到我祖母处央求她买，我母亲就抱怨我“何必在祖母邻近去玩”。还有一次我母亲给我买了一顶新帽子，我祖母就“取瑟而歌”地对我母亲说：“都是你的孩子，不要有偏向。”从此，我有了新衣服，新鞋帽也不敢让我长妹看见了。

可是，即使我和我的三妹同在母亲的抚育之下，也由于各人有个人的精奇、水上、嬷嬷的关系，她们又都是“忠心耿耿，各为其主”的缘故，于是在小圈子中又分成了几个小圈圈，经常可以从这些各自“忠实的部下”的口中听道：“您的太太给您的大妹妹买了什么东西”和“您的奶奶给您的三妹又新做了一件衣服”，以及什么“有了小妹妹哥哥就不吃香了”之类的风言风语，甚至还会听到像是“打抱不平”的冷嘲热讽，如“先来的不如后下的”等等。因此，即使在我和我三妹之间，也是有一道“墙”和一段“沟”的。依此类推，如果再有了“嫡”、“庶”之别，那么，在父母、兄弟、夫妻、姊妹之间的感情，不言而喻，可想而知！

就以子女向父母每天早、晚两次问安为例。

孩子到长辈处问早安时，照例要一面跪下请安，一面口中还念念有词，说一声“老阿玛吉祥”或是“奶奶吉祥”。然后在膝前玩一些时，在“你们玩去罢！”的命令下，由各自的看妈领走。所以我对于自己的看妈的感情，有时真比自己的母亲还亲。有一次我母亲带着我到妙高峰坟地阳宅去住时，她忽然高兴地说：“今天晚上带着你睡罢！”我听了，不但不觉得高兴，反倒深以离开自己的保姆感到难过，但又不敢说出不愿意来，只得委委曲曲地在自己的母亲的身旁睡了一夜。

小孩如此，大人可知。再以我结婚后早晚到父亲处问安为例：那时照例是我和唐怡莹两个人一同去，早晨我们要各请一个安，她须端一杯茶送到我父亲处，然后我父亲命坐，我们分为左右坐下。谈一些“您夜间歇（睡）得好”以及“今天不算太冷”之类的类似客套应对的谈话。大约是十几分钟之后，听到我父亲把“你们玩去罢”变成为“你们休息去罢”的命令之后，就告辞出来，一年三百六十五天，天天都是如此。与其说这是遵照儒家所谓的“昏定而晨省”的遗规，倒不如说是纯粹在走形式。

夫妻之间又何尝不如此。如上所说，我父亲每天一睁开眼睛，照例先到我祖母处问安，然后就到自己的“地盘”宝翰堂去洗脸吃早点，非到临吃午饭时不回到我母亲处。夫妻一同吃过午饭之后（即盛饭、盛粥也是各由自己的小太监来担任），便又回到宝翰堂大书房。到了吃晚饭时才又回到内宅和我母亲一同用饭。饭后又相将到我祖母处去问晚安，回来等我母亲卸装之后，才是夫妻二人闲话的时间，然后才是一同就寝而结束一天的生活。固然我父亲大半天的生活，是在自己的“地盘”上，率领着自己的一帮人来度过，我母亲也是在自己的“地盘”（思谦堂和花园内的畅襟斋）内带领着自己的太监、妈妈和使女自得其乐。就连我和我的妹妹们，也都是各在自己的妈妈、太监的陪同下，以花园内的益寿堂戏台为“根据地”来玩耍的。我幼时曾因为我的长妹到我的屋中来玩的时间过长，等她走后，我唠叨着自己玩的时间不够，致遭到我母亲的严厉训斥，说我的“性子太独了”，殊不知造成我性子“独”的正是各位长辈的“示范”，也是醇王府内的制度。那种制度、那种生活，是使人成为极端自私自利的最好的温床。除了自己之外，父母兄弟都是次要的问题，至于民族、国家，那更是谈不到话下了。

这就是醇王府家庭中的生活概况。以下想就过去生活中比较突出的几项做概略的介绍。

等级制度

王府中的第一个特点，就是等级制度，也就是像“宝塔”一样一层压一层。先拿我来说，我自幼即感到沉重压在自己头上的，就是天、地、君、亲、师的五顶大帽子。

“天地”——不用说，我自幼在父母以及家族长辈的日常教育下，在年、节等祭祀的实际接触下，在老师、“圣贤”经传的潜移默化下，对于天、地的尊严、神秘，有了刻骨铭心的认识。“君”——比“无声无嗅”的大，比“无所不载”的地更要和我的人生有着直接关系，而且有了“君而兼兄”的概念，有了“既尊且亲”的感觉。也就是说使我在“君为臣纲”的概念之外，更有了“家天下”的特殊感。这就是使我的前半生，在每况愈下的过程中，一步一步陷入罪恶深渊的主要原因。“亲”——对于我有和君同等的压力，使我在“内则父子，外则君臣”的对比中，对于“君叫臣死，臣不敢不死。父叫子亡，子不敢不亡”的伦常定义，抱有绝对的信仰。这种压力对于我的前半生，曾有过绝对的支配力量。“师”——也是伴随着天、地、君、亲，成为一种极大的压力。使我对于“一日为师，终身为父”的说法，除“拳拳服膺”之外，别无他念可存。

连我这曾是“亲王世子”的人，尚且在封建制度的压力下，经常抱有“当后辈的自卑感”，何况在王府中惯供驱使的官员、太监等，更得在有形无形的枷锁和规矩轨范中低头认命的了。

例如，在所谓王府男仆之中，既有“高不可攀”的王爷高高在上，更有无所不管的管事官支配着一切。即在同样的王府护卫之中，还有一等至三等的职位上的区别。等而下之，还有“柏唐阿”、“苏拉”一直到最低级的“哈哈珠色”（书童）。这种尊卑长幼之分是不可逾越的人与人之间的严格界限。在太监之中，也有大首领、二首领、回事、小太监和散差太监的贵贱不同，还有“当上差”、“当下差”和“红差”与“黑差”的性质上的各异。即在“妇差”之中，也是既有“功在前代”的“老妈”、“老嬷”，又有陪福晋过来的“陪奉”，还有精奇、水上、嬷嬷等职务上的差别，更有随意打人骂人的“姑姑”和任凭驱使打骂的“使女”。“官大一级压死人”以及“大鱼吃小鱼”的过去谚语，就是王府生活的写照。

每逢主人发脾气责打小太监或是丫鬟之后，经常有“好心肠”的老妈妈、老太监，对于吃了苦头的后辈，用教训的口吻安慰说：“这没有什么，官打民不羞，父打子不羞。”那些皮肉受了苦、有冤无处诉的被虐待者，也就逐次在这无可奈何的环境下，听够了无可奈何的宽解，自然而然失去了作为一个人所应有的自尊心，渐渐在“多年道路走成河，多年媳妇熬成婆”的消极因素中，去梦想“向上爬”的途径；因此把认命当作是“安分守己”的奴才思想也就逐渐形成了。

我母亲处有一个叫张全的小太监，幼时曾在恭王府受过严师的督束和主人的管教多年。当他向我们说他过去的种种经历时，总用讲笑话、谈故事的口吻来表达。如说他的师傅某时因为他幼时淘气要责打他时，他不肯乖乖地趴在地上挨打，他的师傅就抄过一根粗硬木手杖没头没脸地乱打一阵，直打得他不得不伏卧地上柔顺受笞为止。他还笑着说：“早知道趴在地上就挨二十板子，谁还能找那样一顿木棍子呢。”他还说过有一次因为贪玩在花园内捉牛蜂，福晋亲自下手要打他，他便趴在立镜前的地上，当从镜中看到自己哭喊哀求的脸时，不由得破涕为笑，因此也逗得福晋笑了出来，遂免掉一顿竹板。在他谈到此事时，不但对于虐待过他的人没有愤恨之意，反倒在怀旧的心情下谈得津津有味。尤其是每当他见到恭王府里的人时，总要表示一下自己曾经伺候过谁和谁，似乎是在怀恋着过去的“恩主”。

嫡庶身份

在封建社会制度下，人与人之间总有一条绝对不可逾越的界限，就是尊卑上下的身份。要维持封建制度，就得用“礼教”和“名分”这两件法宝，使卑尊上下分得清清楚楚。“嫡”和“庶”的界限就是其中主要的一个。尤其是在贵族的家庭中，不但从身份待遇上加以明确区分，就是在日常的琐事中，也把这种区别做得无微不至，使之无法混淆。

嫡与庶的简单定义，就是由明媒正娶被花轿抬来的是“嫡”，由婢做妾、或未经媒妁做证，未坐花轿进门的都是“庶”。不但妇女当事者本身，在嫡庶的身份区别下，固定下自己一生的命运，就连她的子女，也由母亲的身份高下，被烙上“嫡出”或“庶出”的火印。就以我家醇王府为例：我的“嫡”祖母姓叶赫那拉氏，是慈禧太后的亲妹，是由政治上的关系和我祖父奕譞成为眷属的。她生了四个儿子，第二子是光绪。至于我的父亲载沣、六叔载洵和七叔载涛，则是我的“庶”祖母刘佳氏所生。因为我那大伯父早死，二伯父当了皇帝，而那两位第三、第四的伯父，又因为我那位“嫡祖母”的“亡羊补牢”的“母性爱”之故，怕他们“祸从口入”、吃多了生病，便用“爱之适以害之”的办法，实行了“矫枉过正”的“减食育儿法”。因此，我那两位伯父，便在“母爱”之下前后牺牲。据在醇王府中三代为奴的老首领太监牛祥说：“两位小爷饿得太可怜了，看妈们便瞒着老福晋太太，偷偷地给他们一些东西吃。”当然这种“不揣其本而齐其末”的临时补助，这种“杯水车薪”的一时营养，终究挽救不了这两条小命，结果是我的父亲才以“庶出”第五子的资格，当上了第二代的醇亲王。所以，我那位刘佳氏祖母也给醇王府当了一辈子的家。尽管如此，这嫡庶的界限，都不能因“母以子贵”有所通融。特别是我祖母自身也始终在“庶”字的樊笼内限制着自己。例如在身份待遇方面：我母亲的娘家人，如我的“姥姥”（外祖母）、舅父、舅母等便可以亲戚的身份和王府作正式往还，我祖母的娘家却在“丹阐家”的差别待遇下，只能对我祖母个人悄悄地来府探望，而不能在年节寿庆的时候公然来往。每当回事太监向我祖母报告“丹阐家来了”时，不用说我的父母，就连我们在当时的这些小孩子，也要在我祖母的“你们玩去罢”的命令下，离开祖母的居室而远远避开。这并不是我祖母要对她的娘家人说什么秘密的话，而是在嫡、庶二字作怪下，形成这种不合人情、道理的奇怪现象的。理由很简单，就是，我的祖母固然是我们的亲生祖母，不过，她的娘家的人，则仍然是王府的“奴才”，我们当“主人”的是不能和“奴才”分庭抗礼的。就和过去我的伯父、叔父，哪怕是奕字辈行的人，只要见到当时的溥仪，便须跪拜口称奴才一个样。在封建制度下，人和人的关系就是如此。

还有，在妙高峰的王府园寝那里，除了有“嫡”字真传和以“庶”字而获得侧福晋称号的人，才能有“宝顶”式坟穴和在“昭穆”世次下埋在祖茔圈内以外，其余如幼殇的孩子，未聘的姑娘和未能得到“侧”字头衔的人，照例都埋葬在叫做“小山”的一块小地皮上。到了例年祭扫的时候，被埋在祖茔范围内的人们，照例有各如其分的官祭或家祭。至于葬身于小山的人，则只是在府中官员的潦草祭奠之下，过着死后仍有差别的地下生活。

再就装束方面，也有显著的差别。凡是“用花轿娶来的”新娘子，在新婚一个月之内，照例要在旗头上的两侧，各系上一绺红线穗子。至于所谓“收房”的“姑娘”（即姨太太。在王府内凡是尚未得侧福晋称号的人，当时都呼她为某某姑娘，如名秀兰，那么就是“兰姑娘”），在一起初只能在旗头上挂上单红线穗子，一目了然，嫡庶自分。

男女差别

王府中的男女差别也很厉害，在日常生活中，随处都能看到这种迹象。在当时，不但我看到认为当然，就是妇女自身也都认为理有固然，形成了自我轻蔑、侮辱自己的离奇现象。

每到旧历新年，由初一到初五，照例只有男子可以到人家互相拜年，妇女则是非过初五不得进入人家，名曰“忌门”。据妈妈、太监们的传说：因为新年诸神下界，妇女身上不净，恐到人家冲犯诸神，所以非到“破五”不得到人家去。同时，再以除夕夜内接神不使妇女参加一事来看，更可得出这样的结论：不但防备妇女冲犯了别人家，就是在自己家中，也对妇女做了人格上的歧视。

从我祖母、父母口中，虽然常常听到“生阿哥（男孩子）和生格格（女孩子）都是一样”的话，但在实际上并非如此。例如我幼时将要同我长妹吵嘴的时候。时常可以得到从我祖母直到看妈为止的这样的排解：“得罪了哥哥，将来就不给你找好婆家了”；或是“哥哥生了气，将来就不陪送你好嫁妆了。”无形中使我和我的妹妹都会产生一种想法。我想的是“我总比妹妹要高一头”，我妹妹则会产生一种“比男子要低一头”的自卑感。

在我六妹出生之后，我的父亲因为儿子少而女儿多便很不高兴。在给她起名字的时候，我父亲拟出了名“韫鞶”字“芯多”的名和号来。我的祖母看了之后，便对我父亲说：“这‘鞶’字和‘多’字的意思不太好，你不要因为生女儿多了便不高兴，要知道男的和女的都是一样。都是你的儿女。”我父亲苦笑了一阵，便提起笔来把“鞶”字改为“娱”字，于是才得到我祖母的通过。尔后在我的七妹出生时，我父亲特意给她拟了“韫欢”、“芯笑”的名、号，以博我祖母的欢心。

我的祖母虽然以“儿女一样”教训了我的父亲，可是她自己也曾因为我五妹的出生而发过脾气。我在十一岁的时候，曾得过一场重病（记得是肠胃病），到了九月初一我五妹出生的时候，正是我便秘多少天、差不多到了危险的时期。事后听我的看妈满面得意地说：“五格格生的时候，正赶上二爷好几天没有大便，老太太（我的祖母）和奶奶（我的母亲）都急得不得了。老太太听说生了五格格，便生气地说，真讨厌，偏在这时候生出来！”她们并作结论说：“本来格格就不少了，就是这样一位接受家当的大孙子，老太太怎能不着急！”我在当时听了，也颇有得意之色。

看妈们所住的地方，当时叫作水房。她们经常在院内挂上绳子、晾晒洗得的衣服裤子。每逢我到花园去玩经过那里时，我的看妈们常常大惊小怪地阻止我说："不要从晾衣服绳子底下钻过去，上面有老娘儿们的衣裳裤子，有多丧气！"

还有，有一个王妈妈的儿子曾经服侍过我，他的母亲绝对不让他打扫厕所，理由是怕妇女的"晦气"冲了她的儿子。

迷　信

支撑王府生活的另一根支柱，就是迷信。从旧历的正月元旦到十二月的除夕，从婚丧嫁娶到过生日，从吃喝穿住到言谈举止，无一不是属于迷信的范围。现就醇王府中的几项比较突出的事例作为引证。

讨吉利　讨吉利纯粹是一种自欺欺人的事情，哪怕牵强附会也好，怪诞不经也好，只要和恭维颂祷能牵扯到一起，便成为善颂善祷的好词。例如太监、妇差等偶尔失手摔坏了器皿，哪怕是主人最心爱的东西，只要能说出一句"岁（碎）岁（碎）平安"，便可以弥缝过去，不致遭受谴责。如果是在新年或在作寿时，不但可以少受叱责，甚至还会使主人引为吉利呢。

"全科人"　在结婚时或生孩子时，照例必须从妈妈之中选出"全科人"（即夫妇双全兼有子女的人）使为新郎、新娘缝被褥并担任洞房中的种种杂役，或是在生孩子洗三时在产房中参加杂务。同时还必须避忌"四眼人"（即孕妇），甚至还有"忌属相"之说。在丧事中的小殓、大殓时尤其严重。即在日常生活中，寡妇的穿着打扮也是与有夫之妇不同，总而言之，脂粉和花绿衣服等等，都是和寡妇无缘的。如果在仆妇之中，寡妇而稍作浓装，定会遭到主人白眼、同事讥笑，认为是不规矩甚至会被认为是"不安分"与"别有用心"。寡妇所以被呼为未亡人，就是意味着仅仅不死偷生人间而已。

吉祥如意　"吉祥"就是在希冀统治地位的巩固，"如意"就是意味着为所欲为，所以"吉祥"和"如意"就成为最合主人口味的恭维与颂祷。即在日常生活中，亦随处可以看到或听到吉祥与如意的广泛应用。例如每天早晨，幼辈见了长辈，奴婢见了主人，第一句话必先说出“爷吉祥”或“奶奶吉祥”来。祭神之后须请安“道吉祥”，祭祖之后也须如此。至于如意，更是一种由口中颂祷演变成形象化的重要礼节。如在长辈过生日时，幼辈必须在三跪九叩之先，跪着把如意递到长辈受礼者的手中，同时还须在口中念念有词，说出“某某千秋如意”的字句。除夕向长辈辞岁时也是如此，只须把“千秋如意”改为“岁岁平安”就行。元旦也是如此，只是将“岁岁平安”改为“新禧如意”。此外在新年时，在各屋中挂“春条”（用红纸裱在木格上，上面写有“吉祥如意”之类的词句）和在大门两侧挂春联等也都写着吉祥如意之类的字句。万变不离其宗，无非表示讨吉利而已。

吉日吉时 不仅婚嫁殡葬必须严选吉日吉时，甚至在出门拜客、剃头洗澡、上梁安栋、清洁打扫等，也都必须从“皇历”中去找大吉大利的日子。有一次我坐马车拜客，归途马惊几乎翻车，服侍我的妈妈，太监等就议论纷纷，说是因为没有挑选好日子。

看风水 所谓堪舆家也是王府随时不可少的附属人物。特别对于坟地，更要请多少堪舆家，在主人饮食车马的供给下，去到荒郊僻岭相度地势、查看风水。认为家运的兴衰、人口的夭寿，都与风水有关。我幼时，府中的老太监王群曾指一个看风水的先生对我说：“这位老风水先生的能耐可大了，您玛父妙高峰的正穴，就是他给点的。所以咱们府中才出了两位皇帝。”

佞神信佛 我的祖母是逢八必吃斋，早晚必念几遍金刚神咒和般若多罗蜜多心经以及往生咒的。我的母亲虽然高起兴来也偶尔拿着数珠念一百零八声南无阿弥陀佛，但是最信仰的还是给狐仙烧香和求圣水之类。有一次，侍候她的妇差由北京城外某处带来一瓶水，说是能医百病的“圣水”。我母亲先恭恭敬敬对它磕了三个头，然后倒出来喝，也让我喝一点。我问我母亲，为什么这水有酒味？我母亲说：“要不就叫圣水了！所以才能治百病哪！”我听了也觉得肃然起敬。后来听人说，那瓶子本是一个装过烧酒的空瓶子，没有用净水冲洗就拿去装“圣水”了。我的父亲是自命“不迷信”的。他曾赶走过给我祖母治乳癌而正在下神的男巫，也曾把一只被仆妇、丫鬟认为是仙家的大刺猬一脚踢到花园内的小河内，还曾在除夕礼拜神佛之后对我说：“这是为让你的太太（祖母）高兴，要不然我才不带着你这样到处磕头呢！”可是在他屋中的日历上，却把正月初五日的那一张换为红纸，并在其上写有“福寿绵长”的字样，并把寿的末一笔写得非常之长。我问他这是什么意思？他说“长寿么！”还有我和我妹妹等小时，习惯把正月初五日叫作“破五”。有一天在我父亲的面前，就说出这样话来，因为初五是他的生日，他就不高兴地订正道：“不，福寿五！”

还有，使我留有印象最深的，就是我祖母在办五十正寿的那一天。照例是她走到花园戏台走廊时，须从笼中放出一批鸟来，名为“放生”。这次因为笼窄鸟多，又兼七月天气尚热，太监们一笼“放生”，鸟皆不能飞出；太监情急之下，就狂摇鸟笼，以致许多小鸟都跌在地上。我见了就大声喊道“死了！死了！”我的祖母瞪了我一眼，母亲偷偷拧了我一把。等到事后，母亲还声色俱厉地叱责了我一顿。

腐朽寄生

有人时常拿“茶来伸手，饭来张口”来形容过去封建时代腐朽的寄生生活，但这只是一种概念上的形容，并不能把醇王府内的毁人炉式的生活形容尽致。就以我所亲身经历的来说，就不只限于“茶来伸手，饭来张口”，而是从头上到脚下，从早晨到夜晚，全凭妈妈太监的摆弄，自己不过等于一具肉身的泥胎。与其说是什么也不会做，倒不如说是什么也不许做还恰当些。

例如在冬天，我一早醒来，就有妈妈们打开帐子先对我说一声“二爷吉祥”，跟着就把我的衬衣、衬裤在火炉上烘烤，然后给我解纽口、换衣裤。我只是安卧不动听凭摆布。起来之后，妈妈们拿来漱口盂、牙刷、牙粉之类，太监更把洗脸盆端来。盥漱之后就开来早点。就连擦背、洗脚，甚至局部洗涤，都有贴身的妈妈替我“代行”。在我八九岁时，因为我的看妈眼睛花了，不能给我剪脚指甲，就让服侍我三妹的张妈来做。有时因为张妈分不开身让我久候，一次我发怒了就自己用剪刀剪，我的看妈逢人便说我有“能耐”，并有“志气”能自己剪脚指甲了。

就在那时，我无意中在窗玻璃上写了“小米半斤”四字，我母亲见了大发雷霆，严厉地责备了我一顿。主要的理由是：计算粮食，有失身份。

在我十几岁的时候，我很想买一个照相机，就问服侍我的太监需用多少钱。太监现出了鄙夷的神情对我说：“您是一位当爷的，打听这个干什么？您若是都知道了，奴才们还怎能托福？！”我听了不但深觉失了言，而且是失了“当爷”的体统。

这样一切有人服侍的生活直到十七岁。

在我十七岁第一次结婚时，跟随我的小太监就奉我祖母之命到首饰楼给我定制刻有双喜字的银洗脸盆和银漱口盂等。按当时醇王府的惯例，经手人得回扣是公开而且“合法”的。因为分回扣不均致引起太监和妈妈的争吵。事情闹到我的祖母耳内，并未责怪太监赚钱，只命太监多分与妈妈些完事。

还有，从我出生到我的母亲故去为止，我没有亲手花过一文钱。吃穿不用说，就是想要什么东西，只要对我母亲一说，或是一作纠缠，无不到手。因此，养成我认为金钱是污秽物、是倘来物，认为盘算计划是“小家子气”、是庸人的俗事，认为俭朴是吝啬，勤劳是下品，一掷千金才是男儿的“豪爽”气概。我是把腐朽寄生，认为是“天生的福分”，“千金散尽还复来”认为是知命达观的。所以对于醇王府的日渐走下坡路的生活，认为是“屈”了自己。总觉得壮丽宅邸，食前方丈，侍妾数百人，有权有势，才不虚此生。于是对于恢复“祖业”，便生出一种“舍我其谁”之感。

开倒车的幻梦既无法实现，于是羡慕军阀，勾结帝国主义的罪恶思想就相继而起，终于每况愈下地一步步走入罪恶的污沼无由自拔。归根结底，都是从腐朽寄生的生活环境逐渐变本加厉发展起来的。

我在醇王府中，当时只是一个“二爷”，生活尚且如此，至于主持家政的我的祖母，一家之主的王爷和福晋的生活程度——腐朽寄生的程度，不问可知，有加无已。

五 辛亥革命后的醇王府

辛亥革命后的前清贵族们的生活，是在资产阶级民主革命不彻底的机缘下，才继续保持住他们的特殊生活的。接着又在北洋军阀甲起乙仆的混乱局势中，延长了关门当王爷的残喘。不过由于王府的虚架子撑得很大，王爵的俸银、俸米又随着清王朝的崩溃而断绝来源，王府地租等的收入也随着统治力的垮台而逐渐成为有名无实的存在，所以，就不得不把祖先代代传下来的，以及由本人压榨而来的民脂民膏——由书画古董以至房屋园林等不动产，陆续典当售卖，以济燃眉之急。更加上过惯了不劳而食的寄生享受生活，对于社会上一般常识丝毫无有，除了依靠府中管事官或是借助于捧臭脚、架秧子的旧社会关系之外，确实无法开辟独立自活的道路。因为亲自出马来作弥补既不可能，只有委托别人代为筹措，结果是只能甘受敲诈而无法摆脱。最后只获得当卖一空，甚至有的卖出府第尚不够还债。

在中华民国初期，还能勉强在下坡路上支持残局，到了民国十几年的时候，在大变小、小变无的情况推移下，越发出现了“捉襟见肘”的情况。

尽管如此，可是王府的虚架子还得竭力支撑着，就以当时的婚、丧、寿辰、年节为例。

结 婚

当时，清贵族的婚嫁，不但必须在“父母之命，媒妁之言”的包办下来进行，还有比父母之命，媒妁之言更压死人的“指婚”的存在。“指婚”是指当时的“帝位虽逊，尊号犹存”的小朝廷的“命令婚姻”而言，就是在太妃或皇帝的命令下，形成了一种门阀互相利用的男婚女嫁。

例如我和唐怡莹过去的那段结合，就是由于端康太妃的“指婚”而成，我长妹韫瑛和溥仪妻兄的那段姻缘，也是由于溥仪夫妻的“指婚”而定。

说一说我所记忆的我那段婚姻吧。

在我十四岁那年，由于我的母亲和端康太妃的互相利用，就在端康太妃的“指婚”下，把她的十七岁的侄女许聘于我。

我那时，不但在母亲的吩咐下，莫名其妙地向着“指婚”的发令人叩头谢了恩，还得像傀儡一样，选吉日、带聘礼、身穿前清的冠袍带履，在王府护卫官吏、首领、小太监的簇拥下，到岳父、岳母家去纳聘。一下马车，就有当时的清室内务府大臣耆龄，顶翎辉煌地奉“旨”在岳家大门口等着我。他一方面虚应故事地给我整了一下并未戴歪的官帽，并像作戏似地整了一下我挂得好好的朝珠，然后就领我进了大门。遵照我母亲预先教导好的礼节，先向太岳母，继向岳父、母行礼之后，就坐在太岳母的身边，和她谈了几句言不由衷的应酬话，于是便在“耆大人”的暗示下，由他领导着登车回家。

在当时，我虽然既向端康太妃叩头谢过“指婚”之恩，又机械般地到岳家纳过聘，可是，我的母亲并未明白告诉我结婚之事，只是在“可使由之，不可使知之”的意图下，含着神秘的笑容，告诉我怎样到人家去，向谁请安、向谁叩头与和谁谈话而已。同时，我又在服侍我的妈妈、太监的彼此谈话中以及他们向我所作的含蓄不露的打趣中，恍恍惚惚感觉到这是为了给我娶媳妇。话虽如此，我既根本不知我那未来的妻子的年龄和名字，也不知道她的性情究竟如何，美丑究竟怎样？特别是在“父母不言不敢去问”和“怕家人取笑也不敢去问”的心情下，只能本着“知慕少艾”的本能，马马虎虎地感到一种神秘的快感而已。直到我的母亲死去为止，她绝对没有和我谈过为我订婚之事，我也只能抓机会溜进我母亲的床帏之中，提心吊胆地偷看过几次唐怡莹的照片，结果是由于“作贼心虚”加上床帏中又暗，始终也未能看清她的相貌究竟如何。

就是在这种“买彩票”的心情下，又过了四年之后，才在我的祖母抱孙心切的动机下给我办了婚礼。记得在结婚的前半年，我祖母就把预定为新房的“树德堂”油饰一新，不久岳家也派人到新房丈量了尺寸。到了结婚前夕——“过礼”的那一天，岳家更把桌椅陈设之类大批运到，把空无所有的“树德堂”设备得五光十色。我在那时当然不能出头露面，只能是“装聋作哑”听人摆布地坐待吉期而已。

在结婚的前两天，先由我的祖母对我讲了一番“男女居室人之大伦”的空洞大道理，再由我的乳母“阎二嬷”，对我讲了一大套更进一步的、极其具体的男女之间的初步常识。当时我只十七岁，听了之后越发觉得结婚确是一件神秘不测的勾当，于是我就在又惊又喜的心情下，躲在自己所住的西厢房内，偷偷欣赏着新房那边的热闹情景。

在结婚那天．我的祖母怕我受到亲戚朋友的揶揄取笑，不让我出见客人，所以我就在我祖母所住的“九思堂”的西厢房里，穿戴上清朝的官帽官服整整闷坐了一整天。到了夜间刚点灯时，我才被领入新房内，由我的六婶母做全权指挥。不久外面音乐大作，喜轿进门。喜轿一步步被抬到新房堂屋的中央，掉头面南停下。我的六婶母便把舞台上用的一弓一箭交到我手，叫我向密闭轿帘的轿门连射三箭。我才弯弓搭箭要射第一发时，我的婶母连忙制止我说：“别忙别忙，箭朝轿底，不要伤着新人！”我当然是昏天黑地地如命办理。三箭射完，就有人打开轿帘，从轿中搀出一个红布罩脸、红袄红裤的人来。在被选定的“全科人”的左扶右架之下，把新娘搀入东套间。当过门坎时还把一个用红绸扎口、中装五谷杂粮的景泰兰花瓶（叫作宝瓶）放入新人手中；又在门坎上置一马鞍，扶新娘越过去，然后就扶进了洞房。这时我也在看热闹的心情下被领入新房内，这时新人面南而立，我的婶母叫我去扯下盖在新人脸上的红布，叫作“揭盖头”。当我伸手去抓时，我那婶母又连忙吩咐我道：“不要使劲，别揪住新人的头发！”我抓下盖头之后本想仔细看一下自己的妻子的面貌如何，但在激动之下只看到新人脸上厚厚涂上一层白粉红脂，究竟是美是丑，仍然未能看清。这时突见床帏大开，婶母命我和新人男左女右地并肩坐在帐内，她更把我的右衣襟压在新人左衣襟上，据说是表示男人应该压倒女人的意思。这也有名堂，叫作“坐帐”。我才一坐好，床帏忽闭，我和新人瞬间都陷入黑暗之中，我正在想入非非地狐疑之间，床帏又开，又把我二人扶下，并坐在紧靠南窗的桌案中央。案上摆有一双牙箸，两只酒杯，一个酒壶，一盘子煮水饺和一大碗汤面。我的婶母先将酒倒入两个杯中，分别由她和我的一个堂嫂将两杯酒让我们二人各呷一口，然后互换酒杯又各喝了一口，这就是“合卺”之礼。跟着就由她们二人各夹起一个半生不熟的饺子（“子孙饽饽”，半生取“生子”之意）让我们二人各咬了一口，跟着他们二人又各自挑起一丝汤面让我们二人各吃了一口（长寿面）。当我们喝酒时，窗外的“萨妈太太”还用满语喊了一声：“阿什布密！”（是何意义我也不知道。）这套摆布受完之后，又把我们二人扶到床上坐下，于是挤满一屋子的人才络绎走出，将洞房的屋门关上。

第二天早晨，我换上官服到我的祖母、父亲处请安道喜，我的祖母还意味深长地问了我一些话，然后又重复了一遍“男女居室人之大伦也”的训话。至于新娘，则是仍须在房中床上静坐到第三天的早晨才能下地出房。据说在这几十个小时内，新娘是照例不准大小便的。因此新娘就得不吃不喝免得“丢丑”。至于为什么要这样做，我也莫测高深。据我的乳母言，这是为了“关一关新娘的性子”，不知确否。在这一天仍是贺客盈门，摆茶设宴地闹了一天。

到了第三天早晨，我仍是红顶花翎蟒袍补褂地走出室外，新娘也穿上满族妇女的最高礼装（即如京剧“探母回令”中的萧太后的装束），在我父亲的率领之下先到祠堂内祖宗前行三跪九叩礼，然后更到神祠佛殿、天地四方前大叩了一顿头。回到内院之后，我二人一齐先到我的祖母、三祖母处叩头行礼，然后又到我父亲处叩头，更向我的叔父、婶母、哥哥、姐姐处按着尊卑大小各叩六个头或三个头不等。每当向一位家长叩完头（二人一齐叩头叫作“双礼”）之后，每位都要拿出一些东西，如珠翠手饰或是衣料、化装品之类作为赏赐或祝礼，在接受这些礼品时，还得向之叩三个头致谢。在当天实在不知跪地多少次和叩了多少头。这样“叩头礼”叫作“分大小”。就是说从这天起，新娘和家中的人开始分清了尊卑大小、亲疏远近的关系。

这套礼节完了之后，婚礼就算是基本告成，只剩下十二天回娘家的那一套了。

丧　葬

最初我经过的丧事，就是在我十五岁时我母亲的死去。在她刚一停止呼吸时，先由专门在我母亲身旁侍奉的“妇差”给她在脸上敷好脂粉，给她穿上“亲王福晋”的最高礼装，然后抬到住房的居室中央，头西脚东地停放在临时用木凳支好的板床上，用印有梵文的“陀罗经被”从头盖住全身。还用一把长把妆镜面朝下地压在身上，两只脚胫也用红绒细绳缚住，说是预防“炸尸”。枕头前放有几碗白米饭，用筷箸插在当中一碗的饭上，这也有名堂，叫作“倒头饭”。

到了第二天早晨，由首领太监领进一班和尚，身披法衣、手执各种法器绕着灵床一边转着走一边高声念“往生咒”。这叫作“转咒”。

跟着就是选择吉时“入殓”了：由太监四名，分执褥子的四角将母亲由所住的房子抬到“大殿”（大门正中的一所较大的建筑物）内，先把尸身放入棺中，用衣服、棉花和生前平日爱用之物，如首饰之类塞满身体周围，更用一颗大珍珠穿着一根红线，系在衣襟纽扣上，把珠放入我母亲的口内。同时由我父亲（也许是我，现已记忆不清了）端起一小瓷碗的清水，用筷箸夹着一团棉花醮水擦我母亲的两眼周围，名为“开光”，随即将碗摔碎地上，然后盖上棺盖。这时才准家属哭泣，据说盖棺之前怕眼泪落入棺中。

由第三天起开始家祭。家祭分为早、午、晚三次，每当祭时，先把一桌“祭席”摆在灵前，然后由我的父亲站着奠酒三杯（叫作立奠），跟着我又跪下奠酒三杯，这时被派在灵前服务的人员跪在院内举哀。祭后，女眷跪在室内灵右、男子跪在室内灵左，等候僧、道等转咒。这时转咒的僧道等并不走进灵堂，只在“带经官员”的引导之下，在殿外排成两行，由一名资格深的僧道面对灵堂而立，带头发声念经。

唪经是以七日为一坛，有由本家自办的，有由亲友赠送的，分僧、道、番经三种，每坛经念到第三天，照例有一次送库。在这一天亲友们都要来吊祭，有的送挽联、幛子；有的送纸锞、烧活；有的送祭席、饽饽桌子之类，甚至还有送钱的。等送完库之后，大家才在烧库的地方和丧家作别。

在送库时，我照例要由两名“家人”左右搀扶，由灵堂还须哭出大门，手中尚须捧一木盘，盘内放一个圆锥形纸糊之物，叫作“树”。据说就是把开纸库的钥匙和库内金银的数目的账簿等封在“树”内，预备送给死人的。不用说“树”内的东西要由念经的僧道去装，至于真有钥匙与账册否，我因没有打开看过无从知道。总之，这也就是每棚经中的一个重要的礼节而已。

对我的母亲就是这样地办了“五七”——三十五天的豪奢丧事的。有的丧事甚至因为亲友送经的过多，无法按七天一坛经排列，于是念“对台”经，“对台”就是让僧和道，或是道和喇嘛同时在大殿旁的东西两楼下面，对台作法事。

还有，每当送完库的晚间，照例还得放一次“焰口”。就是由僧、道或喇嘛在每台经的第三日晚间，搭上台面对灵堂念经超度亡灵并施甘露法食（僧，道用馒头，掰碎撒到台下，喇嘛则用白米四撒，说是向一切饿鬼冤魂施食超度）。每次都得闹到深夜十二时以后才能完事。丧家的“孤哀子”照例是必须跪在灵旁陪到完事的。

到了出殡的前一天，还有一个“起灵”的仪礼。这时把灵堂内的一切装饰完全去掉，只露出一口棺材来。由棺材铺来人将棺盖钉死，同时还把一个小铜钱垫在棺下的一角，就是说“知会死者明天就要离家到坟地去”的意思。在这时丧家全眷都要捶胸顿足大哭一顿。在这以前还有一段“辞灵”的礼节，照例摆一桌水果上祭，名曰“辞灵果子”。

我母亲的棺材，不用说是最上等的木料了。我记得是一口金丝楠的“葫芦材”（满族的棺上照例要安一个大木葫芦），大约时价为五千余元。

在出殡那天，也得选出吉时起柩出门，用的是“八八——六十四人人杠”，棺上罩有红色的大棺罩，棺前有一队“小嚷”——身穿孝衣手捧一盘盘内放有纸糊的瓶、炉、碗、鼎之类，每人从口中发出“有声无泪”的哭声，列队在棺前分二行行走。其前方有一群僧、道手敲法器，其前又有一队乐队一边走一边吹奏，再前方则有一大长列分为两行的仪仗队——手执金瓜、钺、斧、朝天凳或架鹰、牵狗、拉骆驼的、“打执事”的人长队行列，共摆开一里多路，前头已走出多远，灵柩还未出家门哩。

我则仍是在“家人”左扶右架之下，哭不绝声地走出家门，在纸钱满天飞的“点缀”下在棺前走着。女眷则是分乘马车跟在柩后。

除每过街口、桥梁必撒纸钱外，还在主要路口设有不少处“路祭棚”。

“路祭棚”是亲友们在出殡那天临时设在路口的祭奠之处。每当棺材走到路祭棚处，便须把那一长蛇之列的出丧“队伍”停下来。这时设棚路祭的主人便出来设供奠酒，丧主等则须跪在棺旁受主人的吊唁。祭奠之后照例还要念一次经，然后丧主须向路祭人叩一个头，于是再开始登程继续前进。总之出殡经过之处以及路祭棚附近，照例是看热闹的人山人海。棺前的仪仗越长、路祭棚越多……越足以显示丧家的声势大派头足。

我母亲的葬地是京西的妙高峰。在那里葬有我祖父奕譞的生身母（道光的妃）庄顺皇贵妃乌雅氏和我的祖父和祖母，不但坟茔的规模仅较皇陵稍次一等，就是“阳宅”也布置得异常奢丽，不亚于一个富有园林之趣的大宅第。离北京约有七十余里。因此在出殡那天把随棺而行的“小囔”累得有的落伍，有的卧在路旁不动，在杠房把头的皮鞋木棍下，才踉踉跄跄随棺到了茔地。

我记得到达妙高峰时，大约是夜间九十点钟。快到之前，我的父亲命我代表我的母亲向着我祖父祖母的坟茔方向叩头行礼。到了之后将我母亲的棺木暂厝在阳宅内的一所院落内，等我父亲的坟茔将来修好时再安葬。

亲王的坟叫“宝顶”，也和皇帝陵的地下宫殿差不多，只是具体而微而已，也有石穴、石门、石床、宝井的设备。

从开始办丧到出殡，除了丧家的种种铺排之外，再加上亲友的祭奠馈赠等真不知虚靡了多少人力、物力、财力和时间。我记得光是丧家的花费就达好几万元，尔后“园寝”的修建等费用还不在内。

过生日

每年过生日时，照例要由“伺候”本人的“妇差”、太监等办一份寿礼：——在一个用黄纸糊好、周围贴上剪纸的红色长、圆寿字的长方形方盘内，放有胰皂、手巾、手纸等日用品以及烧鸭、寿桃、寿面等。在这些东西上面，也各用大小不等的红色长、圆寿字的剪纸贴上。由“呈进”礼物的人抬到过生日的主人的面前请安致贺。收下之后须回敬以较实物稍高的价钱，名曰“回赏”。如果是在过“正生日”时，则是除了有比较内容丰富的礼品之外，还有阖府官员、太监、妈妈和使女等醵钱祝贺的各种礼物。我记得在我的父亲过正生日时，“大书房”的官员、太监等曾凑钱定烧了一份“鉴意轩”用的瓷茶壶、茶碗以及瓷烧的我父亲的照片的插屏一个。总之，都是在竞妍斗丽地来买取我父亲的欢心。此外还有长辈的“赏赐”和幼辈的“孝敬”等，当然更是要精美一些的寿礼了。

此外还要全家大吃一顿。这时照例要由著名的饭馆派人到家里做一席丰盛的酒筵。据说每当大摆筵宴时，饭馆的人除了特意给首领太监等做一些好吃的东西作为变相“门包”外，还须给全府的使用人员拿去一笔相当的回扣来。不用问，“羊毛出在羊身上”，达一桌酒席的价钱，决不能由饭庄亏本相赠的。

特别是在过正生日时，还须按照身份地位的尊卑高下，演一次戏或是演一场“八角鼓、莲花落带小戏”的杂耍，最不济——例如小孩子的正生日——也要租一场电影看看。

过年与过节

在王府的生活中，可以说每日三餐都能抵“贫者半年粮”的程度。到了过年过节，自然更要变本加厉地作出锦上添花的点缀。总之一句话，借题发挥来满足口腹之欲而已。

先就除夕来说：在给天地四方、神佛祖宗叩头烧香之后，在给各位长辈叩头辞岁、领完“压岁”的荷包（内装银锞或银元之类）以后，在深夜“接神”放鞭炮之后，还须脚踩着撒满院内的芝麻秸（名曰踩岁），大吃除夕的饺子（我家叫作煮饽饽）。光就由除夕到旧历正月初五（除初三日的馄饨以外）日的饺子馅来说，就有猪肉吉祥菜（即干马苋菜）、猪肉白菜、羊肉白菜、猪肉菠菜（有干、鲜菠菜之分）、猪肉韭菜、猪油韭菜、三鲜、烧鸭豆芽菜以及素馅的攒馅等等。

正月初一日为拜年，对于天地神佛祖宗和长辈的叩头贺岁与除夕大致相同，除了吃饺子之外还须全家吃一顿酒宴。

正月初八日有“顺星”之举。就是在该日的下午于我祖母的庭中，摆上几张八仙桌，桌上摆满类似酒盅而浅的长脚小铜盏，灌满香油，用红色薄纸捻作灯芯，数目是按照家中人口的每一个人的年龄来准备的。例如今年祖母为五十岁，便给她摆上五十盏灯；父亲为三十岁，便给他准备三十盏灯；以此类推。除了有人死去之外，每年每人定要增一盏灯的。因此，每年的灯数是与年俱增，方桌也在随年加增，越摆越长。我的祖母常对此感到欣慰，认为是家旺人旺。摆完之后，由我的祖母带头向之烧香叩头，其余是依次而拜，拜完还须向长辈请安道喜，这就是“顺星”的概略情形。

正月十五日为元宵节，除了酒宴而外，还须有各种馅的元宵以为点缀。

旧历的二月二日为“龙抬头”。也是打牙祭的一个机会，照例要在这一天吃一顿春饼或饺子。卷春饼吃说是“吃龙须”，吃水饺说是“吃龙鳞”。以面代饼也可以。

端午节是除了吃好东西过节之外，必不可缺的还有樱桃、红白桑椹和雄黄酒。

到了那天，不但每个门上都要插上菖蒲棒，每个小孩子的衣襟上，还须挂上一串用彩绸做的小樱桃、桑椹、菖蒲棒之类的饰物。在住房门的上方正中，还须斜贴着一张“五毒”的剪纸。还在小孩子的耳、鼻、肛门附近抹一些雄黄酒，此外更须在小孩子的脑门上，用手指醮雄黄酒写一个“王”字，说是象征老虎。每个人还必须呷一口雄黄酒，说是可避“五毒”的侵害。

到了牡丹花开时，要烙牡丹饼，藤萝开花时要烙藤萝饼，到了玫瑰花季时，要烙玫瑰花饼，有时还把填鸭挖空内脏，填满玫瑰花烧烤着吃。

在头伏、二伏、三伏时，也要点缀一下“头伏饽饽（水饺）二伏面，三伏烙饼摊鸡蛋”的应时风景。

到了夏季，我的祖母照例要率领全家的人到前什刹海的“荷花市场”（当时每到夏季，在什刹前海周围遍搭席棚卖各种河鲜——即莲蓬、藕、菱角、鸡头米、荸荠、慈菇之类以及有各种杂技供游人消夏观览）绕一周，买些河鲜之类。至于杂技棚和食物棚则是以“身份”关系照例是过门而不入的。一览之后照例要在河北岸的“会贤堂”楼上，过一下“把酒临风”之瘾。每次必须吃的东西，除了酒席之外，有鸭丁烩鲜莲子或是烧鸭鲜莲子馅的水饺子。

立秋要吃一些好东西，名曰“贴秋膘”，说是为了“预防秋瘦”，还必须吃一种叫作“秋叶”的点心。

八月中秋那天更是非大过其节不可的了。除了大吃“团圆饭”之外，还有“供月”之举：照例是在月亮初上的时候，在我祖母的院中西方向东摆一架木屏风，在屏上挂有鸡冠花、毛豆枝、鲜藕之类，说是供月兔之用。屏风前摆一个八仙桌，桌上供有一个十几斤重的大月饼。由我的祖母起依次向月饼烧香叩头之后，将月饼切开每人分与一块，说是“团圆饼”，人人必须尝一口的。

在旧历的九月九日为重阳节，在那天须吃菊花锅和花糕，还有“登高”之举。

到了旧历的腊月初八，照例要泡“腊八醋”（将蒜渍于醋中，准备元旦过年时吃饺子之用，说是非在腊八那天泡制不可）和煮“腊八粥”，除全家吃之外还分赠亲友。

到了旧历的腊月二十三日有祭灶之举，种种的灶糖是在所必吃的。

此外还有四月八日的“接缘豆”：用盐水煮绿、白二色的豆子供佛后，家中每个人互相馈送，名曰“接缘”。还有旧历五月初一日的“太阳糕”：用米面蒸糕，用竹签串上。竹签上有江米制的彩色鸡和饰物。供完“太阳神”后每人分若干糕，加蒸后醮白糖吃，说是吃了“一年不得头疼病”。

还有一项值得特别提起的，就是家中每月的“祭神”。

在王府的“大殿”后边，有一所“神殿”，就是祭祖的地方，和清宫中的“乾清宫”后面有“坤宁宫”一样，虽然是“具体而微”，但是也为王府中最“神圣”的地方。那里窗户仍保存关外的遗风，用“高丽纸”糊着窗户，殿右侧有一根杆子，名“唆啦杆子”，也叫神杆，一般人都不许踩它印在地上的影子。在“神殿”内有几口大铁锅和灶，可以把切成两半的猪放入锅中去煮。在醇王府内，辛亥革命以前，每月都有祭神的礼节，到了辛亥之后，为了“撙节”开支，便把每月的祭祀取消了。

祭祀的概略情形是这样的：

祭神之前用黍米糟曲自家造酒。在祭前三日每天早晚各以二牲为供。上祭前一日将黄黍米捶碎，用笼屉蒸成糕，名曰“打糕”。在祭神那天，在每位神——如来佛、观音、七仙女、长白山神、远代祖先和始祖——前各供糕九盘，是在天未明五更时分开始献糕的。这时祭主吉服向西而跪，面对向东的“神幄”供糕献酒以及素供（此时先向如来和观音龛上祭）。同时“萨满太太”穿吉服舞刀口念祝词道：“敬献糕饵，以祈康年。”（用满族语言）主人跪击神极，诸护卫官员也群击神极和弹弦子、弹筝以及月琴。“萨满太太”念歌及祝词后，主人向神叩首。这时“司香妇”（掌管烧香的女仆）将如来、观音的神位请出户外，在西墙设一向南的佛龛以供之。然后“司俎者”高呼“进牲”！俟将牲牵入，主人和与祭的全部人员都跪下。“萨满太太”走过来用满族语言致辞，然后把酒灌入牲耳内，“司俎者”高呼“神已领牲”！主人叩首，“司俎者”唤厨师入，切割牲肉煮之，及熟，选牲肉中的最精美处制成肉酱供于神位前，主人再叩一次头。同时“萨满太太”又致辞，俟主人叩罢，“萨满太太”把一块布（系马之用）拿过来再致祝词，主人跪着接过这块布交与掌管马厩的人领去。等管马厩的叩头之后，才聚集全家人分食祭肉。这种祭肉是不准拿出屋门去吃，并且在吃肉时也不许说有关死丧的事。有客人来时，主人迎送都不得出大门。到了晚间，更供七仙女、长白山神、远代祖先和始祖的神位，都必须面向南方，用帐幔（叫作“神幔”）将各窗及门全部遮住，

“萨满太太”舞刀进牲，所说的祝词和晨祭相同，只是光以击铜鼓作为节奏，声调也和晨祭时不同。

到了第二天早晨，把神位设于庭中面北，主人穿吉服，使男巫致辞后将米撒布院中。巫走出后，主人叩头，将牲肉斫成肉末掺以白米，叫作“祭天还愿”。更于次日在神位前求福：把五色线摆在饼上供于神前，祝词毕将五色线系于主人的胸前，说是“受福”。这种大祭必须费时三天才能竣事，不用说，劳人伤财是相当可观的。

结 语

这个世世代代骑在人民头上作威作福的醇王府贵族家庭，新中国成立后，在中国共产党的改造社会、人类的伟大改造政策下，人人有了脱胎换骨的机会，每个人都从剥削寄生的家传病毒中，逐渐成为能够自食其力的劳动者。

例如，现在我唯一的亲叔父载涛，就光荣地被选为政协委员、人大代表，代表着全体满族，为建设社会主义的祖国，贡献着自己的力量。我的大哥溥仪，以一个清朝末代皇帝，尤其是还当过叛国投敌的伪满的傀儡头子，现在也居然在中国共产党、毛主席的伟大改造政策下，由鬼变成人，不独有着光明幸福的今日，而且有了无限前途的明天。我自己也和溥仪一样得到重新做人的机会和无微不至的照顾。我的弟弟妹妹，有的在教育工作中，有的在服务行业中，有的在文化、政治、工业等的岗位上，都各尽其力、各得其所为建设社会主义的新国家，忘我地劳动着，幸福愉快地生活着。至于我们的后一代——我的侄儿甥女们，大多数入了共青团，有的光荣地参加了共产党，有的在大学，有的在中学和小学，有的当上了光荣的劳动红旗手……这和过去当贵族的时代相比，完全是两个截然不同的社会，不同的时代和不同的命运。

过去是在封建大家庭的毁人炉中毁着自己，现在是在改造人类、社会的大洪炉中，人人有了自己的前途，把自己的前途和祖国的前途紧密结合在一起，各个人成为伟大的六亿五千万人民大家庭中的成员，人人都在平等、和睦、幸福的社会主义大家庭中，过着平等、和睦、幸福的生活。

（一九六二年）

我的家庭“庆亲王府”片段

溥　铨

我是清朝庆亲王奕劻之孙，载振之子，名溥铨，字季达，满族通常都是以名代姓，故我又名铨季达。我生于民国十二年，距我祖父奕劻当权柄国时期较远。关于他的政治活动情况，我知之不多。就是所了解的一些，也大抵是从我兄嫂和在津几个府里的老佣人那里听来的，现摘述于后，借供史家参考。如有错误或不确切之处，希望知者指正。

一

我家被清廷封为庆亲王爵，是从五代祖永璘开始的。永璘是乾隆第十七子，也是最小的儿子。乾隆五十四年封为贝勒，嘉庆四年正月晋惠郡王；后改封庆郡王。二十五年病危，嘉庆皇帝亲临视疾，晋封庆亲王，死后谥曰僖，我家均称他为祖太王爷。永璘第三子绵慜袭封郡王，道光十六年绵慜去世，谥曰良，我家称他为良太王爷。绵慜无子，奉旨以仪顺郡王绵志之子奕綵为嗣，承袭郡王。道光二十二年奕綵因在孝服中纳妾，下宗人府议处夺爵；同时永璘第六子辅国公绵性，觊觎王爵，行贿谋袭，事发被戍盛京（沈阳），道光二十九年以绵性之子奕劻继绵慜为嗣。

爱新觉罗氏起源于长白山，入关后规定：凡“显祖宣皇帝”（名“塔克世”）以下之嫡派子孙，谓之宗室；伯叔兄弟之后裔，谓之觉罗。至康熙以下之子孙，谓之近支宗室，其命名皆用弘、永、绵、奕、载五字为近支宗室行派顺序。乾隆时，其六子永瑢绘岁朝图进呈孝圣后，乾隆题诗有“永绵奕载奉慈娱”之句，即指行派命名而言。乾隆四十九年长子安定亲王永璜生曾孙载锡，是乾隆的元孙。因此他在雍和宫后室、大内景福宫、承德避暑山庄等处，皆书“五代五福堂”匾额，认为是历代帝王罕见之事，并自署为“十全老人”。至道光七年，又续拟了“溥毓恒启”四字。当时溥字辈已有命名“奉”字的，皆遵谕改正。咸丰七年再续拟“焘闿增祺”四字，嗣后各宗室子弟都依照此辈数命名。一九三七年溥仪在东北又颁“上谕”，规定续选“敬志开端银英源盛正兆懋祥”十二字，作为自“祺”字以下宗支字派，并通过宗人府转交给我父载振。一九四五年“八一五”日寇投降，伪满垮台，溥仪的这个幻想亦告破灭。

这种按宗室行派取名的方法，从每个人名的字画偏旁上，即可区别出皇室支派的远近来。如我们庆王府这一支是由乾隆支派传下来的，五代祖永璘的“璘”字，偏旁是从“玉”部；绵字辈的绵慜、绵悌、绵性，偏旁皆从“心”部，奕字辈的奕劻、奕勷、奕功，偏旁皆从“力”部，载字辈的载振、载搂、载抡，偏旁皆从“手”部；溥字辈的溥钟、溥锐、溥铨，偏旁皆从“金”部。又如道光、咸丰支派下来的奕字辈的奕䜣、奕譞，偏旁皆从“言”部；载字辈的载沣、载洵、载涛，偏旁皆从“水”部；溥字辈的溥仪、溥杰、溥伒、溥伟等，偏旁皆从“人”部。根据这些人名的偏旁，就可以知道某人是某一支派。

二

庆亲王奕劻，生于道光十八年二月。二十九年奉旨为绵慜嗣，年十二岁，翌年封辅国将军。咸丰二年封贝子，十年晋封贝勒。同治十一年晋郡王衔。光绪二十年，懿旨封为庆亲王，光绪三十四年，又以亲王世袭罔替。[①]自同治以来，亲王世袭罔替者只有咸丰的胞弟恭亲王奕䜣、醇亲王奕譞；至于皇室远支独奕劻一人，当时引为殊荣。

奕劻由于取得慈禧的宠信，自同治六年以后，历任镶红、镶白、镶黄旗蒙古都统，镶白、镶黄、正蓝、正黄各旗满州都统，镶黄、镶蓝各旗汉军都统；宗人府左右宗正及宗正，并五次得到崇文门正监督这一肥缺。[②]清廷创办海军后，又令其会同奕譞办理海军事务；陆军方面的武备院、神机营、火器营、虎枪统领、八旗骁骑营、练兵处等重要职务，他也曾以大臣的身份充任过。他从光绪十年即总理各国事务衙门事务，但中经戊戌政变，庚子义和团反帝事件，他不仅没有受到任何牵连，而且慈禧在仓皇西逃时，反而授以全权大臣，会同李鸿章与各国议和，签订了丧权辱国的《辛丑条约》。翌年，总理各国事务衙门改为外务部，仍派他总理外务部事务。光绪二十九年又任为军机大臣；宣统三年，还出任过皇族内阁总理大臣。武昌起义后，大权落于袁世凯之手，奕劻又转任弼德院总裁。盖自庚子以来，奕劻即与袁世凯沆瀣一气。他与袁接近，虽意在相互利用，然因其昏庸无能，唯利禄是视，实时时为袁所乘。袁一向老奸巨猾，虽与庆

---

① 即世代父死子袭。

② 崇文门是清代北京收税最多的一个城门，也叫崇文门关。管理该关的官员最容易贪污税款。

王相得，又与我父结为盟兄弟，但其眷属向不到府来往，以掩蔽外人耳目。据家里人说，奕劻一生是个官迷，光绪三十三年我父载振辞职后，虽曾力劝他“急流勇退”，但由于他贪恋权位，坚决不肯，直到溥仪逊位，他才被迫离开长达六十年之久的政治舞台。当时与他互相拉拢的权贵和封疆大吏，还有东三省总督徐世昌、大学士那桐、江苏巡抚宝芬、陕西巡抚恩寿、山东巡抚孙宝琦等。如直隶总督陈夔龙曾拜奕劻为义父，孙宝琦以汉族督抚将其女许嫁奕劻第五子载抡。按清制满、汉是不能通婚的，后来虽然下过可以通婚的诏书，但像他们这样的人家还是少见的。

民国六年农历正月初六，奕劻病故，时年八十岁，溥仪赐谥曰密。那时溥仪虽已退位，但庆王府还把他作为皇帝，以得到他的封赐为荣，故停尸不殓；当溥仪派人来时，府内人等都脱去孝服，换上吉服跪接，这才纳入棺内成殓。这次丧事办得极为豪奢，凡其生前喜爱物品，无不照样糊制一份，精巧玲珑，无异真品。就是车轿桌椅，也都用木料制成，内铺毛毡细锦，费用无法计算。府内大管家名吴玉顺，二管家名巴彦。扎制这些冥货因全由巴彦经办，事后冥货铺向巴彦要钱，载掞把持不给，吴玉顺也故意刁难，逼得巴彦竟上吊死了。

三

清制王爵的正室封福晋，侧室封为侧福晋。亲王最多只能有五位福晋，而奕劻竟有六人，从这里也可看出他的特殊地位。他生子六，三、四、六子均早殁。长子载振，系大侧福晋合佳氏生；二子载掞、五子载抡，均为四侧福晋刘佳氏生。此外，还生有格格十二人。奕劻在没有纳侧福晋时，和一女仆发生关系有了孕。清制宗室王爵的私生子，宗人府不给入宗籍。于是奕劻就让福晋把腹部用布棉垫起，假装怀孕；同时把这个女仆关在东厢房内，不令见人。后产一女，对外即说是福晋所生，这就是奕劻的大格格。从此，这个女仆就一直被关在东厢房内，府里人都称她为“东厢房”。光绪二十四五年间病死，不能入“园寝”，就埋在京郊北顶坟地内。大格格后来嫁给亲王那彦图，婚后这段内幕被其夫闻知，经常冷嘲热讽，大格格为此痛哭过不知多少次。

我父载振和二、四格格都是大侧福晋所生。以后大侧福晋在国丧（慈安去世时）期间又怀了孕，清制，宗室于此时生育儿女，被认为是“大不敬”。奕劻恐被人参奏，就令大侧福晋坠胎，又因不敢公开延医，听信偏方，用绿头蝇熬汤给她喝，服后呕吐不止，胎虽坠下，但留下了病根。

慈禧最宠爱的所谓四格格，就是奕劻的第四女。慈禧命她长年在宫中陪伴自己，后虽与直隶总督裕禄第九子结婚（名字不详，当时皆呼四格格为熙九太太），二人感情也很好，但由于慈禧很少让她回家，夫妻很少同居，仅二三年其夫即郁闷成疾而死。当慈禧要装扮南海观世音照相时，正值四格格丧夫不久，而慈禧竟让她饰龙女，李连英饰善才童子。因照相时须穿彩衣，涂脂抹粉，四格格回家后大哭大闹，不愿照相；府里人都很恐慌地说：“你可千万别抗旨不遵，若惹恼了太后，全家可吃不起呀！”几经劝说，才勉强陪慈禧照了这张相。四格格在宫内，只是陪伴慈禧纵情玩乐，国家大事，慈禧向不对她谈，她也不敢多问一句。和四格格一起陪伴慈禧的还有德龄和容龄姊妹，是当时驻法国大使裕庚之女。据四格格说，几个主子（指光绪的妃子）都有难言之隐，有时还向她借钱，去应酬太后左右的宠信太监。

载搏曾封镇国将军，一生只会吃喝玩乐，在其兄弟三人中，最善挥霍。他曾在一夜之间输掉过一两所房子，天津的英商跑马场及各赌博场，他经常留恋其中。有一次，他买到跑马场的香槟票，向友人表示，如果赢了，就把马场道修成柏油路面，结果真的赢了。他除用赢的钱外，又拿出一笔钱修了一段柏油路。这事曾轰传一时，他也很自鸣得意，还由他姨太太给他拉着马照了相，以志其事。由于他这样挥霍，没有几年时间，就把分得的财产花光，债台高筑，终于在民国二十四年，落魄而死。

载抡也受封过头品顶戴，自民国十二三年后，长期住在天津租界，度其豪华的寓公生活。抗战胜利后，又和国民党军政人员加紧联络，并与伪警备司令部参谋长严家诰结为把兄弟。天津解放前夕，携妾逃往香港；不久金尽囊空，带病返津，于一九五〇年死去。

四

庆王府坐落在北京地安门外定府大街，原是乾隆的权臣和珅的旧居。嘉庆四年和珅被诛，没收其宅，赐给第一代庆亲王永璘作府邸。府内原有大小房屋、厅堂数百间；到奕劻时又在府内大兴土木，修建了万字楼和戏楼等处，建筑华丽精致。奕劻每年生日或有喜庆事，都要大摆筵席，演戏三天。著名京剧演员如谭鑫培、王瑶卿、陈德霖、杨小楼、王凤卿等都到府演唱过。后来载涛和溥钟、溥锐还会同一些王公亲友，自己组织戏班在这里演唱，并购置了不少戏衣行头，聘请京剧教师教戏。

府内的每幢住室和厅堂上都高悬着匾额，如“宜春堂”、“爱日堂”、“静观堂”、“承荫堂”、“乐有余堂”、“契兰斋”、“约斋”等等。宜春堂由庆王居住；大哥溥钟，二哥溥锐分别住过爱日堂和承荫堂。契兰斋是客厅，约斋是书房。这些匾额，都没有多大含义，只有我父载振住的乐有余堂，是根据祖父的家训命名的。记得二哥溥锐曾和我说过，祖父奕劻曾以“四留”名其别墅，并以小条幅悬诸壁上，嘱后辈励守此训，其词云：“留有余不尽之禄以还朝廷，留有余不尽之财以遗百姓，留有余不尽之巧以还造化，留有余不尽之书以遗子孙。”后来我父就根据此训起名为“乐有余堂”。直到他晚年，在赠送亲友礼品时，还常常署名“乐有余堂主人”。我祖父奕劻署名是“澹如斋”，在他遗留下来的书画上，都可看到“澹如斋”的印章或“澹如斋主人”的字样。澹如斋的寓意，当是根据“澹泊如水”、“澹泊明志”二语来表示自己的胸襟的，但从他几十年的官场经历和实际生活来看，恰恰都是这两句话的反面。

奕劻死后，我父载振同其二弟载掳、载抡分家，在府内划分了三个院落。民国十二年曾着过一次大火，载掳住的那一部分都被烧毁。后来三兄弟相继迁居天津，留下一部分老佣人看房。民国十七年方振武军队设司令部于庆王府，占据年余，走时将所有家具物品携带一空。沦陷时期售与伪华北行政委员会，售价伪币约四十五万元，三房平分。直到解放后，这座曾由封建贵族占据了一百五十余年之久的巨厦，才回到人民的手中。庆王府除这座府邸外，还有承泽园、泄水湖、苦水井花园三处；铺面房十余处；南苑田地二十顷，旗地六百多顷。这些房地产有御赐的，也有奕劻购置的；但坐落何处，后来怎样处理的，我都不详。在京郊昌平县白羊城还有御赐园寝一处，占地很大，从第一代庆亲王起，都在那里埋葬。园寝内有碑楼、享殿和宝顶式的墓穴，建筑宏伟。至于奕劻遗留下来的珍玩异宝、陈设物品等等，那就更说不清了。

五

我父载振生于光绪二年三月，凭借奕劻的权势，十四岁就赏给头品顶戴，十八岁选在乾清宫行走，十九岁封为二等镇国将军，辛丑和约后，赏加贝子衔，光绪二十八年任贺英皇加冕典礼专使，并到法、比、美、日等国进行访问。慈禧所以选派载振出使，一是八国联军进攻北京时，奕劻签订投降条约，对保住她的统治地位有功；二是各帝国主义国家也以奕劻办理外交为易与，表示好感，特派载振出使各国，便于与各国统治阶级进行拉拢。关于他的外交活动，在其《英轺日记》中，载有他在日本广岛拜谒日军第五师团长山口中将，山口盛筵招待他的情景。当时他竟奴颜婢膝地对山口说：“当八国联军入北京时，山口曾有保护宫殿的隆谊盛情，特举杯致谢。”当时出国随行人员有参议官梁诚，参赞官汪大燮、杨来昭、黄开甲、唐文治、陶大均等九人。在国外共历时半载。

"英轺日记"共四册十二卷，光绪二十九年由上海文明书局印行。其主要内容，是记载他访问上述各国的外交礼节和参观访问的一些观感，以及各国的商务、学校、工艺、议院、法律、规章制度等。自称是仿黄氏日钞、顾氏日知录体裁，于记事之余，略参己见；还有时触景生情赋诗，如在舟行太平洋途中夜风不寐有："吁嗟乎，人生是处皆风波，鹏戾鲲横疆食多，但愿八极靖干戈，容与太平婆娑娑。"这些诗，都说收入《英轺杂咏》中。其实，我父只是粗通文墨，不擅写作，更未见他写过日记或和亲友吟咏赋诗。《英轺日记》一书，闻系由随行参赞唐文治整理，出版后载振曾分赠亲友。至《英轺杂咏》诗稿，家人始终未见过。

载振回国后，深为慈禧所喜，历任镶蓝旗汉军都统、商部尚书、御前大臣、农工商部尚书等显职，光绪三十二年奉旨到吉林按查事务（闻系督办学务），回京后被御史赵启霖参奏，说段芝贵以万余巨金买歌妓杨翠喜献给载振，贿谋黑龙江巡抚。此案内情，家人不详。当时王公贵族召妓侑酒，已成风气，光绪二十九年十月，载振就已因此被御史张元奇奏参过一次，一度呈请开缺未准，只予警告。我听家里人说，府里确实没有见过杨翠喜，当时三侧福晋刚进府，尚未封为侧福晋，府里人还称她"姑娘"。此案发生后，大家都怀疑她就是杨翠喜。结果御史赵启霖以参奏不实夺官，载振也因此辞职，未再出任。

溥仪逊位后，奕劻和载振携眷避居天津，分别居住旧德租界及英租界自置的住宅内。民国二、三年他又迁回北京，除住在庆王府外，又在城内后海李广桥东置有一所别墅，取名"怡园"，我家统称"园子"。园内曲径游廊，竹楼山石，颇具园林盛景。他很喜欢在这里度其腐朽的悠闲岁月。一九四六年，他在和三个侧福晋合照的一张相片上题词云："人生若梦，往事如烟，花残易落，别易见难。循环有数，了却夙缘，天空地阔，渺渺茫茫"。在旁边注有："此帧念五年前余四人住于怡园所照，乃最后一幕艳美时间，不幸于十数载之间，伊三人均先我而去，余今已七十二矣，回忆今年丁亥夏，系四侧福晋（我的生母）五旬冥寿，今冬又为三侧福晋六十冥寿，抚今追昔，则有流水落花春去也，天上人间之感耳。丁亥仲夏聊以数言自书以记之。”这段话很可以反映他当时的心情。后我父迁津，这所园子卖给了外国教会。

奕劻病故的那年三月，大总统黎元洪代替清室下令封载振为庆亲王，命令中竟有“清宗室庆亲王奕劻，因病出缺，所遗之爵，本大总统，依待迁清皇族条件第一项，以伊长子载振承袭世袭罔替”之语。所谓民国的大总统，竟又把清宗室封为王爵，堪称天下奇闻。

六

民国十三年北京政变、溥仪出宫后，时局继续动荡不安，我父又来天津。转年将旧英租界的住房卖掉，购买了太监小德张盖的旧英租界三十九号大楼。从此他就以第四代庆亲王的身份，借着洋人的庇护，度起寓公生活来了。

天津的“庆王府”，占地七亩多，是一所中西合璧的楼房。原先连地窖共三层，买后又加盖四楼一层，作为“影堂”（即祖先堂）。全部有一百二十多个房间，正式住房，都在四周，中间是个“大罩棚”。楼东有一花园，太湖山石，点缀其中，虽不能与北京的庆王府相比，但也很富丽堂皇。当时除家属二十余人外，男女仆人还有五六十人，连同仆人家属和其他人员，仍达百人左右，过着奴婢成群的寄生生活。

我父在津寄情于声色玩乐，常自称是：避门谢客，养尊处优。他爱听京戏成习，和著名京剧演员尚小云、谭富英、奚啸伯、李少春等，常相往还。尚等每次来津都到府看望他；他也常去看他们演出。有一间客厅，墙壁上几乎挂满了这些著名演员赠送给他的戏装照片。他还喜爱养花、养鸟、养热带鱼、蝈蝈、蛐蛐等，均雇有专人管理。一些专做这行生意的人把一些蛐蛐、金钟儿、油葫芦等送到府里，他都不惜用大价选购，还购买了很多精致的蝈蝈葫芦，有的上面竟是象牙雕刻。到了冬天，还特制了铜质的放葫芦的箱子，把葫芦一个个按格排列箱内，下面放热水保温。后来还配上玻璃罩，摆列到几案上当陈列品。他所搜罗的热带鱼有几十种，大小不下百余箱，摆满了室内和走廊。只这几样花费，就足够千百劳动人民一年的生活了。到日伪末期，他的玩赏兴趣又过去了，把这些东西陆续卖掉或扔掉。

我父吸食鸦片成瘾，每日总是下午两三点钟起床，管事的在院内大喊一声“起来啦”，仆人们得分别准备各执其事，晚辈们先后进去请安。他洗漱后，先到佛堂烧香，行三跪九叩礼；四时左右吃早点，吃毕吸烟，有时到花园看看，有时玩赏自己喜爱的东西，并在日历上写上“安（指睡的好）服药、理发”等；晚九时吃中饭，饭后吸烟，看看书报杂志，或和家人聊聊天；夜里一点再吃一次点心入睡。在津二十余年的光阴，他大部消磨在这种生活方式当中。一九四六年后，国民党政府曾有禁烟的官样文章，因当时租界已取消，我父怕国民党官吏借机敲诈，决心戒烟。记得一天夜里，他把多年储存的很多上等烟膏，让我们全部倒在抽水马桶和地沟内，有仆人恳求要一点，他怕他们弄出去吸食或转卖，给主人惹出麻烦，坚决不给。同时还把他心爱的贵重烟枪、烟具，也都毁掉，不让留一点痕迹。以后起床也早了，日常生活也有所改变，身体倒显着健康起来。

七

载振对晚辈们的教育，一直沿袭着清王朝的方式。民国十九年我已七岁，他不让我去学校读书，只和姐姐、侄女们在家塾里念《三字经》、《千字文》；上学见了老师要作揖，下学见了父亲也要作揖，总之是极力避免我们和外界接触。后来我结了婚，要求出外做事，他不同意，认为家道虽不如前，但生活不会成问题，没有必要出去工作。后经一再要求，始蒙准许，但还一再叮嘱说：“做个小事还可，千万不要入政界。”我到了银行工作后，他还常常注意我是否和政界人物有无来往。

从我记事时起到他去世前，很少听到他谈有关清朝和过去的事情，但他内心还是很留恋清王朝的。民国十七年夏，孙殿英盗陵案被揭发后，他郁郁不乐很久。我祖母（父亲的生母）病故时，记得有一亲戚送来挽幛，词为“母仪足式”。因为“仪”字触犯了溥仪的名讳，我父不令悬挂。溥仪到津住张园时，每年过生日和春节，我父必携同溥钟、溥锐去拜寿、拜年。“七七事变”爆发后，我也跟着大家喊过“打倒小日本”的口号，父亲知道了马上阻止我说：“别这样乱嚷，日本对咱们满清不坏，比国民党强得多呢！”抗战胜利后，国共进行和谈时，他曾对我说：“你看吧！国民党和共产党，谁来了对我们也好不了。”

八

我父在天津既不会经商，又不懂办实业，只凭遗产和存款过着不劳而食的寄生生活。一九二八年，曾经人介绍投资于高星桥创办的劝业场和交通旅馆，总名称为新业公司。初期由高星桥、魏信臣和我父三家合资；嗣后魏退股，只剩高和我们两家。我家投资是二十几万元，占资金总额的三分之一。业务完全由高负责经营，我父从不过问，实际他也不会管；每月场方送来业务月报，他根本不看。当时名为投资，实际上是按期接受利息。利息比在银行存款高得多；利息以外的红利，留在公司做公积金，不能分用。至日伪时期，因经营不利，我们即不能按期得到利息。抗战胜利后，高星桥以汉奸嫌疑避居上海，由其子高渤海管理，业务更是一落千丈，负债甚多。我家股金也折价抵债。同时，原存在银行存款也一折再折。在这种情况下，经济越来越困难，而还要维持王府的架子，只好不断把所存古玩玉器陆续变卖。一生过惯了奢侈生活的载振，这时就压抑不住愁急肝火，常和家里闹气，终于在一九四八年冬病故。

新中国成立以后，我们王府后裔都获得了新生。过去，由于我生长在封建旧家庭中，又长时期过着骄奢腐朽的生活，使我几乎成了一个愚昧无知的废人。解放后在党的培养教育下，我逐步提高了觉悟，并在国家工业企业里当了干部。我的侄子和侄女，也都参加了工作，有的在工厂，有的在商业部门，有的是技术员。我的二侄和八侄女还光荣地加入了共产党。现在，我们都在不同的工作岗位上，愉快地劳动和工作，为社会主义建设贡献着自己的力量。

（一九六四年）

记庆亲王载振在天津的生活

汪荣堃

笔者从一九二一年（当时十八岁），曾投身载振（奕劻死后，长子载振承袭庆亲王爵位）府中，度过了将近十年的奴隶生活，目睹他们在日常生活中的形形色色和当时的社会形象。兹从回忆中，叙述一九二一年到一九二六年这一阶段中的几个片断。

一九二一年时，庆亲王载振和他的二胞弟载搂、五胞弟载抡三人已实行分居，经济生活也是各自独立。在庆王府原址（西城定阜大街二号）中分隔了三个院落：载振住府的西头一大部分；载搂住中间一部分，在一九二三年前后被大火全部焚光后迁往天津居住；载抡住东头一部分，后亦迁居天津。现在所叙述的是承袭王爵的载振这一部分的情况。

一

载振的财产在当时王公中是比较多的。他父亲奕劻后来任过清朝末期的军机大臣，宣统三年还任过短期皇族内阁的总理大臣，权势很大；随之而来的贪污财物也就难以计算。据说奕劻以前没有显达时是个穷贝勒[①]，家境不是如何宽裕，有时上朝穿用的官衣，还得去到当铺中取赎；后来由于被封为王爵逐渐显达，终而封为亲王，是一位善于钻营的人物。记得清末正在革命浪潮汹涌冲击、清王朝摇摇欲坠之际，当时北京出版的一种石印画报上，有一幅讽刺奕劻的画，画了一个老头，头戴双眼花翎的朝帽，戴着大眼镜，身着袍褂朝珠，手里拿着一把农民用的耙子，在地上搂银元宝。这足可说明他当权时的贪污情况和人民的怨恨了。当他一旦无权后，还是一个最大的富豪。所有家私现款，入民国后完全存在北京东交民巷里的各外国银行，如美国的花旗银行，英国的汇丰银行、麦加利银行，法国的东方汇理银行，俄国的道胜银行，日本的正金银行等。每月家庭生活开支，就是用取得的利息支付还用不完。

此外他们在外省特别是华北、东北、内蒙古、热、察、绥等地，每年有很大一笔地租收入。这笔地租并不是他们买来的田地租给农民耕种而取得的地租，大部分是农民“带地投主”而来的地租。所谓带地投主是清朝时期大小地主对政府纳土地租的一种避重就轻的形式。当时大小地主对政府直接所纳的地租不但租率大，而且还有被租吏勒索挑剔的麻烦。因此不少大小地主将自己土地投到王府名下，对官家假报是王府土地，实际是私有土地；每年只向王府缴纳比较少的地租，就可以安然而不被税吏勒索。

① 之前被封为辅国将军、贝子。

估计当时依附在庆王名下的土地约有一千顷之多，散在各地。这样一来，王府凭借自己的势力，每年秋后派经租处（府内一个专门机构）大批奴仆分别下乡去收取地租，坐收这一大笔收入。在民国成立后一个时期，他们还继续收取。另外他们为收取地租方便，还在外县设立了名叫“皇粮庄头”的人物（地主），为他们代收地租一总交付王府取租人。

他们为了缩小旧有豪富局面，并在群众中表示穷困，以掩盖社会上的耳目，曾将库存很多他们本身认为不贵重的物品，如过去当权时外省官员来京进见庆王时送的文玩、字画、玉器、瓷器、贵重木器等物，委托当时在北京开设的“品德洋行”代为拍卖。

这里附带谈谈洋行拍卖的情况。品德洋行的主持人是一个法国流氓，名叫品德，在北京崇文门内开设拍卖行，专门搜寻中国古董盗买后，转运外国出卖，谋取厚利。同时他为了找到更多的物品来源，就专愿给住在北京的各王公大臣家做拍卖工作。他的办法是卖主先期与品德洋行订好契约，将所要卖的物品清点给他，他会同卖主共同议价后，将最低价格标在每一件拍卖的物品上。拍卖的前三天，在原卖主家中划出一部地方，将全部拍卖品展出来；同时品德拍卖行就在北京各种报纸上和街上大事刊登广告、招贴、传单，说某某王府于某月某日在他府内拍卖家藏珍贵文玩、字画、古董、木器等物。这时在北京市设肆做古玩生意的大小商人和做专跑东交民巷租界内外国旅馆登门售卖古玩、字画的个体商人，以及一部分在北京居住的暴发户，纷纷来现场看货。到期在院外门口挂上一面蓝白方块相间的品德拍卖洋行的特制旗子，院内设了木台，上边放一方桌，品德本人很神气地坐在桌旁。开卖时，他的工作人员（华人）递给他一件拍卖的物品放在桌上，品德就用生硬的中国话先自夸一番物品怎么好，是什么年代的，如何贵重，然后唱出最低价是多少，叫买主们从最低价格往上增价，一直叫到无人增价时，这件物品便算最后增价最高的人买定了，当时付款取货。在这场叫卖后，卖出的价款，根据契约规定，卖主得到百分之八十，而拍卖行却得了百分之二十的手续费。从外表上看，拍卖行已经得到了不小的利益了。但贪得无厌的外国商人用欺骗办法得到的利益还要大得多。当他们与卖主议价时，利用卖主知物不知价的缺点，将一部分最珍贵的物品，也就是品德洋行认为是外国古董爱好者能出大价收买的物品，他们在议价时，做的价相当高，当然在叫卖时中国古董商人不买了，最后这一部分货物也就没卖出去。然后品德洋行要求卖主减价出售，要按原标价百分之四十或五十作价卖给品德洋行。卖主为了急于得钱，自然同意。这样品德洋行出很小的本钱一转手售给外国古董商人，则利润就不止于百分之二十的手续费了。但一些小古董商人，也有一套办法来抵制拍卖行。这个办法是在叫卖时，大家联合起来只在起码的原标价上增了一点点价以后再无人增价，结果也就买下来了。他们买得后就送到东交民巷六国饭店等专住外国旅客的旅馆串房叫卖。卖出后大家共同分得利润。其中也有一部分人敢于出大价钱叫买，甚至他出的价已经超过物之所值。这是由于当时社会上军阀混战，政府时易新人，有些人钻营得势的成了暴发户，这些人由于钱得来很容易，为了装饰家庭，所以他们不考虑物品价值，只凭一时爱好，就出大价钱买下来。这说明当时社会生活是极不平衡的，因而给卖主和外国拍卖行多增加了不少收入。

二

从民国元年以后，尽管庆王王俸来源已竭，但他们挟持着亿万资财，仍然同当权时代一样，过着奢侈的生活。兹将他们的日常生活的形形色色写在下面。

（一）衣着：虽然他们每个人的库房里装满了各种稀有高贵的皮毛衣服、皮筒子，以及各色各样的名贵绫、罗、绸、缎衣服和各色各样的整匹绸缎，但他们从来不取出来穿用，据说因为花样颜色不好。他们经常打电话给大绸缎店通兴长、丽丰、瑞蚨祥、谦祥益、大纶等，由各店送来花色最时兴的新绸缎任凭选择。他们在府内设有一处自己专用的成衣处，有十几名工人整天在为他们一家人制作各种单、袂、皮、棉、纱衣服。特别在有重大喜庆事的前夕，还要加夜班或从外边再找来临时工人来赶制衣服。特别是他们的女眷有时一件新做的绸缎衣服只穿了几次，看到别人穿了式样更好看、花色更鲜艳的衣服时，就照样另做一件来比美。而那件只穿用几次的衣服就弃而不用了。

至于所穿的鞋子，消耗更是惊人。女鞋经常是由东安市场佳丽、时华新等鞋店将每次生产的新的花色、新型的鞋子尽先大批送来选购，男鞋则是从前门外内联陞店定做。每双鞋子穿用不到半个月就换穿新买来的新样鞋子。

（二）饮食：载振和他的妾一起吃饭，他母亲和妹及他孙儿一起吃饭，他的儿子儿妇又在一起吃饭。每一桌菜照例是十样到十二样。在这个十五六口人的家庭中，占有专司做菜的高级厨师六人，其他副手九人之多；每日消耗的鸡、鸭、鱼、肉、海味等据说需五十斤以上。这是日常饮食的消耗，至于每月至少两次的大小宴会消耗的物品就更多了。他们一次宴会（如生辰等），当时笔者曾估计过，每桌鸭翅席的费用如果给一个五口人家的贫户折成粗粮的话，足够过五个月的生活消费。记得一次载振五十整寿时，大宴亲友，并在家里演唱京剧，一天的饮食筵席费就花了银元一千七百多元。

他们宴会的酒，多半是自己酒库存储的多年陈绍酒和他家自己泡制的“香白酒”。他们每年秋季要泡制一批香白酒；泡制的手续是在大绍兴酒坛子内放最好白干酒五十斤，外加香圆果三斤、佛手果三斤、木瓜果三斤、广柑三斤、茵陈草一斤、绿豆三斤、冰糖五斤，密封后写上年月，然后入库。每年照例泡制一批入库，依照年次取出饮用。这样周而复始地存储，因而是取之不尽，用之不竭。同时还藏有外国进口的香槟酒、葡萄酒等。

他们每天所饮的水也不是一般的水，而是自制的蒸汽水。由一个专人每天生起了一个大火炉子，上面烧上一个特制的高式圆筒形铁锅，里边放入生水；锅上安放一个铁板制的帽子，帽檐上有边墙约半尺高，可以灌上一部分冷水；锅边安插一个铁管子，当水烧沸后里边水蒸气遇到顶上内部铁帽子里冷水一激，热气化成了汽水，顺着帽顶流到流水槽内流出锅外，流入磁铁罐内。这样每天一个人看守蒸馏器，仅能产生二罐汽水，专供一家人饮用。

（三）居住：他们的住址是北京西城定阜大街西口占地半华里见方的一所大府第。其中房屋分五个大院落，大小楼房约近千间。大门口是纯粹封建王朝的特殊形式，朱红大门。院内主房有九处，高大如宫殿，只是屋顶为泥瓦而不是琉璃瓦。其中大书房是陈列全部《大清会典》的房子，中间还设有一座硬木雕花螺甸宝座，据说是清朝某一皇帝曾来此房坐过这个座位，平日盖着黄布罩。东书房是一座三合式带游廊的大瓦房，院内有花木；屋内一部是古董陈设，另一部陈设四书五经、百家诗选等书。西书房是一片勾联在一起的大瓦房，是有名无实的书房；其中没有书，只是陈列了各种古董文玩作为他们招待宾客的客厅。他们的住房全是精致最高大的房子。每幢房全有匾名，如“宜春堂”、“爱日堂”、“识道堂”、“得真趣轩”、“契兰斋”、“静观堂”等等。房屋高大华丽，仅次于皇宫。室内装饰古雅，满布古董字画、洋钟等物。其余群房有库房、茶坊、厨房、奴仆住房、回事处（即传达处）。另外还有两处别墅：一处在西郊海甸万寿山附近，是过去慈禧太后在万寿山消暑办公时，庆王随同她消暑的临时住处。另一处别墅在城内北海南岸李广桥东，一九二一年载振带着他的侍妾住在那里。此外还有花屋一处养了二名花匠，培植了各种细花，大部分是桂花盆景、君子兰、玉兰、栀子、梅花盆景、香圆盆景、佛手盆景等花木；仅君子兰一种就养了五六十盆，全部是从福建省带原土一起运来的。每个住房，四季放置鲜花。在这些房屋中，除庆王家属十五六人外，大部是男女奴仆八九十人，平均每人约占用房屋十间上下。

（四）生活方式：庆王平时深居简出，除了与各王公家通吊庆，和到府向母亲请安外，其余很少出门。尽管如此，他家还保有“道济”牌汽车一辆（当时北京还刚刚有汽车），马车三辆，用有车夫八名。女眷出门，在民国初年后还沿用着封建时代的形式。当女眷准备出门时，先由男仆将布制的帏幕挡在车门的两旁，然后女眷由院内出来在布帏幕中穿行一直到车后，才将帏幕撤去，回来也照样用帏幕接下来。这是为了不叫外人看见；另外也还有一点原因，是当时社会上满族妇女装束已逐渐改为汉人装束，而庆王的眷属不论平时或外出，全是纯粹满族装束，故借此掩饰，以免暴露。当溥仪在北京举行大婚礼时，他们全家朝贺，就完全是满族朝服装束，男的是花翎红顶、朝服挎腰刀，妇女也还是宫装旗袍、高底鞋，手持玉如意。

载振每隔三日必来府内给他母亲请安。他所住的后海南岸李广桥别墅，名叫“怡园”，是一所花木繁茂的花园；有楼、有亭、有游廊、有花木和水池。他住在这里，俨然是个封建势力的小天地。他的家规依然存在：当他出门上汽车时，所有女仆女婢在内院两旁侍立，侍妾在后边送他出内院；到二门口时，所有男仆站在两旁恭送他上车，回来时也是这样迎接。当他去府内时先有电话通知过去，这里男仆已经在府门口两旁等候。当他下车进门时，这些男仆在他走的道路两旁口称奴才某请王爷安，随之请下跪安（跪安是清朝皇族常礼，其做法是：双手扶膝先将右腿跪到地上，左腿随之也下跪，但膝盖一着地就起来，随后右腿也起来）。而庆王只用眼望望，随口问问其中的总管人一二句话，且是边走边问。总管人则在旁边随走随答“嗻”字，直送他到院门口而退。庆王进到二门里时，又有一大批太监、女仆在门内迎候，口称请王爷安，是用双手扶膝下蹲到一定程度再起来的满族礼节。王爷仍是一望而已。然后这群奴仆随他进正殿（即奕劻当年住的房叫殿）到他母亲住的外室。此刻他的儿子、孙子在殿门外迎候请了安随同他进去；又有他的儿媳迎在门内请安，口称请“阿玛”（满语父亲）安。他走进室内在他母亲身前，口称请“额娘”（满语母亲）安，起来再向前问候起居饮食情况，叙些家常。约半小时到一小时辞出，又到他儿子住房。父子在这里讨论了家务，然后回“怡园”。

他的儿子儿媳的住房与庆王的母亲仅隔去一幢院落，但他们彼此在日常生活中，见面也是有一定时间的。他们每天早晨十时起床，梳洗占去了两个小时，然后盛装到庆王母亲那里请安。下午再去请一次安，这一天的见面礼节就算完成。

至于一般奴仆，平日在回答王爷及其家属的问话时，例如他们问你某某事办了没有？你回答他的话时，要说“奴才已经办好了”。每一次回答问题，首先要以“奴才”二字当先。当他们随便送给你一点食品吃，或一件旧衣服时，你必须立即跪下叩头，还要说“谢王爷赏”。此外每当他们家属中某一人生辰日，奴仆们先要写一个大红纸片，上面写“跪叩王爷千秋”，下边写“奴才某某等跪叩”字样。当遇到他们的整寿时，奴仆们还要集资置买一份礼物，如上好茶叶、外国纸烟、精美点心等，名为“进奉”。当他们收下后，赏给一笔现款。

他们每次吃饭时，要由男仆从远隔四五层房外的厨房用手提木盒将一样菜装进去，立即飞跑送到内院门口交由太监再向饭厅里飞走，一直送到饭厅门口交由女婢仆妇放在桌上，还不许菜冷。每餐十几样菜是一个跟着一个接力式地往里传送。仅是粥的一类食品就有大米粥、麦片牛奶粥、薏仁米粥、莲子粥等几种，至于所用食具那就更讲究了。

每日房屋的收拾也有一定规则，在天明时大批奴仆轻手轻脚，用最短时间、最轻的动作、最细致方法去做。当王爷和家属起床时屋内已收拾干净，看不到一个人了。

三

载振继承了他父亲庆亲王奕劻的王爵，还继承了他父亲的一部分财产，坐享着骄奢淫逸的生活。当一九二〇年时，他的家族是生母一人、庶母二人，异母妹二人，妾三人、子二人、子媳二人、孙一人、孙女一人。那时他年岁已近半百了，他的侍妾年龄却都在三十岁以内。但他仍不以为满足，身旁还有侍婢八人供他蹂躏。其中有一个婢女宁姓年十八九岁，面貌生得很美。由于宁女的父亲宁福泰是个既懒于劳动，又有鸦片烟瘾的人，他将亲女送进王府里充当侍女就有他不可告人的目的。果然不出宁福泰所料，宁女进入王府不到一年，就被载振看中了，想纳为第四妾。他派亲信总管人马寿臣向宁福泰提出这一要求，宁福泰见发财时机已来，即提出了条件。经过马寿臣从中往返磋商，结果是载振除一次付给宁福泰一笔数目不少的现款外，还给宁家买了一处十几间房的房产做养老之用，并议定每月还要按约付以一定数目的生活费。这样，一位年轻貌美的少女，就在这种社会制度下永远卖给了这位老王爷做了第四位太太了。同时她的两个哥哥也得到载振另眼看待，而不是一般奴仆，待遇自然高于其他人了（但不是以亲戚看待，他们与载振讲话时，仍是自称奴才）。宁女因身份地位的转变，每日与载振和其他妾等享受了“锦衣玉食、堂上一呼、堂下百诺”的威风。次年宁女生了一个男孩名叫溥铨，因此这位姨太太又晋升为“福晋”[①]了。载振对宁女也更加喜爱。但宁女本身并不满足于此，因为不许可她回娘家探望亲属，使她情绪上不愉快。她母亲病重时她想返家探望，因“制度”所限不许可，死后却想出了这样一个办法，即当宁母出殡时灵柩路过府外，由奴仆在墙内搭起了一个台子扶宁女上台站在府墙里边居高临下地看灵柩过去。另外，由于宁女后来居上，同其他两妾彼此之间，在生活中、家务上和财物分配上有了很大矛盾和摩擦，彼此钩心斗角，全想压制对方。在明争暗斗中，也给宁女增加了伤损身体的因素。不久宁女病象暴露了，据当时在北京的德国医生迪伯尔、儒拉二人的诊视，断定是肺痨病。经过很长时期的治疗，终以病情深重，难以挽回而死。计从她入府为侍婢到进为福晋只五六年，一位青年女子就这样结束了，死时年仅二十三四岁。

① 清制：王爷的正妻封福晋，侧室封侧福晋。福晋死后，如侧福晋晋升福晋，则须请封，得到允许才能称为福晋。

四

载振的家庭，在民国后，对子女教育问题仍沿袭着清末时代传统作风，不叫子女在公立学校读书，还是在府内设立专馆，聘请旧式的老师教学。如载振之孙毓定在七岁时（当时已经是民国十年了）就在府内东书房（契兰斋）设立了专馆。那所院落花木繁多，房屋高大雅洁；房内除陈列古董以外，还设置了大约百十部中国古典书籍。由昌平县请来一位年已五旬以上的老秀才名叫门瑞昌，担任启蒙教书，每月供应老师三十元的束脩金，并在东书房下榻，派两名书童侍候并侍读。当开学那天，还按照旧的拜师礼节，设立了孔子木牌，摆上果品、糕点、生肉等祭品，先由老师向孔子木牌行叩头礼，继由学生行叩拜礼，最后学生向老师行叩拜礼，随即开始启蒙。先认识方块字（即单字，在二寸见方黄色硬纸上由老师用毛笔写好的字）。每日早晚教学生识字，过了半年改读徐氏三种（即三字经、百家姓、千字文）和上下论语、大学、中庸等。在这中间，老师还将中国古代史从三皇五帝起作了简短易懂的句子教给学生，边读边记。至于当时社会上公立学校所读的课本则一概不用，而学生也不知道社会上还存在所谓公立学校、课堂学习等事。每天就在这个刻板式的小天地里，过着“子曰、学而”等等的学习中生活，不许出大门到社会上去见见另一个天地，好像与世隔绝了一样。在日常生活中，下学以后，只是在三四个男女仆妇内监的陪同下，在室内或园庭内走走，或在室内打麻雀牌为戏。这样养成了这位少爷没有一点天真活泼的表现。虽系男孩子，倒像是一个女孩子了。书房尽管有百十部书，只是给老师以方便的利用机会，并且老师借此环境将他的孙子从昌平带来住在一起，自已教自已的孙子。至于载振和他的儿子更没有看见来和老师谈谈小孩子的学习情况。

载振的长子溥钟、次子溥锐都喜好京剧，是“贵胄班”的角色。民国初年，住在北京的一般王公大臣和他们的子弟，为了解除孤寂，从看京剧感到兴趣，进而学习演唱京剧，最后发展到组成了一班不定期的自我表演、自我欣赏的京剧团，有人美其名曰“贵胄班”。当时在王公中喜欢表演京剧的有载洵、载涛等。载洵（溥仪的叔父，排行第六），喜欢演唱老生戏，自己制办了一大批戏衣和戏具，并且与当时四大名旦中的尚小云经常在演唱中配戏，演唱地址是在他府里一个院落（在西单缴子胡同，即今西单商场原址）；有一座小戏台，规模不大，座位不多，但结构很精美，其形式是仿照万寿山内的戏台具体而微的。由于有此良好条件，所以他时常在家召集其他王公子弟集演堂会戏，除临时约请几名内行演员和底包外，主演一般是一些王公大臣的子弟。听者则大部分是亲友家属，并设筵招待，但不招待外界人士。载涛（溥仪的七叔）对京戏兴趣更大，研究的也精细。他最喜欢学杨小楼的猴子戏，如安天会等；每一动作，全是惟妙惟肖，与杨小楼的艺术大同小异。他还能串演旦角戏如“贵妃醉酒”中的杨贵妃等，也很出色。当他一次演醉酒时，配角几个宫女全是王公子弟扮演，尽管是逢场做戏，但也博得了各亲友的赞许。

溥锐欢喜演唱花面戏，如艳阳楼、八大锤等戏。因此他就和当时名净侯喜瑞交谊很厚，不仅在演戏时找侯喜瑞配戏，就是平时侯喜瑞也常去庆王府中给溥锐说戏。在庆王府内后园，也有一座相当宏伟的戏楼，规模之大不下于当时市面上的一般戏团；那是二层楼的结构，前台可容观众三百人，楼上也可容百人。当载振五十整寿时，曾在此设筵广召亲友举行庆祝，并召集了贵胄班演唱了一天半夜的京剧，轻歌曼舞，边听戏边饮筵。记得溥锐在他一张戏装照片边写下了这样的句子：“是真是幻？非幻非真，剧中人即我，我亦剧中人。”

五

载振生活在他的小天地里，有些超然物外的意味，不问时事；但对时局的动向却是很敏感的，因为这对他的安全大有关系。他本人也很清楚，他不是一般居民，而是拥有很大财富的遗老，所以只好深居简出，不敢在社会上暴露形迹，引起麻烦。因此，他就在一九二三年将原来使人一望而知是一个旧王府大门外的封建式设备撤去，并改变了红大门为红小门。他的大门前原有四架“辖喝木”的设置，这种辖喝木形如近代战场上使用铁丝防御的木障相似，一根长一丈五六尺，宽七八寸的圆木，用细圆木杠钉在大圆木上，成“十”字形，放在门的两旁，一边二架。其用途据说是庆王每天上朝时，先将此木作为路障放在大门外马路中间拦起来，使通行的居民和车马停下来，候庆王出门上轿后，再将此木移回门外两旁原处。此外大门前还设有一种仪仗架四座，两座上插着一丈长的长枪、长把刀等古式兵器，设在大门的两旁；另两座上插着四面长方形的木牌，宽二尺长三尺五寸，下有三尺的木把，牌上面分写“肃静”、“回避”等字样，表明这是一个权贵的门庭。这两件东西撤走了以后，门也变成了一般住户的小红门，门前也不设人来看门了。

不仅如此，由于当时军阀各据一方，互相混战，时局时时有变，风声鹤唳，使他们心中不安。载振不得不向当时掌握北京地方治安的当局作私人拉拢，馈赠一点古董或名贵木器和宴会联欢，以便时局一有变动事先通知好做准备。当政局发生变动时，他们全家老幼就先期逃进了东交民巷使馆界内的“六国饭店”和与载振有关系的法国医院、德国医院临时避难。这时，东交民巷所有外国人开设的旅馆、饭店、医院等即被中国富翁们租住一空，甚至廊道上也有人租一席地坐卧；而这些旅馆、医院等处的外国人就发了一笔大财。当时局由于甲去乙来暂时平定了，这些富家又纷纷回家去，对新政权的当权者再用拉拢手法重新联系，求得一时安居。平时载振他们怕一旦事起仓卒，财物受到损失，在法国医院里租了一部分房屋，将一切珍贵的古董、文玩、珠宝、财产契据等物送往存放，作为永久的库房。但时局变化日繁，载振感到精神与财物损失日大，影响了安静生活，终在一九二三年花了十几万元在天津英国租借地内买得一所楼房，原是太监“小德张”的产业。买得后平时派人看守，当北伐军还没有到北京以前，他们全家就移居到天津租界内长期住下去了。

他们走后，北京旧王府留下了一部分奴仆看守房屋。但不久就被方振武的军队占为总指挥部了。记得办公处总负责人是冷遹（大家称他为冷司令）。军队住了很久才迁出去，所有府内库房里存放的旧衣服、家具瓷器等物已被方振武的士兵盗窃一空。载振鉴于这次被占的经验和损失，也就打断了将来再回来居住的念头，最后他只好将这座象征封建的老巢以一百几十万元卖给了当时的执政者改成了航空司令部，而他们也就从此永远去做天津租界的寓公了。

载振一家迁往天津租借地隐居后，生活上得到了外国人的保护，日久又结交了天津当地的大资本家，如劝业场股东高星桥等人。在这些人的影响下，他对投资经营商业感到了很大兴趣。除自己在租界内独资开设了一家门面，卖纸烟、洋酒和食品等物外，还与高合作投资建筑了当时天津有名的大建筑物“渤海大楼”。这个豪华的大旅馆，并在劝业场也投了资本。同时他们还挟其雄厚的金钱在天津金融市场上做黄金、美钞的投机买卖。

（一九六三年）

记肃亲王善耆

杜如松

一、善耆的为官、持家与个人嗜好

肃亲王善耆是清朝王爵中所谓“世袭罔替”的亲王（俗称铁帽子王）[①]。善耆在清末一般顽固贪婪的亲贵中，以圆滑见称。他学李鸿章的样子，也提倡“洋务”。东安市场的建立，就是经善耆奏准，将王府井清初平西王吴三桂的赐邸遗址改建的。他与东荣古的封建地主关系密切，常见肃王府有蒙古人去来。蒙古人来京，据说大半是为了引见袭爵和年终入

① 这里指清初八大亲王，即和硕礼亲王代善、和硕睿亲王多尔衮、和硕豫亲王多铎、和硕肃亲王豪格、和硕承泽裕亲王硕塞、和硕郑亲王济尔哈朗、多罗克勤郡王岳托、多罗顺承郡王勒克德浑。

贡，事前都以私人关系，由善耆指示引见的礼节和办事手续，并由他代办一些事项。善耆对于光绪皇帝与慈禧太后两派，采取骑墙式的两面讨好的做法。在他任民政部尚书时，大公主府[①]开着赌局，他置若罔闻，不敢过问。他对上是一依百顺，惟诺惟谨，谄上骄下，真可谓八面玲珑。

善耆在家里也是采用放任主义，他的儿女们都放荡不羁，胡作非为。他的大格格保书舫，在当时的北京是一个特殊的女人，她越出女子的闺范，行为的荒荡比一般所谓的男光棍还有过之而无不及。她利用她父亲的权势，勾结南、北衙门（俗称刑部为南衙门，步兵统领衙门为北衙门），专事包揽词讼，介绍卖官鬻爵。她经常接近流氓、地痞、地主、劣绅。京北大屯，有一个姓肖的著名的地主，和她过从甚密。肖将其最小的儿子拜认保书舫为干娘，入了旗籍，改姓富，后来经她保荐，又入了禁卫军，当上了军官。她还时常女扮男装，行围打猎、驱车跑马、听戏、赶庙以及逛二闸，看打鬼等等。他的另一个女儿就是金璧辉，入了日本籍，起名川岛芳子；这个臭名昭著的民族败类，死心塌地充当日本帝国主义的侵华爪牙，以进行间谍活动为荣。善耆有一个儿子叫线三。八国联军侵入北京后，线三[②]拜日本侵略军所谓安民公所的总办柴贵为义父，并在安民公所学当差。后来又入了警务学堂，毕业后正值北京设立警察，线三复列居重要位置，补授了五品警官。线三在安民公所学当差期间，他的干老子柴贵，从日本替他买来警官常服、礼服以及配剑、皮靴等物。他经常着制服，乘马车，到处夸耀。有些与他相识的势利小人，就做了他的狗腿子，不时在各处搜集所谓“匪情”（指义和团）。善耆的另一个儿子，叫线十七，此人曾与溥心

① 即固伦荣寿公主，恭亲王奕䜣之女，被西太后认为义女，光绪末年封固伦荣寿公主。府在太佛寺西，俗称大公主府。

② 据善耆第十二子宪均在《肃亲王善耆的复辟活动》一文（见本书）所述，善耆共二十一个儿子，均以“宪”字命名，无名“线三”、“线十七”（见下文）者。为“线三”每指其第三子，写为宪平；“线十七”系指其第十七子，写为“宪基”。

畲等拼凑了一个当时声势很大，后来销声无闻的所谓满族协会。

善耆本人曾任民政部尚书、镶红旗汉军都统、军谘大臣等要职。他嗜好戏剧，府中建有戏台，尤其喜欢僚属们陪着他排演戏剧。他任镶红旗汉军都统时，我三表叔韩秀峰充任该旗副参领，是他的直属部下。韩家的人都嗜好京戏，我二表叔韩二刁是当时北京票友中有名的武生，善耆久已闻名，遂约韩家弟兄到他的府中去研究戏剧，并提升韩秀峰为正参领。被提升后的谢礼，是他弟兄们亲自画的戏剧中各种角色的脸谱一册，以及亲自用泥捏的各角色的脸谱人头一匣，肃王非常赞许。他们弟兄经常出入肃王府，常将在肃王府中见到或听到的事，到家中讲给大家听，当时我家也住在按院胡同，和韩家住里外院，我所追述的有关肃王的事，就是从他们兄弟那里听来的。

二、八国联军侵入北京后善耆与日军的勾结

八国联军侵入北京，于烧杀淫掳三天后，就分别占领城内各地区。日军占了东北角，即南自朝阳门大街至北城根，西自德胜门至东城根一带，并在顺天府衙门设立了“安民公所”，搜罗了一批奸民组织伪“治安维持会”，作为安民公所的侵略工具。伪维持会的“会员”，每人发给白布臂章，盖有安民公所的关防，箍于左臂上，以便在街市中行动，而不受洋兵的干涉。伪维持会干的第一件事，是在七月二十五日（旧历）贴所谓安民布告，大意是说这次联军进兵旨在“剿拳匪”、诛首谋、保公使，与一般“良民”无干，市民切勿听信谣言，各安生理，万勿隐藏“匪类”，尤宜联坊互助互警，防火、宵禁，遇有“匪情”发生，须立即报告等等；第二件事，是通知所在铺户，各于门前悬挂日本国旗。安民公所中的日本警官和翻译，不时向维持会探问各种情况，着重在打听有声望的官僚、亲贵和绅士们的下落。

光绪皇帝和慈禧太后从北京出走，行抵大同时，慈禧太后就命令庆亲王奕劻和肃亲王善耆回京，会同李鸿章办理一切事项。善耆回京不久，就被安民公所侦悉。于是安民公所总办柴贵即亲往肃王府拜访。据说柴贵伪称自己是中国人，并且是满族人，于甲午中日战争时，在满洲大东沟被俘虏到日本。因他会说日本话和俄国话，就被留在日本军中，充当翻译。他又说，中日两国是唇齿之邦，理宜“亲善互助”，所以此次联军进攻北京之前，在天津会议时，日本军自愿担任先锋队，目的在首先进入北京城，以合法的行动，为联军“示范”，而警戒他们非法胡为，于无形中俾北京得到“安宁”。除了这一套鬼话，他接着谈到：维持会是维持治安的临时组织，为今后强化治安起见，拟进一步改组；但因原有的维持会人员中有许多不胜今后的任务，故敢特请善耆协助，推荐一些曾当过差、应过役的人员若干名，以便迅速组织起来，维持“治安”。组织的方法，是根据日本警察法和北京城现状，名曰“巡捕队”。善耆听了，就毫不犹豫地满口应许了。柴贵拜访善耆后，就从顺天府的安民公所，架设了军用电话专线，直达肃王府。柴贵不时与善耆通话，其他日本人也不断地通过翻译和善耆商量事情。此外，每天傍晚，有事无事，柴贵和善耆照例都要通话一次。肃王时常在他府里请安民公所的日本人看戏吃饭；日本人就常借剧情询问清廷的事项。日本人有时也还席请酒，并于酒席筵前，提出要事相询，并有时给善耆以特别任务，而肃王就抱定服从维谨的态度，来满足他们的要求。

柴贵要求善耆为安民公所推荐人员，善耆即由绿、步两营中，取定正额二百名，备补一百名，造好花名册，送到安民公所；日本人就从这些人和维持会的人员中，挑选了二百四十名，编成了“巡捕队”（这就是后来北京设置的警察的前身）。巡捕队开始的服制，是头戴清朝秋帽，身穿灰布长袍，左臂挂一白布箍，上面盖有安民公所的关防，身佩腰刀，有时不佩刀而拿马棒，各带捕绳一条（俗呼白头绳）、口哨一个，在街上巡查。在侦组的时候，则着一般老百姓的衣服，暗携短械、捕绳、口哨等物。因为巡捕用白布臂章箍在左臂，和用捕绳拴被捕者的辫子，所以在当时就出现了两个童谣。一个说："不怕别个，就怕左胳膊箍白布的哪！"另一个说："天不怕，地不怕，就怕白头绳拴辫发。"这些童谣最早是被捕的"犯人"唱出来的，后来儿童们就学着都唱起来了。

巡捕队专事查缉逮捕义和团和"盗匪"。他们不分昼夜，明查暗探，公开搜检民宅，甚至栽赃诬罪，陷人于狱。据当时充当过巡捕的赫明山（后为交民巷中洋巡捕头目）亲口所说，安民公所内的刑讯和杀害的情况如下：凡被捕的人，解到安民公所，交给日本法官，点名收押入狱。狱外由日本兵站岗，内部由巡捕队看管，先用骗吓手段，逼迫他们承认欲加之罪。若不应承，就从牢房里提出，到另一房间去动刑。施以鞭背、熏鼻（用辣椒末）、压杠子、跪锁、刷脚心、探马眼等酷刑。如果仍不承认，就施用勒绞，用一勒一缓的方式逼迫口供。有时勒颈勒的太过力而受刑者缓不过气来，就死掉了。最后才由日本军法官用军法判决。判生者释放，判死者枪决示众。但是十分之九都被判为死刑，并立即点名，五花大绑，手铐脚镣地带上敞车押往刑场。前有巡捕队，骑马吹号，后有日本兵，出顺天府前门向东，至交道口转北，出安定门；再从二道桥向西北，押到俗称三角地的临时刑场。刑场已预掘了不太深的沟，被害者被带到沟边，由日本兵执刑从被害者身后瞄准射击之，击中后，尸体正好倒在沟里。至全数枪杀完了，将土略为掩盖了事。这种"示众"的镇压是明杀。此外还有暗害即秘密处死的。暗害有活埋、勒绞、电杀、毒杀等等。明杀间日一次，最少的时候约五六名，有时候一二十名；暗害是无时或停的，被害者的遗体，都要灭迹。如在德胜门外大市口北上坡义地，常见有巡捕率领用绳拴着成队的人，掘两三丈深的大坑。每天夜间，将死人运送弃置于大坑里。安民公所自庚子年（一九〇〇年）初秋成立，至辛丑年（一九〇一年）冬季撤销，在一年有余的时间里，明杀暗害的人数实难统计。这种极端残酷的杀害，当然是出于日本侵略军的侵略政策，但善耆和巡捕队甘心为侵略者做帮凶，来杀害自己的同胞，也是罪不可逭的。

三、善耆收买刺载沣被捕的汪精卫

汪兆铭，字精卫，又字季新，原籍安徽省婺源县，他的曾祖迁居浙江省山阴县，父亲汪琡宦游广东，才入了广东省番禺县籍。他毕业于日本法政学堂，在日本加入了同盟会。宣统二年（一九一〇年）春季，汪兆铭与黄树中（后改名黄复生）、罗世勋合谋暗杀摄政王载沣，事机败露，一同被捕。当时的经过是这样的：醇亲王载沣为摄政王后，他的府邸，就加派了禁卫军一连、警察一个派出所，来加强守卫。汪兆铭等计划在王府左近暗杀载沣当然容易败露。当时有个巡警祥和，人家都叫他小祥子，后改金霭庭（我与他妹夫是同学），发觉那时有形迹可疑的人，不分早晚，在摄政王府附近徘徊，就特别注意起来，并将情形报告了巡官。巡官派祥和等跟踪侦察。后侦悉有二人在琉璃厂开设照相馆。字号守真，一个人姓黄，一个人姓罗，他们的一举一动，都不像商人。另有一个姓汪的，住在东北园，每日必到照相馆闲谈，他们讲的满口是南方话，一句也听不懂。尤其令人可疑的是他们的态度，总是不自安，并查到他们在菜市口铁铺中定购铁罐等情，都接连上报。于是上面指令多派便衣，加紧警戒，沿途保护摄政王上朝。二月二十一日掌灯后，果然发现有两个人在摄政王上朝必经之甘水桥桥下，埋置铁罐（地雷之类，并非炸弹）。当场将黄、罗二人逮捕，并火速到琉璃厂东北园，将合谋的汪兆铭也逮捕了，略为审问后，即送交法部。破案出力人员赏银二千元，祥和从巡捕升任巡官，后来升到东郊分署署长。

对黄、罗、汪三人，当时法部尚书廷杰主张立即判处死刑；而民政部尚书肃亲王善耆不同意，他建议对于革命党人，应当采取“怀柔”政策。因此就判汪兆铭与黄树中二人终身监禁，判罗世勋有期徒刑十年。善耆曾一再探监，与汪、黄、罗等进行密谈，并时常馈送食品，赠以钱款。宣统三年（一九一一年）十月二十九日，张绍曾和兰天蔚等在滦州发动“兵谏”，清被迫于三十日下罪己诏，宣布解除党禁，特赦国事犯等。乘这个机会，善耆就建议法部尚书绍昌，奏请释放汪兆铭、黄树中、罗世勋三人。奏折中说：伊等供词无狂悖之语，热忱苦志、时流露于公庭对簿之间，似此旧学新知，实属不可多得，其才可用，其志可悲，倘蒙天恩释放，加之驱策，当更感激圣慈，濯磨自效。十一月十六日准奏释放，并每人发给川资三百元，发交两广总督张鸣岐试用。这时，袁世凯正在搜罗“人才”，遂奏请将汪、黄、罗三人留京试用。汪等为袁世凯收买后，袁命他们与杨度合作组织“国事共济会”，为调和南北的一个机构。汪兆铭出狱之后，即到肃王府致谢，从此就彼此往来，直到善耆潜居青岛，彼此函电，仍未断绝。

（一九六一年）

肃亲王善耆的复辟活动

宪 均

潜逃旅顺图谋复辟

辛亥革命以后，我父亲肃亲王善耆因仇视革命，遂与日本帝国主义勾结起来，为恢复清室积极进行了复辟活动。

早在一九〇〇年八国联军入侵北京时，正担任清廷民政部尚书的善耆就与日本占领军勾结起来，镇压过北京人民的反帝斗争。当时，善耆与日军的勾结，是通过日本浪人川岛速浪进行的。川岛速浪是日本长野县松本市人，号称“中国通”。一九〇六年（光绪三十二年），民政部在北京创办高等巡警学堂，我父亲派他的亲信丁士源为学堂监督，川岛速浪向我父亲介绍了日本警察的教育制度，并且推荐了十几名日本教官（后来张作霖的顾问町野武马、奉天满铁公所所长镰田弥之助，都是这时的教官），他们二人的关系更密切起来。

一九一一年，宣统皇帝退位，我父亲首先偷偷地跑到天津；川岛速浪得知，也来到天津找我父亲。那时，我父亲虽不甘心宣统退位，不愿意受革命党的统治，但心里尚无一定的打算。川岛速浪探明我父亲的思想，声称日本可以帮助想办法，并劝他到旅顺居住。我父亲答应了。复经川岛速浪从中联络，驻旅顺的关东军督都福岛安正大将即派日本军舰“千代田”到秦皇岛等候，我父亲则带着家人溥宽从天津乘火车潜往秦皇岛，然后登上日本军舰到了旅顺。后来我才知道，在他离开天津逃往旅顺的路上，他还写了一首诗：“幽燕非故国，长啸返辽东；回首看峰火，中原落照红。”反映了他这时已决心投靠日本了。不过因为家里人当时还不知道，大家还很挂念他。

忽然有一天，我正在府后的花园里游玩，老妈慌慌张张地来叫我。我回到屋里一看，全家大小正在哭哭啼啼地收拾细软，忙着准备行李。我母亲忙吩咐给我换了衣服，我六哥宪英便领着我到安定门内分司厅胡同川岛速浪的公馆。这时，全家五十多口人，也都是这样三三五五地分头来到这里。我们在此住了七天，正赶上过小年，最后一天天还未亮，大家又是这样三三五五地到了东车站，坐火车来到秦皇岛。我们在一间大屋子里吃了晚饭，又乘军舰到了旅顺口，先住了几天旅馆，以后就搬到新市街旭川町六十九号（后改为新市街镇远町十番地）。“九一八”事变后，溥仪来到旅顺时，也是住在这里。川岛速浪把我们安置停当，就往日本活动去了。

川岛速浪把我父亲的意图，通过他的同乡小川平吉介绍给日本民政党总裁大隈重信，我父亲又与大隈重信勾结起来。

一九一四年，大隈重信组阁当了首相，小川平吉当了铁道省大臣。大隈重信和川岛速浪等，便进一步策划利用我父亲进行复辟活动。记得那时我们家也像遇到了喜事似的，喜气洋洋。我二哥宪德表现得特别神气，时常到我父亲屋里谈话，谈“风外”（川岛的别号）又来了电报等等。每逢此时，我母亲便把我们领出来，让他们爷俩秘密谈话。有时我想问他们谈些什么，我母亲就说：“国家大事，小孩子不用问。”但是我却由当时的气氛中感到，好像我们家不久就要时来运转了。那时，我家一个当差的还向我父亲说：现在大家都把大清国叫作“前清”，那么既有前清，就一定会有“后清”了。我父亲听了，非常高兴地夸奖了他。

一天午后，我父亲对我们说，今天傍晚川岛大人要由东京回来，大家都要到门外去欢迎他。于是大家整装，由父亲领着到大门外排队等候。川岛速浪一到，我父亲马上迎上去，同他拥抱起来。晚饭时候，父亲又领着我最小的母亲陪他吃饭。这在我家里是从来没有的事情。从这天起，父亲就和川岛速浪会谈了好几天。密谈结束后，我父亲说：“我已没有东西用来表达我对你的感激心情了，我有儿女，你可以随便挑取，作个纪念吧！”结果把十四格格给川岛速浪作了义女，川岛速浪给她起了个日本名字，叫川岛芳子。之后川岛速浪又回日本去了。

川岛速浪走后，我家即忙着给宪德做西式礼服，说他要到东京去。后来我才听说，他去日本的目的，一是代表我父亲向大隈重信表示感谢；一是代表我父亲去组织“宗社党”，并为此向财阀借款。临行我父亲给大隈重信写了一封感谢信，还送给他三块“鸡血石”。

宗社党成立前后

宪德到了东京，就在大隈重信的策划下组成了“宗社党”。据我所知，宗社党的本部设在东京，大连、海拉尔设有支部。宗社党成立时照了一张相，前排正中坐着宪德，穿西式礼服；左首坐着升允（曾任陕、甘总督）穿长袍马褂；右首坐着头山满（日本浪人），另外还有数人，我不认识。川岛速浪、宫岛大八（日本浪人）、青柳××（大隈重信的秘书）、山田修（护送我们到旅顺的）、工藤铁三郎（后为溥仪警卫处长）、若日太郎（后为大连市长）等三十多人。

宗社党的主要人物有肃亲王善耆、恭亲王溥伟以及升允、巴布扎布等。溥伟的祖父是咸丰皇帝的第六子恭亲王奕䜣，溥伟是他的嫡孙，有继承光绪做皇帝的资格，本人也有这个野心。后来溥仪当了皇帝，他心中不满，辛亥革命后，他跑到青岛，想依靠德国人；第一次世界大战结束，又迁来大连居住，与日本建立了联系。“九一八”事变后，他想试探东北人心的趋向，特地到沈阳祭陵，不过那时日本正在扶植溥仪上台，把他赶回了大连。溥仪对他也不放心，始终没有给他一个职位，就连零钱也不肯给。后来溥伟贫困至极，死在长春新华旅社里。

陕甘总督升允，辛亥革命时曾率旧部反抗革命，宣统退位后又逃往俄国（曾任过驻俄领事）。那时他也做过一首诗：“老臣犹在此，幼主竟何如？倘遇上林雁，或逢苏武书。”把自己比作忠于溥仪的“苏武”。后来，他又经西伯利亚、哈尔滨，经朝鲜到达日本东京，参与了组织宗社党。之后他到旅顺住在我家，我父亲把七姐显琪嫁给了他的五子际虓。“九一八”后数日，他死在天津日本租界里。

宗社党的活动经费是由日本大财阀大仓喜八郎借给的。大仓喜八郎与我父亲并不相识，他二人是在大隈重信的唆使下勾结起来的，并在大隈重信以首相的名义做担保的情况下，借给了我父亲一百万日元，充作宗社党进行政治、军事活动的经费。条件是我父亲答应他开采东北的森林与矿产。宗社党复辟失败后，他的儿子还来到东北说他家早有投资，要求开采森林、矿山，就是根据我父亲许诺的条件而来的。

宗社党成立后，在日本帝国主义的策划下，除了进行政治活动外，还策划巴布扎布举行了武装叛乱。巴布扎布原是一个蒙古匪徒，日俄战争时，因引导日军中沼挺进队，深入到俄军后方破坏了开原的新开河铁桥，使奉天方面的俄军受到了很大损失，因而很受日本帝国主义的赏识。川岛速浪把他介绍给我父亲，加入了宗社党。巴布扎布举行暴乱以前，先把他的两个儿子农乃与甘珠尔扎布送到我家上学；我父亲则把七子宪奎送到他的军中，实际上是互相交换人质。宪奎临走时，还另外起了个名字叫金壁东，意思是东方的一个壁垒。同时，川岛速浪也派了几个日本人来，同宪奎一起经奉天、哈尔滨、齐齐哈尔、海拉尔，到了哈拉哈河巴布扎布的军中。此后不久，巴布扎布便率所部三千多人，扯起龙旗，举行了叛乱。这股叛军由哈拉哈河经索伦、突泉、郑家屯、梨树，一直打到了郭家店。与此同时，我父亲也用由大仓喜八郎那里借来的钱，从关东军买了野炮四门、步机枪三千多支，由川岛速浪派来的退伍炮兵中尉西岗大元和工兵大尉入江钟矩等，准备在郭家店方面进行接应，一齐攻打奉天城。可是正在这个时候，大隈重信内阁倒台了，对我父亲的援助也告停止。巴布扎布由郭家店退往哈拉哈河的途中，在林西被部下杀死，这次叛乱就这样失败了。

善耆子女们的叛国活动

善耆不但自己积极进行复辟活动，还把复辟的希望寄托在其子女身上。他不许子女做中国的官，也不许为中国的民。到旅顺以后，他把子女们全部送进日本学校，接受日本的奴化教育。因此，一九二二年他死了以后，他的一些子女也搞起了叛国活动。

一九三一年“九一八”事变不久，大约是九月末的一天，我在北京的家里突然来了一个日本人，身穿蓝色西装，说是我兄宪原与弟弟宪基的朋友。我叫听差把宪原、宪基找来，原来这人是他们在日本士官学校时的教官，这时是参谋本部参谋、骑兵少佐森赳。寒暄之后，他就逐渐转入“正题”，大意是说，张氏父子对日本不守信义，损害了日本的权益；日本才在忍无可忍之下，用武力占领了奉天、吉林等地，并且透露日本不希望张学良再回来了，而希望组织一个与日本友好合作的政权。森赳还说，吉林张作相的参谋长熙洽已经宣布独立，洮辽一带的张海鹏虽然是绿林出身，但很崇拜溥仪。日本准备让溥仪出来组织政权，希望我们也出来活动。我们三人听了，也早已心猿意马，但苦于没有办法。他让我们先到天津去见溥仪，看看他有无活动的意思；如果肯出来活动，那就有号召力了。

当天晚上，宪原、宪基起身去天津，我同森赳于次日到西城找恒诗峰（清宗室子弟，曾留学日本，当过国会议员），没有见到。我们约定第二天再见面，但第二天他只派人送了一个纸条来，说是中国方面正在注意他，让我也要小心。当晚我就同另一个弟弟宪久，把我们的两个母亲和宪原等的妻子护送到天津，住在日租界花园街新津里丁士源的公馆后面。丁士源同宪原、宪基即到张园访问溥仪，先后大约去了三次。过了两天，森赳也到了天津。在丁士源家里。他不断对我们谈东北局势，说熙洽手下已有张燕卿、谢介石、金壁东正在活动；而张海鹏方面还无人活动，应让宪原、宪基到他那里去。他们临去前，溥仪还给张海鹏写了一封亲笔信，内容是夸奖他如何忠义，任命他为黑龙江将军，率部攻取省城。宪原、宪基由天津乘日本商船天潮丸到大连，复经奉天、四平到了张的洮南镇守使署，张海鹏设香案跪拜接了“旨”，任宪原为步兵上校参谋处长，宪基为上校参谋。

我与森赳乘船至大连到奉天，因腰脊椎结核入了我学医时的学校——满洲医大附属医院做手术，随后我另外两个弟弟宪久、宪立也来到奉天。我的病房便成了他们活动的联络地点。一九三二年初，丁士源来到奉天，也以治疗皮肤病为名住到这里。十月底的一天上午，宪立和一个日本军官金子定一来到我的病房。此人原系驻朝日军司令部高级参谋、宪兵中佐；这时已调任关东军司令部任联络员。他先问了问我的病情，然后叫宪立坐他的汽车把溥伟接来。金子定一对他说，日本方面认为他来奉天祭陵的行为与日本有相矛盾的地方，让他立即中止祭陵活动，返回大连。溥伟一再解释自己没有政治野心，并哭了起来，答应回大连。金子定一当即让宪立给他买了车票，他当天就回大连去了。在他周围的一群人接着也被日本宪兵给驱散了，使溥伟的皇帝梦终成泡影。

丁士源住院后，常来他病房的日本人叫中岛比多吉。此人原在天津日本驻屯军任职，这时也转到关东军。当时，正当国联拟派代表团来东北调查之前，有一次，他向丁士源讲了这个情况，并说关东军想在调查团到来之前，先由溥仪组织一个帝制政权，造成既成事实，那时国联也不得不承认这个现实了。但由于奉天方面的臧式毅、袁金凯和赵欣伯等主张共和，所以拖延下来了。丁士源听了说，何不按照段祺瑞就任执政的先例，请溥仪担任执政，把政权先组织起来，那不就好办了吗！过了两天，中岛比多吉就告诉丁士源，说关东军很重视他这个意见，很可能就按他的意见办了。这时丁士源还提出溥仪就职时，由臧式毅和张景惠贡献“御玺”，关东军也这么办了。关东军为了酬谢他的“功劳”，溥仪执政以后，先派他去日内瓦为溥仪宣传了一通，归来后便任命他为伪满洲国首任驻日公使。

在这以前，善耆的七子金壁东已就任伪铁道守备队中将司令，后来又任黑龙江省长、长春市特别市长。善耆的女儿金璧辉（川岛芳子）成了著名的日本间谍。后来，我也参加了伪满洲国的军队，曾任军医少将等职。

（一九六二年五月）

那王府四十年的沧桑回忆

曹　宽　述　张炳如　记

清王朝羁縻蒙古族的工具

我从光绪二十五年（一八九九年）即在那王府当差，先后做过回事、门领和管事；并得到五品顶戴的"赏赐"。一九三八年那王死去，我才离开了那王府。在这整整四十年中，我目睹了那王府由艰窘到兴盛，再由兴盛到衰败的沧桑变化。

清季北京的王公府第虽然很多，但住的都是满洲和内蒙古的王爵；外蒙古亲王在北京设有府第的，只有那王府一处。因为它长时期地接受清廷的统治，自然有着很浓厚的封建气息，但也保持着蒙古地方的传统习俗，所以它在诸王府中，具有其独特的风格。例如每年腊月二十三，都在它的佛堂院内搭上一座大蒙古包，中间生一个大火炉，主人率领府内的喇嘛和其他人等，围着火炉唪经，这就是蒙古的习俗。府内的长史、管家的主人回事时，也不用通过太监。那王和他的亲属见面，也不那么考究繁文缛节。但有时偶因细故，竟然可以把一个活生生的姨太太给埋掉，又是它仍然保持着部落首领特权的一种表现。

我到那王府当差的时候，袭封王爵的这一代王爷叫那彦图。自从他的祖先策凌因助清廷平定厄鲁特有功，历代都袭封王爵，并曾两次尚主（娶公主为妻）。至那彦图这一代，已经是第七代王爷了。又因为他们既是清廷策封的亲王，又是外蒙古三音诺颜部落的首领，所以历代都受到清政府的重视，并且给予种种“殊遇”。

一九〇〇年庚子以后，西太后因为外蒙古地方与中央有逐渐脱离的倾向，就更把羁縻蒙古族的希望，寄托在那彦图身上。先后让他担任领侍卫内大臣、管理中正殿事务大臣和管理雍和宫事务大臣。他的岳父庆亲王奕劻升任军机大臣后，又把自己原任的銮仪卫事务大臣、镶黄旗满洲都统，向慈禧保荐，派那担任。另外，还曾两次任崇文门监督和管理城内七库事务大臣。

民国政府成立后，袁世凯也很需要通过内、外蒙古拥有实力的王公大臣，来替他怀柔蒙古人，以巩固自己的统治地位。因此，他除了以内蒙那土贡桑诺尔布任蒙藏院总裁，新疆蒙古亲王帕勒塔为阿尔泰边区行政长官外，还特派那彦图为乌里雅苏台将军，并兼管图什业图、车臣汗两部事务。也就是把清代库伦办事大臣的职权，完全交给了那彦图。同时，那彦图在溥仪的“小朝廷”中，仍然担任着领侍卫内大臣和銮仪卫大臣的职务。所以那彦图在清末民初的政局中，确实是一个烜赫一时的人物。

曹锟通过贿选当上了总统，国会议长吴景濂到保定给他致送当选证书，那彦图的儿子祺诚武和满人熙钰作为总统府的侍卫武官，也去了保定。曹锟认为这是那彦图拥戴自己的表现，想给他一个职位；那彦图当时希望担任蒙古镇抚使，结果曹任他为蒙古宣慰使，月给经费二万元，直到曹锟下台为止。

一座十足的封建府第

那王府坐落在安定门内宝钞胡同，南面是高公庵，西面是一个窄狭的小胡同，北面是国祥胡同。府四周建有群墙，共占地三十八亩。现在人们还能从大墙的外面，看到院内那些殿堂亭阁高耸的屋脊，从而想象出当年那种富丽堂皇的景象了。

那王府的南面，临街建有宫门三座。在东面的叫东阿斯门（满语），西面的叫西阿斯门。东、西阿斯门的中间，建有朝南的宫门三座，是那王府的正门。阿斯门外，排列着辖喝木四架，正门门洞排列着阿虎枪十支。人们从这些代表封建等级制度的建筑及其陈设中，就可以知道这是一座王公府第。

进入正门有一座木质影壁。影壁后面正殿王门，建筑宏伟、结构细密，是按照宫内殿宇的形式建造的。那王府的婚丧大典，就在这里举行。它的后面，还有一进大殿，是清室下嫁来的公主居住的，殿前各有东、西配殿后面的罩房。这些殿堂与正门处的总管处、回事处、随侍处连缀在一起，形成了一个大单元。这就是清廷原来赐给公主的府第。

那彦图住的是位于府内东北隅的一所院落。内中主房五间，前泼后卷，前边抱厦三间。室内的家具，完全是金丝楠木，按照室内的形式分别制造的。他的会客厅设在西院，上悬“缀云轩”匾额一块；办公室则上悬“缉熙堂”匾额。这两处房子也都是正殿五间，室内摆着红木镶螺钿的家具，陈列着古铜彝器、文玩书画等物。缉熙堂藏着《大清会典》及那王衙门的档案，其中最多的则是有关蒙古事务的文书、档案等。只是他儿子祺诚武会客的地方，全是用进口的沙发、钢琴和西式家具布置的一个洋气十足的客厅。

那王府的西北隅是花园，内有假山和花木，另有小楼一座，前面主墙贴着粉色瓷砖，是仿照新疆蒙古亲王帕勒塔府内的小红楼建造的。府外另有两所房子，靠西边的是一座寺庙，原名高公庵。内有大殿三间，供有泥塑的佛像，是那彦图从一个太监手中买来的，作了自己的家庙。府内的喇嘛每天到里面唪经，给他的全家老少祈福。另一所在东阿斯门对面，有房五十多间，是王府的马号，里面经常养着八十多匹高头大马，都是由外蒙古部落给他送来的；还有大、小鞍车十几辆。后来，那彦图买了五辆汽车、四辆四轮马车，也放在这里边。

清代末年，那彦图连任高官，他又用搜刮来的大量金钱，在府后购买地皮，扩建了几座院落。这时，全府共有房屋三百二十余间；房与房、院与院都用抄手游廊连接在一起，气势就更加宏伟了。

一九〇〇年，八国联军侵入北京，西太后挟持光绪仓皇西逃，那彦图与庆亲王奕劻等一班王公大臣赶去会见。西太后命奕劻留京与外国办理交涉，命那彦图作为她的随侍，一同去了西安。八国联军进入北京，分区占领，这一带归日军盘踞；日军司令柴山的司令部设在交道口西边的原顺天府衙门。奕劻为了保护那彦图的财产，就通过他与外国办理交涉的关系，向柴山索得白旗一面，用日文写上禁止外人入内的字样，插在王府的大门；外军经过这里，都没有进入。因此，那王府的财产没有受到一点损失。

奢侈腐朽的剥削生活

在我来那王府当差的时候，那王及其一家在这座王府里，正过着奢侈腐朽的剥削生活。

那彦图每次上朝，都有一个人打着上面画着“卍”字的大圆牛角灯笼，走在前面引导，后面一个人骑马相随，叫作“顶马”，再后是那王坐着的大鞍车；车后是十几名随侍，骑着马紧紧跟着。随侍们都是三四品衔，头戴花翎。车马一出王府的大门，乘骑就展开四蹄，随东向前，赶车的人不准跨车辕，只能手提缰绳，随车奔跑。因他得到了“赏紫禁城骑马”的宠遇，车抵神武门即改为骑马；后来西太后又“加恩”赐他乘坐二个肩舆，于是下车后就乘轿上朝。清帝宣统退位后，那彦图每次出入宫禁，还是这样排场。

那王出入自己的府门，府内总管处的管家、回事处的班儿搭（满语）和几道门的门领，都必须率领执事人等，穿上袍褂分列两边，给那站班，并装出一副诚惶诚恐的样子。而那就在这种阴森森的气氛中，昂然进出，对站班的从来不加理睬。他每次出门前，回事处的班儿搭要先到总管处给他领衣服，伺候他更衣；归来仍由他们把衣服送回总管处保管。因为清朝官员们的衣服有极严格的定制，不许紊乱；而那彦图对于服饰，又特别考究，每一季的衣服就有若干套。就以清代视为最珍贵的、只有四品以上大员才能穿的貂褂来说，他就有五十三件。

我到那王府以后，才体会到“朱门酒肉臭，路有冻死骨”这两句诗的真正含义。

那王一家从来没有超过三十个人，可是竟用了八个高级厨师，另外还有打下手的、摆桌、端菜的多人。每顿饭那都是自己先开一桌，菜有十至十二个，鸡鸭鱼肉、山珍海味，应有尽有；还有自己泡制的白酒。那王吃完了以后，他的姨太太们才能重新添菜再吃。儿子们每屋分别另有一桌饭。他的食品库中，经常储存着大量的山珍海味，以及各省督抚送来的食品。现在我还记得，每年春节，直隶总督要给他送卫河银鱼。民国以后，黑龙江督军吴俊陞还给他送熊掌及松花江鱼。

那王每次吃完饭，先在院内散步，等他的姨太太们吃完了，就一同到大书房吸鸦片。那王烟瘾很大，专用一个姓李的听差，到口外给他买烟土，供他全家吸。每季只这项开支，就需三千多元。

一进那王缀云轩的院子，就能看到西廊子上和天棚底下，挂着许多百灵、画眉、八哥等鸟笼子，在不停地叫着；他家豢养的许多叭儿狗、狸猫等等，也在各个院子里窜来窜去；花园中还养着一群鸽子。这些都是王府老少所喜爱的动物。他们最感兴趣的是斗蟋蟀。每年各季，就叫听差用圆笼挑着许多罐蟋蟀到各处去斗。京剧演员谭鑫培和其他阔家子弟，都是他斗蟋蟀的好朋友。为了喂养这些东西，还专门雇了两个把式。

因为他有钱有闲，也像一班达官显贵一样，喜欢附庸风雅。他经常练画国画，并收藏了不少名人书画。国画家陈半丁和清“如意馆”的盖诸桥，都是他的画友，也是那王府的座上客。

那王府到了那彦图的父亲达王这一代，因为没有在朝廷任职，只靠他们亲王俸禄和蒙古部落的供给，景况已不如前。那彦图刚袭封王爵时，经济上也入不抵出。但是，这些庞大的开支，钱是从哪里来的呢？据我所知，有以下三个来源：

一个是王府的固定收入，其中包括：

那彦图的亲王双俸，年发四千两，俸米二千担；张北县的地租，年收三万二千两；河北省各县的地租，年收数千两；依靠三音诺颜部落的供给（数目不详）以及北京的房租收入等。

二是庚子以后，西太后派了那彦图几个肥缺，贪污得来的钱。那时，他曾两次任崇文门监督，每次任职一年。当时府内替他估计，每一任贪污的银子都在十万两以上。他第二次任满时，库内还存有二十万两没有上缴，人家私自分了肥。从光绪年间到溥仪出宫，他一直担任銮仪卫大臣，收入也很可观。宣统三年，革命军起，他又把衙门里所有金银、瓷器和其他贵重物品，全部变卖，得价朋分。由此可见，贪污受贿是那彦图财产的主要来源。

那王府的太太公子们

那彦图的福晋是庆亲王奕劻的女儿，另有姨太太六人，共生有五子三女。

那王的福晋性情温和，平日沉默寡言，上下对她倒也恭顺，但光绪二十五年就死了。大姨太太是那王结婚时，从陪嫁来的使女中挑选的，不久生了长子祺诚武，那王在宗人府却谎报是自己的嫡出长子。同时，因她是从庆亲王府陪嫁而来，那王对她自也另眼相看。福晋死后，那虽没有宣布她为福晋，但王府里都公认为她是王府家务的主持者，遇有亲友眷属前来拜访，也由她以主人身份接待。她于一九一四年因病死去。那极为悲悼。

那王的二姨太太是蒙古人，早已死去。三姨太太锦屏，满洲旗人。人很聪明，也极美丽。那彦图把她买来后，十分宠爱；她就恃宠而骄，常常辱骂使女，有时还动手打四姨太太。一年夏天，不知为了什么事，与那争吵，还要动手，把那气急了，叫我赶紧把长史常双德找来，大声对他说："你给我把她埋了，你不听就不是姓常的后代！"常听后连声答应，那即到颐和园上朝去了。因常双德平时也受过锦屏的斥责，对她也有怨恨，便把她推到大书房，用绳子捆起来；又命更夫在后花园挖了一个坑，将锦屏裹上棉被，活活地埋在坑内。不久，这件事传到西太后的耳朵里，西太后便向那彦图问起此事，那王听了惊恐万状，不敢置答，幸亏庆亲王的女儿四格格正随侍在侧，就对西太后说：那个女人是个疯子，总打人骂人，谁也制伏不了，所以才把她埋了。西太后听了，才没往下追问，给他解了围。那王回府，即命人把尸体取出，办了丧事，埋葬在东直门外大程庄。四姨太太也是那王用三百两银子买来的。这时想趁锦屏死去的机会抓内宅的大权，但因她作风不够正派，又有极深的鸦片瘾，大家对她都不大尊重，所以她也没当了家。五、六姨太太都是普通侍妾。

那彦图的大儿子祺诚武，毕业于贵胄学堂，曾任御前侍卫、总统府、执政府翊卫使、蒙藏院副总裁之职。在他出生时，那王因自己的福晋体弱多病，不易生育，怕自己的爵位日后被别人所袭，就向宗人府谎报祺诚武是嫡出长子。祺的妻子是定王的孙女，订婚前定王曾到宗人府查问，宗人府说是那王的嫡长子，才把亲事定妥。入民国后，载涛曾任清皇室宗人府宗令，早就知道了这件内幕。又因他是祺诚武的弟弟祺克慎的襟兄弟，为了安慰他的襟弟，授给他贝勒爵位，而只给祺诚武以贝子爵位，地位反在其弟之下了。祺诚武心中纵有不满，但终因自己是庶出，也不敢声张。

祺诚武放荡不羁，狂嫖滥赌。民国初年，从班子里买了一个妓女，住在饭店中，其父母兄弟都跟在一起，花费甚巨。仅房租一项，每月就得一千元。后来听了我的劝说，在前门前府胡同租了一所房子，全家迁入，一直在这里住了七年，还生了一个小女孩。以后那王虽也知道，但因不是正式结婚，也不过问。一九二七年，祺在这里病重，那王派我和他的两个弟弟祺克慎、祺璞森来探视，病情已十分沉重，当晚就死了。那派我给他办完了丧事，他的小老婆也搬了家。一九三八年春天，那王死后，这个小老婆的妹妹还带着一个小女孩前来，声称是祺诚武的孩子，要求给那王穿孝；那王府没有同意，她又把孩子领走了，以后不知下落。

二子祺克坦也是贵胄学堂毕业，曾在京师警察厅任队长。三子祺克慎曾任参议院议员，妻子是崇礼的女儿，死后续娶黑龙江省长毕桂芳的女儿。四子祺璞森原在府内家塾读书，后到伪满洲国任职。那王死后曾来奔丧，旋又回了东北。那王的五子及女儿们的情况不详。

那王府的寄生者——长史、管家、听差

那彦图全家不足三十人，却用着管家、听差、女仆、使女、马大等三百多人，平均每口人有十多个人给他们服役，也就是伺候他们过好奢华的生活。但是另一方面，由于这些人长期生活在这样的环境中。整天接触的都是些达官显贵，也于不知不觉之中，把自己养成了傲慢而又轻视劳动的寄生者。

王府的长史、班几搭是这些仆役中的“当权”人物。他们自己都有公馆，男、女仆人；即是在王府之内，也有专供他们使唤的听差。平时，他们都把大部分时间用来经营自己的家庭，只在王府遇到重要事情时，才来点一点卯。在他们的影响下，听差们也不甘心过清苦的生活。他们不是依仗王府的权势在外招摇撞骗，就是盗窃王府的物品，借以自肥。实在想不出办法来的，得便就躲在自己的屋里，吃酒、下棋，消磨时光。真是形形

色色，不一而足。

自清朝末年起，在王府掌握大权的，都是蒙古人。据府中人说，那王的祖父车王死的时候，还没有儿子。他的福晋虽已怀孕，但还不能断定就是男孩。当时外蒙古当局曾为袭爵问题，找王府的长史常八（蒙古人）询问，常坚称车王的福晋已经生了儿子，并且具结担保，外蒙古方面才放了心。恰巧，等福晋把孩子生下来，果然是个男孩，遂袭了王爵。这就是那王的父亲达王。常家有了这个功劳，王府的家务就由他们来管了。常八死后，那王又让他的弟弟常双德（常九）继任长史，他的侄子任大管家。

常双德住在纱络胡同一号，共有两所房子，自己雇有厨师和仆人。出门坐自己的骡车，一个听差骑马跟在后面。他在王府大权独揽，那王出入王府，他从不去站班。他平时只穿便服，只在王府有喜庆大典时，才戴上红顶花翎，高踞于总管处，发号施令。后来因唆使森泰木厂控告那王欠款事发（因有他一万两银子的回扣），他的长史职务，才改由他的侄子常松龄代理。

常松龄会蒙、汉两种文字，有相当的政治头脑。他利用那王的地位，经常四出活动，有时还代表那王到外蒙古去谒见活佛哲布尊丹巴；哲对他也很赏识，特赐予公爵。他与国民党的关系更为密切，并由谷钟秀介绍，参加了国民党。那王任外蒙古选举监督时，国民党给他来信，说是蒙民布尔吉特是国民党员，希望那支持他当选为议员。起初那不知是谁，感到很诧异，后来问明白了，原来是自己的管家，就发给他议员当选证书。

听差田文林是那王在家塾读书时的伴读，以后便把他引为亲信，给以优厚待遇；他也确实得了不少钱财，自己开了四家煤铺。又怂恿那王从外蒙古要来四十多匹骆驼，往来北京、周口店之间，给他驮煤。因他依仗那王的势力，不断欺压煤矿工人，惹恼了矿主——京南的大恶霸刘海峄，刘便令人把田的运煤伙计赶跑，扣留了骆驼。田告到房山县，那命我前往处理，我托人从中斡旋，双方和解了事。从此，田便认为自己在京南闯开了地面，就把全副精力放在了经营煤铺上。只是为了显示自己有势力，才有时到王府走走。

听差们偷王府的东西也有被发觉的。缀云轩的听差王某，不断偷窃室内的毯子、瓷器等物，由回事处的孙某给销赃。那王发觉后，就把他二人赶了出去。一个管理电灯的听差，在大书房修理电灯时，偷那王的图章也被发现，还没有处置他就潜逃了。但是，因为王府的东西太多，又无专人管理，被发现的只是极少数。

靠抵押典卖产业苟延残喘

民国以后，军阀连年混战，国库空虚，对王公们的年俸，始而减少，继而停发。那彦图在清末民初虽然声势烜赫，但所得钱财也随之用尽，收入一旦减少，立时就入不敷出。民国十年以前，尚能在东挪西借，挹彼注此的情况下，勉强支撑着这座将倾的大厦，此后就日渐窘迫。可是，那王和他的一群太太、公子们，好像还不知道他们的小朝廷已经摇摇欲坠，依然过着纸醉金迷的腐化生活。在这种情况下，就只有依靠出卖祖产度日了。

一九二四年，那彦图命我以王府做抵押，向放账户去借款。因为这座府第是清廷上赏的府第，没有契纸，就写了一张白契，作为乾隆年间以纹银二万二千两购自某姓，但税契处却认为估价太低，不给报税。我又托人与税契处通融，按三万八千元的买价税了契。契上的名字是那彦图。

我用此税契向曾任河南省机要处处长的梁仲华借了两万元，月息一分五厘，期限一年，到期本息都得归还。那王无钱，于是又用借新还旧的办法，向一个专在北京放高利贷的、西什库教堂法国神甫包士杰借了七万元，月息也是一分五厘，定期一年，于一九二六年旧历八月初十订了契约。这七万元还了梁家二万多元，交给那王四万多元。到期仍无钱还账，包士杰找那王要账、那王让我搪塞，包后委任律师向地方法院控告。那王也委托了律师出庭，法院判决令那王还钱，那王借口利息太高而提出上诉，借以拖延时间，结果又遭失败。那王于走投无路之中，派我与他和解，包的意见利息可以不要，但要分三期将本还清。第一期十天之内还三万元，一年以后还二万元，再过一年还二万元。那王无钱，遂将房子卖给了包士杰。一九三三年，在豆腐池胡同买了七十多间房子迁入。

那王府历代封王，两次尚主，在近二百年的时间里，清廷赏赐和自己搜刮来的古玩玉器等奇珍异宝，无法计算。据我所知，当时除了摆在室内作为陈设的以外，还装满了五间大殿。那王在卖了王府以后，又开始典卖这些古玩。典卖这些东西时，由于都由总管处经手，究竟典卖了什么，我不大清楚。只知道仅一张当票，就是二万五千元，到期无法赎回，大大地便宜了当铺。一九二七年，古玩商张秀峰与那王商妥，约集了几家古玩商，又用拍卖的方式，卖了一大批。过了不久，又把马号的马匹，汽车，马车，大、小鞍车，统统都卖掉了。这年腊月，为了过年，那王还让我取出一批东西，到南鼓楼巷的万庆当当了三千多元；到期赎不回来，就干脆以五千元卖给了志诚金店，得款付了当铺的赎金，剩二千多元给那王过年。此外，还多次典卖东西。

那王府在河北省的王田、滦县、良乡等县都有清廷赏赐给的圈占地。溥仪出宫后，各县佃户就不按时交租了。后河北官产局成立，那王把地交给该局出卖，得了一笔酬金。此外，那王在张北、康保还有土地八千顷。民国以后，北京政府几次向那王交涉收回，那王没有答应。但地租收入逐年减少，有时更田地方不靖，无法征收，那王还自己编练了十二名武装警察，保护收租人员前往征收，结果被土匪打死五人，以后再不敢去收了。一九三七年，蒙奸德王在张家口成立伪蒙疆政府，向那王收地；那王托肃亲王善耆的儿子金壁东说情，没有交出。那死后这些土地遂不知如何处理。后来，那王因为经济状况进一步窘迫，又将豆腐池胡同的房子卖了，迁到王佐胡同居住。从此便经常处在债权人的催索债务的日子里。

一九三五年，国民党政府为了接济那王的生活，曾聘请他为行政院顾问，月薪八百元。那带着他的六姨太和一个秘书、一名听差去了南京，但因不耐炎热，半年后又回到了北京。国民党行政院仍给他寄薪水，直到“七七事变”。

那彦图由南京回来后，精神渐感不支，有时在看书写字时即昏昏入睡。庆亲王府给介绍了一个叫曹勉的大夫治疗了一个时期，也未见效，终于在一九三八年四月死去。死年七十二岁。

当时，那王在北京的儿子只有祺克慎一人，另有管家三人、厨师三人、听差三十多人。祺克慎让管家把多年卖剩下的瓷器、绸缎、家具什物，全部变卖一空，然后用这笔款为那彦图办理了丧事。

（一九六五年）

附　录

清末贵族之生活

载　涛　恽宝惠

（上　篇）

本文所谈，为民国前清代贵族之生活状况。兹就所记忆及访问者记录下来，作为资料，以备参考。凡分上、下两篇；上篇专说衣、食、住、行；下篇专说祭礼、丧礼、嫁娶及家庭相见礼节、娱乐习尚。至于当时国家典制，则载于《大清会典》，衣冠制度，各有图说，即《清史稿》亦有舆服志可供参考。既无待于照本誊录，亦无须在此做考据工夫。但叙述一切，期于切合实际，即不免嫌其琐碎。如今朝代改易将五十年，从前家家通晓，习为故常者，及今不谈，则后生晚辈，恐更无人知晓矣。

一 居住房屋

谈到贵族所居住之房屋，自应先从府第说起。清初以功封爵诸王，本早赏有府第，准其世世居住。皇帝生有皇子，在宫内上书房读书，十八岁出学，即令迁居于所赏之府，名曰“分府”。其门庭殿屋，间数多少，尺寸高卑，屋瓦颜色，各有一定之制度，一定之名称，不许稍有僭越。但府第“居住权”是随爵的，其人已故无嗣，则过继之人不论支派远近，一经承袭，即得进府居住。若因事革爵，则本人及其子孙皆不能享有“居住权”，其府第亦归另行承袭之人；并庄园收入，皆为袭爵者所有矣。

兹先述亲王府第，（皆坐北朝南）由东西阿司门行走。对面皆有影壁。阿司门外有斜行（读霞杭）木（古曰行马）、上马石木拴马桩。门内俗称狮子院，因院内正中即宫门，宫门外有石头狮子也。其阿司门内靠南群房，为护卫等办事轮值休憩之所，及管事处、回事处、庄园处皆排列于是。

正面为宫门，门罩（上有起脊屋顶而下无门窗者曰罩）凡五间（郡王三间）。东西相对有两铺炕。沿北墙有枪架，上竖间胡卢枪（满语），分左右各若干支，枪头罩以蓝布（古曰棨戟）。并有管项牌，长方形，胪列各项差缺，每项一条，黑色油木边框，用红纸写宋体字，上罩桐油，每年岁暮更换一次，常年悬挂。宫门外有石狮子一对，分东西对峙。宫门左右两旁门曰抱厦门。门扇于新年悬挂门神像，门楣挂红纸挂钱（挂钱为长方形，凿有花纹及满洲字，与门神像皆有木屉，布底，蓝布边）。凡门皆有门联，用白色纸写，与宫内同。以上皆于次年正月十九日摘下。

进抱厦门后，正面大殿，俗称银安殿，亲王五间，郡王三间。亲王大殿及宫门用绿琉璃桶子瓦，郡王则用桶子瓦。东西两配楼。大殿则非有大典礼不开，由东西夹道绕进，是为二殿（三间），东西配房各若干间，为首领太监及使唤太监居住。凡皇子分府，必由宫内将向来供使役之太监常往，而以首领管理之。

二殿后为神殿，两旁为东西配殿。神殿之西间有炕，名为卍字炕，实则“Π”形之砖炕也。西墙挂祭神之乐器多种，为萨满太太跳神之用。西墙、北墙均供有神橱。俟下篇谈祭礼时再详述。东间为亲、郡王及其袭爵人合婚之所。须在此住一个月，始迁回跨院（住房、书房等皆在跨院）。其新婚制度与坤宁宫为帝后合婚之所相同，盖坤宁宫西间向为跳神吃肉之处，仍沿关外风俗也。

神殿后院为遗念殿，专供奉先帝、后曾穿戴之衣帽等物。清代向例，帝、后崩逝后，由继位之皇帝将帝、后曾穿戴过之遗物，颁给各王公大臣，名曰“遗念”。此外则佛堂、祠堂皆在此院内。其礼节亦俟下篇详述。

住房在西跨院，屋内皆用尺六金砖墁地，砖面上罩桐油，砖地中空。屋外前廊（两明间）皆有炉坑，上盖朱油木板；冬令在内生火，名曰“地炕”，室内温暖适度，而不见灰尘煤气。其唐花如牡丹、碧桃、蜡梅、香橼、佛手，罗列满屋，经暖发香，并可经长时间之摆设。

府第正屋之外，各有花园，大约皆在住屋之西，亭台堂榭、山石荷池。园内若欲引进活水，须经特赏，如醇王府花园有恩波亭是也。园中并植各种树木花草，以供退食游赏及宴客之用。如三座桥恭王府之萃锦园，大木仓西郑王府之惠园，是其最著者也。

皇子之外，再谈公主。凡皇后生者，于下嫁时封固伦公主；妃嫔生者封和硕公主。惟恭亲王之女，于同治年间，经慈禧太后抚为己女，因为是后女的关系，特封固伦公主，经恭亲王力辞，始仅封公主，后于光绪季年，仍封固伦荣寿公主。其府第在大佛寺西街，今之助产学校及中医医院是也。

凡公主皆有府第，于下嫁前，在京者，由内务府承旨建造。其夫封为固伦额驸或和硕额驸，与公主同居。公主出自深宫，下嫁之日，皆有护卫官，其跟随下嫁蒙古者，并从事于种植农产粮食、蔬菜等。其跟随之太监、嬷嬷，为服侍其指导礼节之用。至于男女居室，生育子女，本与民间无异，外间或故为神秘之说耳。

公主故后，府第、妆奁、器皿、银钱均应上缴。如奉旨房屋赏给额驸居住，当可居住下去，若即令缴还，则另由内务府拨给官房一所，修葺布置，由额驸移居。公主嫁后，额驸先逝，可以停棺待葬，至公主身故，准其合穴。公主之坟墓曰园寝，与亲、郡王同。

府第之外再谈住宅。除府第有特殊典制外，其他亦许多相同，北京人俗呼为“大宅门”者也。住宅大门对面有影壁一座，门外两旁有上马石两方，其拴马桩则不能与府第一样，大抵于大门两旁墙内暗柱露出一截（于砌墙时，即已预为做好），上钉铁环一个，专为拴马之用。主人出门，车轿已备，随从人等在门前伺候，或来宾乘车轿到门，其跟随仆人，亦各有乘马，皆拴于是处。上马石左右各有风灯一座。其制法下为木架，中隔方板，上为四方形之灯，四面木框糊纸，上有木顶。从前内燃羊油白蜡一支，后来煤油盛行，亦有改为油灯者。均归宅内“打杂”（即一种杂役）承值。六十年前，街道既无路灯，门前一片漆黑，专赖此风灯照明也。

大门门坎是活安的，朝里一面，有铁环两个，遇有女眷出入，即由打杂两人持环提起，放在一旁，以便乘车进至二门（俗称垂花门）下车，大门内两旁，各有坐凳一条，以备随从暂时歇腿。

门内往西（往东的很少），朝北有群房三间或五间，呼曰“门房”，即传达处，亦等于府第之回事处。世爵、显宦均有经管款项之人，名为“管事的”。其办事之屋，即与门房相连。

进二门后，中为穿堂客厅，所谓穿堂者，正中有绿油屏门四扇，无事不开。仍安设木炕，有炕桌、脚踏等物；横楣上方，例挂御笔匾额及福、寿字，此厅如系三间，则全敞；系五间，则三明两暗。院内转角游廊，廊于正中，东西各有四扇绿油屏门，每扇有斗方写字。往西或往东，名为跨院，中为书房，凡往来熟习之亲友，或属下司员之回公事者，皆可于此屋接待。

客厅后为正院。由厅屋两旁走抄手游廊进入里院，迎面上房五间（东西另有两耳房），厢房左右各三间，皆有廊子（俗呼为钻山廊子）天阴雨时，可以不走雨地。再由上房夹道走入后院，院内大抵为房屋七间，皆无廊子，亦无配房，名曰“后罩房”，多为储物及仆妇等住宿，其男女厕所即分设于此房两边。再后即为更道及后围墙矣。亦有有后门者，但常锁不开。

上房堂屋必为两明间。有后窗，窗前设木炕一，中安炕桌一。炕桌后为炕案，上摆陈设；两边各有靠枕、坐褥。炕下各有脚踏，中间安放灰槽子，或木或瓷，盛以筛细之炉灰。后递改为痰桶，其作用同也。在两明间之中间，必有一槽硬木花罩，细雕各种花鸟，有边框下垂至地，名为落地罩。其向南窗引伸，有板槅、栏杆，名为栏杆罩。与栏杆罩相连为前檐炕，进式间（俗呼为里间）前后檐均有炕及炕桌、靠枕、坐褥。炕案则分设在炕之两边，摆陈设、菜盒、饽饽盒，并随手放置什物。其夜眠在接近南窗之木炕，凡窗皆有护窗板（闸板式）。所用被褥，睡前由仆妇展开，并安放枕头，翌晨起炕，则将被褥折叠成四方形，连同枕头堆积于炕之一隅，盖以线毯，或栽粗绒有虎形之毯（俗称老虎毯），名曰铺盖垛。亦有移置于次间（俗呼为套间），于睡前始抱出者。其衣柜甚高大，并有上置扁木柜（亦两扇开门，中有立柱）而名为顶箱立柜者。其衣箱则存放在次间内。各屋皆有靠背椅，两边有拐栏，或嵌螺钿，或于后背镶大理石心，或雕花纹。以上各种木器，大多数用花梨、紫檀或硬木（即南方所谓红水）；若用柴木者，则群嗤其寒俭矣。

凡为贵族，则内外之关防甚严。男仆无事不得进上房，回事者则于窗外高声陈述。厅房以后，完全由使女仆妇承应。先是，各屋皆点红色羊油蜡，名曰蜡灯，后始易以煤油灯，其擦灯罩、加油，皆由打杂每日经办，于将暮时分送各屋。另备点植物油之灯盏，以锡灯擎承之，下有灯盘，而于盏内用灯草两根，以拨灯棍压而拨之。于入睡以前，由仆妇擎至卧室安放。及有电灯，以至普遍使用，而此种油灯、灯盏遂废。

若晚间女眷由上屋至厢房，或由厢房至上屋，及到后院上厕所，皆用“手照子”照路。其制法下为朱油木托、安把，中点羊油蜡，外套以六楞瓜形之纱罩，每格皆画以粗劣之花卉。由仆妇、使女手持，（府第则用太监）在前引路，并为照明之用。

二　乘轿车马

上赏紫禁城或西苑门内骑马，及赏坐二人肩舆（王爵而为首席军机大臣，冬季且有赏坐暖轿者），均在宫廷行走，不属本章范围之内。兹仍先从王公说起。所乘之轿，系用四人舁之。轿用绿呢，下围红布，名曰拖泥（满语）。亲、郡王均用紫绊（贝勒、贝子同）；有赏用黄缰者，则用黄绊。一品大臣赏用紫缰者，亦得用紫绊。皇子、公主有特赏坐杏黄轿者（如惇王、恭王、醇王及大长公主（即固伦荣寿公主），皆曾赏坐。在府第之外，有存放乘轿之所，名曰轿屋子，轿夫等皆宿憩于比。出则三班轿夫轮流易肩，后随敞车一辆，名曰班儿车，息肩之轿夫坐焉，大臣之乘轿者同。轿夫群居无事，则养花鸟，练武功（如著名武丑傅小山，即为礼王府轿夫之子）。轿夫常聚赌，轿屋子遂为公开之赌场，若步军统领衙门之官弁等（俗呼曰地面）干涉之，则以乘轿之主人外出无定时，且入朝（俗呼曰上门）每在夜间，此种轿夫随时可以走散，临时聚集匪易，必以赌羁縻之，始免误事，且可借此熬夜。振振有词，无可奈何。若因赌肇事，斗殴伤人，地面不能不管，主人亦碍难护庇，则相率以全体罢工为要挟。若另行雇觅，则若辈声息相通，无人应召。因恐误公，遂不得不予迁就。清制，大臣二品以上，年逾六十者，皆准乘轿（唯武职不许）。然往往舍轿而车者，亦畏轿夫之要挟，难于应付也。

次述“方车”，此种车在五十年前已不经见。方车分男、女用两种，男式绿呢帏，红拖呢，两旁开门，下车用脚凳。女式方车，上下皆由前门，并须卸车，用苏拉（满语，即杂役）二人扶车而行。大长公主常乘以进宫，亦即轿车也，车帏红呢制，下御朱轮，车之轴在后挡。凡轿车分前挡、中挡、后挡。普通车轴皆在中挡，适当人坐之下，常觉颠顿。一品大员以上（亦有说二品以上者，待考）始得将车轴移在后挡，平稳多矣。方车之顶为弓背式而出檐，檐之四面缀以流苏（俗称缕子），与轿顶同。两旁有方窗，后面亦有窗，冬以玻璃，夏以纱，冬季里帏用棉，或缀以灰鼠皮。前有帘下垂。驾辕之骡，脊被鞍；鞍之饰，或景泰蓝，或铁嵌以银丝。鞍之中央有木橛一，临驾时，两车夫抬车辕，辕之中央有皮带相连，中有一孔，恰安于木橛之上，而车驾在庭矣。公主之出也，前引三品翎顶者一人为引马。引马之后，并有首领太监一人为顶马，车夫一人在左方，手持衔勒以驱，名曰拉小拴。赏过黄缰者，得用黄骡缰。跟随公主之太监，在后骑马相随。仆妇、使女则分乘小鞍车随行。王公以下人员遇诸途，须下车肃立避之，候舆过始行。

次述“大鞍车”。所谓大鞍车者，不但车之尺寸大，且骡背之鞍隆起。其形制与方车同，但中央无木橛，两辕之间无联属有孔之皮带耳。辕驾后，须将骡之肚带勒紧。其拉小拴亦与方车同。车顶作弓背式，随而下，与车厢前后左右相属，则与方车异。车外帏用蓝呢，下围红拖呢（三品以上乘车皆得用红拖呢）。两旁及后面各一窗，冬以玻璃，夏以纱。夏令则车厢两旁施旁帐，而缀以飞檐。前面则有遮阳大帐，以竹竿两根，施朱漆，插于两辕稍后之铁槽内。其轮毂，自奉恩镇国公以上皆朱色，余则紫色。轮之周围镶以铁瓦。按其爵位及赏用紫缰者，骡缰皆得用紫。其引马、跟马，皆有体制，一引二跟，为普通所最习见。车厢外褥下，有长方小车凳，主人上车时，另一车夫抽板凳出，以手按之，可踏以登车。

若小鞍车，则外用蓝布帏子，下无拖呢，车轮油本色。车之尺寸既小（其普通车之进深为三尺六寸），行走灵便，车夫得跨辕，凡司员入署，及商民人等皆可用。

府第、住宅大门外无分层之阶沿石，以青石凿横纹，宽度与门齐，两旁镶平面边石一条，积累斜坡而上。进门拐向前院之处，亦用此种斜坡石道，女眷乘车出入，皆在二门（垂花门）外上下车。或有亲友之女眷来，车至大门外，车夫将驾辕骡卸下，带鞍牵至一旁。由本家打杂、小使双挽车辕，走上门前江擦，再下门内江擦，直至二门，将车落平。车内之女眷，仍盘腿端坐不动，候跟随之仆妇、使女在门外下小鞍车后，进门近前，先由打杂将车帘掀起，女眷始徐徐下车，由仆妇、使女搀扶入内。其出门上车之手续亦同，不过由打杂将车帘放下，两旁驾挽而出，再由车夫牵骡入辕启行而已。

其乘马者，体制与乘车同。贵族之讲究养马者，以及内务府大臣等之争奢竞侈者，于出门时，跟随马匹，今日为枣骝，则全为枣骝，为菊花青者，则全为菊花青，无杂色。拴诸门前马桩，毛色甚觉整齐，途人指而目之，羡为豪举云。

凡府第住宅皆有马厩，大抵在大门斜对过或邻近。厩有车棚、马棚，存放车辆，喂饲马骡；并有群房，供车夫居住。王公贵族以祖制相传，须娴骑射，对于乘马一事，幼而习之，长而腾骧，马术好者往往而有，所以皆讲究养马。每年所需草料数目，亦甚可观。后来俸糈既停，庄产清理，生活既感拮据，开支节减，于是所养马匹，亦日形减耗，无复当年豪兴。今则房第住宅，无不易主，马厩随以俱去，皆已另建新屋，几无迹象可寻矣。

三　官、便衣服

朝衣按领（俗呼曰披肩）、高顶朝帽，皆有一定的典制，非朝会大典不用，不在本章范围之内。其官帽上各色顶珠，及文、武补服之鸟兽图案，亦均载在吴荣光所述之《吾学录》内。兹为叙述连贯起见，仍由皇子、亲王叙起，以次则文、武官员。

官帽分凉、秋两种（秋帽即暖帽）；凉帽分白罗胎、万丝胎（藤丝、竹丝）两种，白罗胎者，于穿单、纱袍褂时戴之；万丝胎者，仅于穿亮纱，葛纱袍时戴之。秋帽由呢檐起，而江獭，而熏鼠，而染貂（三品以上及翰詹科道始得戴本色貂檐帽）。皇子帽顶，为红绒结顶（其形制如缎小帽上之红算盘疙瘩，而特别加大，并与帽缨连接在一起，与另安顶珠者完全不同）。亲、郡王、贝勒、贝子、奉恩镇国公为红宝石顶（固伦额驸同），由顶珠下端穿两孔，谓之象鼻子眼，而系之于顶座。不入八分辅国公、公、侯、伯顶珠为珊瑚，其系法与宝石顶同。文武一品为珊瑚顶，则以镶金穿钉由顶端贯下，与顶座相连，从一品至九品、未入流皆同。二品为起花珊瑚（即在珊瑚正面镂起一圆寿字），三品为蓝宝石，或蓝色明玻璃，四品为青金石，五品为水晶，或白色明玻璃，六品为砗磲，七品为金顶，八、九品为镂花金顶。

其补服，分平金、缂丝、彩绣、打子、戳纱各种做法。亲、郡王至镇国公，皆龙形圆补。亲、郡王皆四团补，亲王二匹龙、二行龙（可加赏至四匹龙），郡王四行龙，贝勒、贝子、镇国公皆二团补，贝勒匹龙，贝子、镇国公皆行龙；不入八分辅国公则方龙补服，公、侯、伯皆四爪正蟒方补（自一品至九品皆方补，皆钉于天青外褂之前后心，其上端约齐胸前二纽至三纽之间，亦有将补服绣于褂上者）。其品级图案，文职一品为仙鹤，二品锦鸡，三品孔雀，四品云雁，五品白鹇，六品鹭鹚，七品鸂鶒，八品鹌鹑，九品练雀。武职一品为麒麟，二品狮子，三品豹，四品虎，五品熊，六、七品彪，八品犀牛，九品海马。其都御史、副都御史、给事中、御史、各省按察使皆服獬豸。

外褂料用红绸（即宁绸）。分天青（俗呼为红青）、元青两种；天青为常服，元青为素常服，遇先帝、后忌辰，及往人家吊祭，皆须着元青褂。盛暑入署办事，及到人家，可不穿外褂，名曰免褂。凡褂两旁亦皆开气，所以便乘马之用。

蟒袍又称花衣，可用彩绣、平金、缂丝等。三品以上为九蟒四爪，四品以下为八蟒，七品以下为五蟒，袍之下端为立水图案。凡太后、皇帝万寿前三日、后四日为花衣期，皆须着用，家庭有喜庆事，亦得用之。外官则初次谒见上宪，必着用。

官服之袍，以天蓝为正色。分二则龙（花纹名词）、五福捧寿、拱璧等暗花纹。皇子、宗室、觉罗（皆皇族）、公主之额驸及子孙，袍下端皆四开气（前后左右皆开衩）；满族及汉族等皆前后两开气。其质料亦红绸，分蓝色、枣红、驼色等。暗花纹与外褂同。至明黄色则非特赏不能穿；黄色一种，为皇太子专用，尤非寻常所可妄用矣。其腰间所系之带，夏用凉带（漏空），平时用丝板带，宗室为杏黄色，觉罗为红色，普通皆蓝色。例如，蒙古亲、郡王，其奉服与皇族亲、郡王同，固伦额驸与贝子同，而腰带则皆蓝色。

外褂以貂褂为最名贵（王公、满、汉大臣有特赏穿戴嗉貂褂者）。自旧历十一月初一日，至来年正月底，凡王公大员三品以上，及翰詹科道，除忌辰及斋戒日期外，皆准着用。

凡袍、褂，皮、棉、单、夹、纱按季换用。皮衣又分大毛（狐皮、猞猁孙、金银嵌）、中毛（深灰鼠、灰鼠、银鼠）、小毛（珍珠毛，即羔羊皮）。凡外褂皆出风，大抵狐皮桶用天马（白色细毛），深灰鼠、灰鼠、银鼠、珍珠毛则用本毛出风，缀于褂之周缘。其羊皮褂则为简便之服，不出风，名曰四不露（读若漏）。凡袍皆有袖头（俗呼为马蹄袖），满语曰挖抗，棉、夹、单则用月白色缎子，纱则用月白实地纱，另加绸里，皮则用水獭、貂或海龙。当时创用皮袖头之意，为冬令关外气候严寒，骑马必须放下袖头护手也。纱袍褂料分实地纱、芝麻纱、亮纱多种，袍料则当有葛纱，亦按季节更换。凡袍皆无立领，除穿纱袍褂不用领子外，其他例用卷领，缀以领衣，如马甲式。其卷领质料，按时更换，或月白色缎子，月白亮绒，或水獭、貂皮等，唯其宜。

尚有一件长衣，似便服而非便服，则衬衣是也。凡穿官服之袍，前后均有开衩，若内无衬衣则露腿，所以必须内穿此衣。大抵皆用浅色绸料，或上半截用白布，夏季则用夏布，下半截用月白色绸、实地纱，或芙蓉纱之类，名曰两截大褂。卸去官衣后，居家或外出，皆可服用。现不但无此物，且亦不知有此名称矣。

奉差出外，或随围，应穿纱装。夏季戴两缨帽（帽胎为纬帘）而缀以朱牦（即染红色之犀牛尾），秋帽则与普通官帽同。着方袖对襟马褂，皮马褂出风与外褂同。袍子缺右下襟而连以纽扣，随时可以解开，原意专为乘马便利之用。

五品以上始准挂朝珠。唯翰林院、礼部、太常、光禄、鸿胪等寺、国子监人员则不拘品级，皆许挂用。朝珠即素珠，为一百零八颗，前后面有圆形佛头四枚间隔之（前三后一），并有记捻三褂，适当胸前，男用为左双右单，女用则右双左单，以示区别。后面佛头之下，有一方形背云，背云之下即系坠脚。朝珠质料，以珊瑚为最贵重，非位至极品，不能悬挂（一品以上凡应穿蟒袍补褂者，可以悬挂）。此外金珀、蜜蜡、桃核（镂空）、草子、沉香、茄楠等，均可随意使用。其记捻则随素珠之质料颜色而改易，大抵每用珊瑚珠及蓝色料珠，其佛头则用翡翠或碧鸦犀（淡红色之宝石，简称碧犀），或绿松石，蓝色料。

凡袍必有腰带，必带"活计"。活计分七件头、九件头等种，其质料为缎子。颜色则分红、蓝、黑、白等，亦以配合时令、用场及袍色所宜。其质料则分缂丝、平金、绣花、戳纱、打子，以工细为贵。男所常用者，如扇套、眼镜盒、表套（用明面表，当时如"播喊"之类）、槟榔荷包、跟头褡裢、钥匙袋、扳指套。每件必以"别子"系于腰带之上。尚有长、短两种荷包手巾（狭长式，用白色或浅月白色绸子），随带有铜质别子两个，分镌忠、孝二字，故又曰忠孝带，宫廷召见时，及出外之行装皆用之。此外亦有带旱烟袋荷包（烟叶装在袋内）者，年老留须则带有胡梳套，此两样不在七、九件头之内。每件均下垂有缕（颜色配合不拘），唯皇族及公主子孙，皆用杏黄色。女活计则仅用挂镜及荷包。

便服亦分皮、棉、单、夹、纱、罗各种。其皮桶则分细毛，为貂鼠、水獭、青白狐、火狐、金银嵌（读若浅）、狐腿、洋灰鼠、灰鼠、银鼠、珍珠毛，粗毛为宁夏黑紫羔，西、北口羊皮长（俗呼曰麦穗）、短毛。袍面用江绸、绉、缎，不拘颜色，织就花纹，亦不拘式样。单衫（俗呼曰大褂）用春绸、洋绉等。熟罗长衫，多系湖色，有七丝罗、九丝罗疏密之别。袍之素黑绸面者，则为居丧服色，平时不用。另有金貂绒、海虎绒、漳绒、漳缎（后两种皆福建出品），价值颇昂，则为名贵之品。其棉、夹之间，尚有一种，铺以极薄之棉，而以丝线缝成直窄行，名曰实纳（读若拿去声）棉袍。寻常所系腰带，亦可用各色绸子（宗室、觉罗仍用杏黄、红色），名曰搭包，酌带活计。

此外介于官、便服之间，尚有利用便服之皮、棉袍而外加褂子，则名曰“一裹圆”者。当时长官属员在署办事时，必着公服对谈，或来宾公服到门，主人亦必须以公服接待，临时取其简便，无须易开气带袖头之袍。并可不带卷领也。

袍之外，则罩以马褂或背心（俗呼曰坎肩），亦分皮、棉、单、夹、纱各种。褂面多用黑色缎，亦有用杂色者。宽袖对襟，与外褂同。另有一种右大襟而缺下襟。后以纽扣连之者，名曰琵琶襟（背心同）。另有用各色绸，长袖、窄袖口而对襟者，满语曰额龙袋。马褂亦有用密行实纳者。尚有一种名曰夹纱马褂、背心者，内衬以月白色之绫、布，外罩以有花纹之亮纱或铁线纱，在夏令早晚时着之。背心则有式样特异，分前后两片，而在项下两肩处连以一行横纽扣，俗名十三太保者（满语曰巴图鲁坎）。亦有右大襟以黑缎子周身沿边而中镶以鹿皮者，皆非上等登场之衣，姑备一格而已。

女官衣分袍、褂（外褂长度与袍齐，与男官服不同）、氅、衬。褂之补服品级与男同，唯一品以下皆易方而为圆。蟒袍与男同。袍亦用卷领（夏季可用纱质）。两袖有大挖抗（袖头），用月白色。氅衣之袖口，则用花绦白色绣花卷袖，衬衣则用舒袖。凡新妇及青年妇之氅衣，用大红色；中年则藕荷色；如行辈较尊，已有儿媳，则用深紫色；年老或嫠妇，则用深蓝色。红及藕合色者，皆周身镶大花边，至紫色、蓝色则仅镶右襟一道到底矣。衬衣颜色不拘，大抵用较浅之色。未婚女子不穿袍褂，可用氅、衬，不用卷领，以围脖手绢代之。女便衣，夏季无领子，出则围以手绢。其质料亦分皮、棉、单、夹、纱，颜色唯其宜，以宽、窄花绦子沿边。外加背心，皆右大襟，周边以花绦镶滚。其中年以上，亦于冬间穿马褂，其制法质料与男子同，唯易方袖为窄袖耳。

女子平时梳两把头，从前式样简朴，皆以真发绾于玉或翠之横“扁方”上，并不像后来所谓“大拉翅”者。其穿礼服时，则须戴“钿子”，镶嵌珠宝，累丝（铜）点翠，上端左右满插绒花，并插有垂珠大挑（读上声），或九或七，挂于额前。若欲详其式样，则系剧演《探母》中之萧后所戴，即此物也。

男子穿官衣时，皆着缎靴，分官靴、官快两种。官靴底厚靿长，其所谓内式者，则底形四闪，取其行走安稳，官快则底薄靿短，寻常入署办事，及应酬贺吊皆用之，取其灵便也。其便鞋式样甚多，兹从略。女子须穿高底鞋（俗称花盆底），平时鞋亦厚底，鞋皆家做，无购之市肆者。

四　饮食嗜好

谈到贵族的居家饮食，除尚守满洲旧俗，喜食牛奶制品，如酪干（音干，以残牛乳熬膏成干）、奶卷（奶皮子中卷蜜糕及芝麻盐）、乌塔（满语，即软奶子饽饽）；及夏令之乳酪（以牛乳加糖，放入冰箱内结成）外，其他食品嗜好，与汉族颇多相同。其按节令所食之物，名曰“应节”，如正月之元宵、端午之五毒饼（其制法有模子，与从前点心铺所售大八件之饽饽同）、粽子、中秋之月饼（分翻毛、酥皮，及自来红、自来白数种）、重阳之花糕。又按花期盛开采撷制成之藤萝饼、玫瑰饼。以上食品，当时最著名之点心铺，如前门大街之正明斋、东四牌楼之芙蓉斋、东四北之瑞芳斋、西单北之毓美斋、地安门外之桂英斋，则府第住宅平日所需，或亲友馈送礼物，悉取给于是，谓他店皆不及也。如值本家或亲友生育子女，则于洗儿日送红糖、鸡蛋、小米、缸炉、槽子糕（即蛋糕）等物。逢腊月初八日，则彼此互送腊八粥，用各种米及果实制成。

每逢年节，必吃煮饽饽（即清水饺子），自全家老幼，以至男、女仆人，皆不例外。每值除夕，除由厨房剁肉拌馅大量预制外，女主及仆妇亦动手包制（此风尚盖沿自宫廷），其用馅以羊肉白菜为主，由元旦至初五，几至顿顿皆吃。今关外居民，每值旧历新年，尚家家制备，投入缸内，使其冻结，名曰冻饺，遇自吃或款待亲友，临时取出煮化，盖三百余年相传之风俗然也。

日常食馔，计分早点、早、晚饭（早饭即午饭）；中午点、晚点（中夜宵），兹分述如下。

（一）早点：马蹄烧饼、油炸果子、炸糖果子、螺丝转、粳米粥、甜酱粥（系一种黏性面熬成，味略甜而并无酱，流传在百年以上，现无卖者），或肉馅及冰糖脂油馅（俗呼曰水晶）小包子，以上皆外买，有时自做馄饨、汤面。

（二）早、晚饭：每日米饭、面食各一餐，米饭用荤、素菜数盘佐之。面食或面条，或煮饽饽、单饼（即家常饼）、薄饼。如吃面条，则以猪肉丁炸酱，猪肉煮汤连肉打卤，加黄花、木耳及鸡蛋。如吃饼，则叫外间熟肉店之九种拼、十一种拼，即将烧鸭、熏鸡、炉肉、酱肉、小肚之类，分格装在锡盘上或捧盒内；由厨房另加炒伙菜（菠菜、细粉、掐菜合炒在一起），摊黄菜（炒鸡蛋）。吃煮饽饽则猪、羊肉，或三鲜，或素馅。每餐均有冷荤小菜，为下酒之物；并有大米、小米、秫米各粥。并喜食白煮肉（猪肉）及肉汤烫饭，冬季则家家吃羊肉涮锅子，均犹沿关外俗尚，平日所用咸菜、酱菜、糖蒜，皆在地安门外大葫芦购买。如遇接待亲友，则预向饭庄如金鱼胡同之福寿堂、西堂了胡同之源丰堂、石雀胡同之增寿堂、地安门外之庆寿堂等，传唤整桌席面，临时挑送到府或宅，由饭庄之庖人来做，或由本家厨房蒸炒。

（三）中午点：面茶、茶汤、豆汁、大麦米粥、烫面蒸饺、熏鱼火烧（从前串胡同叫卖，名曰熏鱼炸面觔，但鱼及面觔久已不见，或并无此两物，其所卖尚有卤肉、肝、肺、肚之类）、甑儿糕（系用米粉蒸制，粗面加红糖、冰糖屑、瓜子仁、红丝之类，用木制小罐两层，下承以炭火，顷刻即熟，小孩最喜食之，观市内已不见）、豆渣糕（加糖吃）、排叉、馓子、薄脆、糖麻花之类。夏令则吃轧饸饹、扒糕、凉粉。（以上三种，皆冷食，皆以香油、醋拌之）。

（四）中夜宵：馄饨、元宵、水爆羊肚、糖三角、花卷、馒头，而佐以预储之冷荤。及夜间门前叫卖之硬面饽饽，约分鼓盖、光头、镯子等。

平日消遣，计分烟、茶两项。为一般最普通之嗜好。

烟分水、旱、潮三种及鼻烟。

水烟：用铜水烟袋，以兰州皮丝、青丝、幼丝（以上皆烟叶切制成丝之名称）燃吸之。

旱烟：吸关东烟叶，用乌木杆，杆下安铜锅，其烟袋嘴则翡翠、白玉、皮子玉、象牙皆可。亲友相见，可互敬吸食，且观摩烟袋嘴之品质而欣赏之。

潮烟：烟袋杆较旱烟袋为长，铜锅亦较小，用切细之烟丝，稍以水润湿。北京人呼湿为潮，故名曰潮烟。此惟妇女吸食之，烟袋荷包即系于木杆之上。

鼻烟：其烟料为舶来品，由广东贩卖，分金花、素罐两项，烟味各殊，怕潮怕干，不易收藏。用时以手指撮少许而鼻吸之。其装烟之器，名鼻烟壶，式样多种，玉、翠、玛瑙、水晶、套料，制作皆极精（宫廷早即习尚之），上镶翡翠、碧犀、白玉盖，以与壶质之颜色配合为上。另备有小圆烟碟，以烧料、象牙或碎“元瓷”而镶嵌用之。

茶：普通以香片小叶（即花茶，以用拣细之茶叶而以茉莉双熏为贵）为主，有时亦饮用龙井、红茶、普洱茶等。（满蒙多喜用内地所制之茶砖），平时接待亲友，必用盖碗（下有铜、锡茶托，上有瓷盖，或镂银盖），或另有折盅，则习见带耳之茶杯矣。

（下　篇）

现在所述，为清末贵族之祭礼、丧礼及婚嫁等礼仪。清代贵族在未进关以前，仍一切从旧日习俗，与汉礼当然不同；及至入关建立了统一的封建王朝，既然经过满汉大臣议定典礼，则不能不研究采取历代通礼，融和制订，这就吸取了一些汉族的礼仪。但是这一类的条文仪节，不是我们所要考究的，可以略而不谈。即如所谓“贵族”者，则王公宗室，与普通满族就有不同之处；满洲八旗，又与内务府三旗不同，更与蒙古（指京旗的蒙古）、汉军不同。这些礼节，自清末以至民国以后，故家巨族，各守旧习，尚可常常看见。即杠房、喜轿铺、糕点铺（从前称饽饽铺）及饭庄的茶房、当差的男女仆人，亦还是旧日的排场，后来一切从俗，日趋简便；到了现在，可以说五十岁以上的人，还听得见或曾看见过这一类的礼节。近年不但看不见，即有人口说，亦听不懂是怎么一回事了。

五 祭 礼

满洲祭神的杆子，是用楠木本色，不加任何油饰，竖立在神殿或神堂左方（房向南则杆在东南方）。高约二丈余，顶作尖形，顶之下为方锡斗（木质包锡）。满洲对杆子不敢稍有亵渎，甚至日光所照之杆影，移向任何一方，皆不许人践踏。在举行祭祀以前，要由主妇亲自动手做酒（味甜，如现在之江米酒，但只取其酒）、打糕（即黏糕，现市上讹称“年”糕，上嵌红枣或洒煮熟之黄豆渣），到时行朝祭礼，先在杆子前供糕、酒告祭，在屋内西炕（满洲祭祀皆以西为上）悬黄云缎幔子，内挂佛、关帝（即关羽）、观音菩萨、穆哩罕（满洲神名）画像，贴纸钱三挂（即上篇所说之挂钱）；前设红漆木桌，供糕十三盘，酒十三盏，香三碟。主祭及从祭者免冠（冠置于地，花翎朝前）叩首，换酒三次，焚纸钱一挂，挪靠南一个香碟及第三糕盘于北墙板上（满俗称为祖宗板）；后请牲入（活猪，呼为黑爷），提耳灌酒，后舁出省之（省读若醒，不说杀）。先取阿穆孙（满语），即猪肉脏之脂油，诗经、礼记谓之膋（音聊），供于桌之北面；候肉熟，装入大木盘，捧以献，猪首向上，插以尖刀。主祭及从祭者免冠叩首，礼毕，即将已熟之猪肉由庖人治席，阖家同食，或延亲友参加，是为“享胙”。

夕祭（在天黑以后），挂黄幔于北炕，礼节与朝祭同，供糕十一盘，酒十一盏，请牲不取胄，献熟时，息灯，撤火，布幔遮窗，由主妇叩首，谓之“背灯”。礼毕，传呼燃烛、撤幔、分胙，如早祭之礼。

次早，在杆子前上祭。设高桌，摆空碟五个，分别盛米、盐、香、水，空其一，留备供阿穆孙；次即洗杆上之锡斗，斗内原置旧猪骨，撩（谓之升）于屋瓦上。主祭者免冠叩首，凡撒米三次，请牲省之，如昨祭仪。盛牲血以盆，涂杆子尖，随即脱衣（即剥皮）、解节（将肉及骨剔开）；俟肉熟，跪切成宽肉丝，盛以碗，配以陈米饭同供。免冠叩首，取碟中物置斗内，以猪喉骨（俗称梭子骨）贯干杆子尖；午后撩骨于斗，燎牲衣（即把带毛之猪皮焚化），礼毕撤供。

祭杆子第三日，举行换锁（童男、女脖上所挂之锁）。其锁系以绒线制，此尚系昔年旧俗，于生子女后，乞线于亲戚家为之，俗名曰百家锁。线用蓝、白两色，亦有用红黄色的，聚为一束粗线做圈，于线头合处结一疙瘩，结处剪小绸三块缝其上。旧例上次祭时所戴，必于下次祭时始换；后来只戴三天，即取而藏之，俟下次祭时再戴，并亦不向人乞线，但自买线为之。其戴锁，男子至授室（即结婚），女子至出嫁，始去之。每换锁时，备有祭果一桌，撤供即由换锁之男女以手撮食之，盖受福之意也。

六 跳 神

清宫内坤宁宫每日祭神，其礼节不具载，唯有一事足述，坤宁宫西殿西墙正中，悬黄幔一，向不知所供何神。从前恽宝惠任职故宫博物院时，曾掀幔看视，内系男女两布偶像（以布裹绵絮为之，其制法与市上所卖布娃娃相同）。长约尺余，男像有须，作明代装束，红蟒玉带，头戴如舞台上之王帽，而缀以蓝绒球；女则做老妪形，凤冠、红蟒玉带、绿裙，皆不审为何许人。宫内旧执事者呼为“万历妈妈”，当然不是；又有传说是明朝关外总兵官李成梁夫妇，云于清太祖有恩，故世世祀之，每食必祭，以示不忘之意，然亦无确证也。

满洲祭神，预于府第之神殿或住宅之神堂西墙上，悬挂各种乐器，如桦铃、拍板、手鼓、腰铃、三弦、琵琶之类，及带架之大鼓。届祭日，延萨满太太至，先摘帽向神幔叩首。主人设供，献黑爷（即活猪，见前）；萨满乃头戴神帽，身系腰铃，手击皮鼓（名太平鼓，系单面，以皮蒙于铁圆圈上，下有把可持），摇头摆腰，跳舞击鼓，名曰“跳神”。于是鼓、铃声并作，鼓以三击为一节。萨满太太诵祝词（作满语），旋诵旋跳；主人并自击手鼓、架鼓，其鼓点之紧慢，随萨满之鼓声为准，萨满太太诵祝词愈快，则跳愈甚，铃鼓愈急，众鼓皆应之，祝将毕，主人叩首神前，持杯酒灌猪耳；猪若挣跃作声，则阖家皆喜，以为神来领受。其时萨满太太亦作惊醒状，急叩谢神，贺主家受福，乃犒之而去。

七　丧　礼

亡人气绝后，即为其穿衣，自裹衣裤以至外穿的官衣，皆预制，用棉不用皮，质料不用缎（避偕音“断子”之意），是为寿衣。按照亡人生前官阶品级，穿蟒袍补褂；其应用朝珠，安放身旁不挂；官帽不拘时令，皆用秋帽（不用皮），放在头旁，不戴花翎（避鸟兽毛入棺之意），靴用绫质朝靴式，底画莲花。有皇帝谕赏陀罗经被（黄绫印红色梵文大悲咒）者，候内务府颁到，盖在尸体之上；亦有因时值炎暑，不及久候，而由丧家自备，及上赏颁到，则蒙于棺盖上者。

先向杠房租用灵床，将尸体停放其上，安在住屋正中，头必向西，是为正寝。妇女亡后，亦按照生前封赠品级穿戴，其停放灵床，与男子同，是为内寝。一面请画手依生前照相或行乐图，追摹真容，是为朝衣大相，以备年终悬挂奉祀。

次预备棺木，满洲沿用之棺，其盖为隆起式，两边斜坡，中安木质大葫芦头，突出于前（亦有能折叠向棺盖上者），挂整貂一具。但亦有用普通式棺木，名曰汉材。殓入手续不具述，大抵与北京之汉俗同。

棺殓后，将灵床撤出，棺停屋之正中，向南，租用架棺两凳，名曰交木。用红缎寸蟒当罩（寸蟒之式，系分若干层排列，体积寸许，略具蟒形，以红缎织就，由杠房租用），将棺遮严。临时由棚铺支搭月台，衔接前廊之阶石，上铺棕毯、地毯，并支搭席棚。棚内安设桌椅，各有桌围、椅披、椅垫，用蓝缎或蓝呢平金绣花，名曰官座，以接待亲友。其棚高大，棚顶正中安彩画玻璃天井，并有于停棺正屋之上支搭席棚，上做屋脊形，名曰起脊棚。亦有时值冬令，在正、厢房游廊外，以蓝布将院落包住，上面有顶，若帐幄者；四周有檐，三面有门，悬挂毡帘。

在二门外竖立幡杆（帝后大丧礼节单中名曰丹旐），男左女右。杆上有荷叶形宝盖，中为红缎寸蟒，若大宽飘带下垂，镶黑绒腰。幡长约及丈，另自宝盖缀悬两窄条，无绒腰。幡杆有大红油漆架子，四方形，方柱，金漆柱顶。

二门外备太平杠一份，列于右方，应用之杠夫昼夜伺候，祭时立于杠旁。并陈设椅轿（俗称亮轿）一乘，四人肩绊，轿杆之两端，安放于前后架上。另有驱路（满语）八面，按本人所属某旗旗色，如正红则金红，镶黄则黄色心、周围红火焰形，其式如舞台上龙套所持之长方旗（古谓之帜）而较高大，亦有架子。

大门外立大鼓锣架，鼓帮金漆画黑色花物，人立于凳上敲之；门内号筒、喇叭、锣，随鼓声为节奏，谓之官吹。

月台正中，在堂罩之前，安放坐凳，围以红寸蟒缎，亦名灵床。再前则摆设方桌，将亡人生前所用之匙箸、杯碟、茶碗（带托），及水烟袋等，安放桌上。再前为闷灯，外做亭形，中有门向里，内安灯盏，以油燃点灯草，长明不熄。再前设五供（香炉、烛钎、香筒之类）；桌前于地毯上摆设奠池（闷灯、五供、奠池、壶盏均景泰蓝制。奠酒时，另由穿孝服之两男仆（通称家人）跪于左，执壶盏酌酒，递与奠者，以双手举献后，倾于池内，凡三次，三叩首；若于桌前供有饽饽桌子（亦名满筵）者，则奠池再移于前，前乃铺设拜垫。

兹再略述饽饽桌子之性质、形式，此为满族特有之供品，系由糕点铺承做，下有金漆长方矮桌，层叠而上，凡三节，每节前后左右安放光头饽饽（白糖馅）若干碟，而空其中，最上一层摆干果碟，每碟上插以纸花，发引后，可拆散分送亲友。

每日早晚两祭，名曰供饭（午后一时供果桌）。祭时，将所备之祭筵，预陈于另一桌上，由家人舁上，摆于灵桌之前。并备木墩子四个，分设于祭筵两旁，名曰木兰（满语），陈列熟猪肉两大方，一染红色，一本色；大馒首两盘，每个约重半斤。其从丰者，则改用烧猪一头，烧鸭一对，馒首照样。此项木兰墩子，亦为满族特有之风俗。每祭由祭主奠爵举哀，从祭者皆随跪举哀；二门外奏乐，椅轿离架，于前后绊中间支轿杆，谓之打杵。曾赏朝马者，亦将马备鞍韂牵入，向外立；所设驱路，有人持起，皆做欲行之势，以象神之归享也。二门、屏门背后之两铜环，各拴皮条一根，长约一尺，祭时及来宾吊祭，皆由家人各手拉皮条启门，人进复阖，撤供则门外一切复旧。

亡人尸体停放后，第一件事即须通知亲友，谓之报丧。用长方白纸条书写，条末左端必写有“此条交门上或门房口回”等字，所以避不祥之物达于人前，只嘱口曰某人逝世，某日接三而已。丧家一面乃预糊明器如轿马、杠箱之类，于第三日夕间，送往左近空场焚化。亲友凡接有报丧条者，即须往吊，谓之探丧，并于三日夕间往送，有僧众击响器念诵，谓之送三。晚间延僧众做瑜伽焰口仪式，升台诵咒，召亡施食。嗣即规定诵经（名曰讽经）若干棚，分僧、道、番（喇嘛）三种，每三日称为一棚。其讲究面子地位者，则僧必柏林寺或贤良寺（所谓官刹），道必白云观，番必雍和宫。每讽经一棚，应焚纸糊楼库一次（内装金银纸锞），由僧或道，诵经随送（喇嘛击鼓吹号不诵）、亲友亦随之目送焚化，谓之送圣。亦有并两棚为一棚者。发引日期确定后，前一日为伴宿，亦即为领帖之期（受吊之意），是日亦有经及焰口。一切定规后，遂刊印经单，分送亲友。此节与汉族之刊印讣闻，胪列死者封赠赏恤、官阶及子孙服制，人名者不同。接经单后，即可按戚谊之亲疏，交情之厚薄，分别应酬。伴宿之夕，孝家及至亲皆守灵。以上系棺柩在家停放二十一天或多至三十五天之经过。其停放日期之长短，视亡人之爵位行辈而定之。

尸体殓入后，其家属自妻（或夫）、妾、子、女、侄，孙、子媳、侄媳、孙媳等，各遂定制成服，男戴用黑布制官帽，夏戴凉帽壳（即苇连，上缀一小黑算盘疙瘩）。其丧服（通称孝衣）、腰经，均按斩衰以至缌麻，分布质之粗细，及毛边与缝边之别。子之足靴为黑布制，青缘（读沿）条；妇女一律去首饰，摘扁方。妻为夫，服最重，去耳环。子媳耳环易白银质；侄媳、孙媳易珐琅质。皆不施脂粉，于发中心绾髻，以小银扁方用发绕之，用二寸宽约二尺长之白布，折叠围额际，至脑后，将垂下之布条挽于发际，供饭时放下。族谊较疏者不去两把头，而将绾发垂下一端编辫；其孝服则用白细布（俗呼曰漂白），蓝挖抗（即袖头），亦不洗去脂粉，不易耳环。

夫为妻，按期服制，缟素二十一日。男子遇亲丧，须解发辫；将辫梢截寸许，谓之截发。自成服之日起，百日不薙发；胞侄或孙则六十日（此与汉族不同，亦较汉人为重）。分男左女右，列跪于堂罩两旁。未适人之女，只持服一年（与汉族不同），除供饭时外不跪。服制最重者，跪白布垫；余用青布垫，谓之跪灵。服制轻者，缟素七日，或仅于灵前穿孝而已。凡来吊之亲友，孝家以漆盘盛白布腰经跪递，谓之递孝，亦有不备者。

发引至茔地或庙宇，除亲、郡王、贝勒例用八十杠夫外，余均用六十四人杠。棺罩一律用大红寸蟒缎，罩上正中有木质金漆顶，例用紫缰者用紫绊；曾赏用黄缰者可用黄绊，余一律红绊。届时舁棺出堂，杠夫用二十四人，至大门外，棺上加罩，抬至巷口，谓之“小请”。至大街始上大杠，换大罩，其所用执事，按品级典制，以幡杆为最前列，用二十四人舁之。大乐、细乐前导，亡人生前、身后所得荣典，如奉旨颁赏某某、赐奠、赐恤、赐祭等，为黄牌红字；其所任官职翎衔，为红地金字。皆高脚牌，一式两块，分两行掮之（亦有将子孙官衔列入者）。次则上赏各物，用黄绸所扎之亭；其他影亭、神主亭等，皆以蓝白色绸扎之。每亭以四人舁之。次则魂轿、椅轿，于棺罩近前，用未成年之童男穿孝，手皆捧盘，上摆各种陈设（均以纸制），口举哀音不绝，名曰小拿。其一品以上执事，照例可用鹰、狗、骆驼，以象出外行猎，不忍处以为死也。小拿之后，为送殡之亲友，分两行，棺前由孝子执旛（男左女右）导引，有服制之晚辈皆从行，棺后孝眷乘轿或车随送，与汉族同。棺后则用后扈十五件，每五件为一组，以湖色绸联缀之，所用枪刀皆木制，亦若豹尾枪之制也。

八 婚 礼

如探得或相准某家之女，可以为子妇，则先托与女家相熟之亲友，为初次之征询；如荷同意，则随便以钗、钏、戒指等物（不拘多少大小）央媒持往，谓之放小定。或本是老亲旧友，则由男家径自求亲，插戴一言为定。亦有如汉族之算八字合婚者。至皇族、贵族之由太后、皇帝指婚，或有由父母相准某家之女，请旨指婚，此不备述。

过此则为放大定。由男家备整身玉如意一柄（亦有用紫檀三镶王者），以栏杆桌抬往，请全福太太（即有夫、子女之妇人）两位押往女家；并将如意捧进内室，亲置于未来之新妇怀中。

及婚期已定，举行通信，其礼节如汉族之过礼。男家将礼物上抬（栏杆桌），每抬以两人舁之，鼓乐前导，继以猪、羊、鹅、酒、禽畜随之。其羽毛皆略染红色，酒则整坛花雕，外加彩画，数必成双。头抬如意一柄、礼单及通书，内写迎娶吉期，何时上轿，喜神在何方，及在新妇旁应避忌之属相。次为新妇所穿之衣服，所戴之头面、钗钏（均钉在玻璃糊锦匣内），合欢被、褥之里、面，及装新之棉花；并备半斤重之馒头（上印红双喜字）二百个（至少一百个），分作两抬，随同前述之猪、羊、鹅、酒送往女家。

女家妆奁，有带木器（最讲究的是紫檩、花梨，次为硬木），有不带木器者，其丰俭不同，亦称家有无之意。送妆奁在迎娶之前一日，或当日，除沿俗例不赔送刀剪外，必力求周备。其带木器者，则自穿衣镜、衣箱（用香樟木做）、顶箱、立柜、几案、方桌、圆桌、琴桌、炕桌、炕几、罗汉椅、方凳、圆凳等，皆在其列。后来西式家具盛行，亦备沙发、靠椅、小圆桌之类。屋内门帘、窗帘、幔帐、铜盆（内扣皂鞋，取同谐之音义）、书架、洗脸盆、案上坐钟、盆景、帽筒、帽镜、全桌瓷器、大瓷掸瓶——内插鸡毛掸（红油把）及吉庆呇毽等，按类均用红绿绒线缠扎。方桌正中带座大果盘，须装苹果满盘。至手使匙箸，桌上、炕几各物，如新妇梳头之镜箱，各种瓶罐，化妆品；文房四宝；插红烛之锡铜烛钎（大抵为四川制刻龙凤花纹之方形红烛）及锡油灯一架（内盛香油和蜜，取蜜里调油之意，象征夫妇亲密和美，燃以红头绳，备吉夕点用）、壁间挂钟、挂镜暨字画挂屏之类，无不应有尽有。并将男家送来之被褥里、面及棉花成做齐备，配以枕头，随妆送到男家。

女家临时请送妆亲友四人或八人，随妆送往男家；男家亦预约迎妆亲友，在院中迎候招待，候妆到往屋内搬运陈设，进屋略视即行。

妆奁将到时，即由大宾（即媒、妁）二人偕同新婿前往女家，进至上房中间，向上三叩首，不发一言，随即走出登车而回。女家虽由妻父母或尊长衣冠在旁立候，然并不接送，不烟不茶，谓之谢妆。

次即迎娶，男家租备大红呢官轿一乘，八抬，轿窗玻璃上水银，画方龙，裹帏则红缎平金绣花。前导为牛角透明质画双喜字高架灯十六对、二十四对、三十二对不等（满族迎娶，多在夜间，恰合古昏礼之意），后跟戴帽穿靴着外褂之家人四名或八名，手持长杆大藏香一支，官吹、锣鼓、细乐随行吹奏。出发前须候喜房铺设（铺床须请全福太太）齐备，先在院中吹奏各一通，同时由童男一人持大锣一面，在喜房内敲打三声，名曰响房。喜轿随即出发。

新妇于上轿前，例须将头发绾一丫髻（俗称抓髻），戴上头绒花（取“富贵荣华”之意），花上并有通草制的人形，如麒麟送子之类。所穿之上轿袄裤，向系絮棉旧衣，不用新制，或男家传代，或借自亲戚本家，既肥且大，且不知已经若干人穿过，以为穿的人愈多、愈旧、愈吉祥也。上轿鞋为蓝布制，鞋端绣双喜字，钉单股带子，系于足胫（俗称腿腕）；其女家所备之鞋，交陪房妈妈带走，俟到男家下地时，始许更换。

于发轿迎娶之时，娶亲太太先乘车到女家，与送亲太太（皆须为全福太太，并属相相宜）为新妇上头，即由娶亲太太将大红绸盖头盖于新妇头面之上，向喜神方向端坐，静候轿到迎娶。于是送亲太太随轿前往女宅。老例新郎须在女家门口坐车上等候，见喜轿出门，即进门谢亲，后有谢妆之举，此礼遂废。

此时男家已预约定亲友四人或八人，往女宅迎亲，名为娶亲老爷（此称呼是茶房对人普通之称呼，不论其爵位之大小有无）。迨新妇娶回时，由女家将合卺所用之饭碗一对，连筷子两双拴好，由茶房递与某一位亲家老爷（预问明）带回，谓之偷碗，此种滑稽举动，不知出自何典？有何用意？

女家亦预约定亲友四人或八人（视男家来人之数而定），随轿往男宅，名为送亲老爷。其本与男家熟识，应行人情（即道贺送礼）者，另自请安称贺，皆坐于棚内官座，临时烦人相陪，本家并不周旋，候礼成即行。

喜轿一到，临时关门，由送亲者递进喜封启门，以铜钱向上扬撒，名曰满天星；仍由执香之家人前导，轿经过火盆（须将木炭燃炽），盖取兴旺之意。轿在院中落平，其时喜房外间已预设天地神马桌（纸印各种神像，染以极粗劣之彩色），桌上并陈列弓箭、新秤杆（以红纸裹之），即由新郎向轿门射三箭，盖亦驱除邪祟之意；轿夫将轿舁至屋外，紧对屋门。新妇下轿时，皆须脚踩红毡（上轿同），不令鞋沾地。于是由全福太太搀扶新妇下轿，与新郎同拜天地神马，新妇跨马鞍子（木质金漆，摆在里屋门坎上）进屋，与新郎并坐木炕上，即将幔帐放下，名曰坐帐。少顷再打开，以预备之秤杆，由新郎将盖头挑下，并亲手将新妇头上所戴之绒花摘下，插于喜神方向之窗或墙壁上。两人复在炕上盘腿对坐，喝交杯酒，吃阿什不乌密（羊腿）及子孙饽饽（即清水饺，由女家包制，在男家煮熟）。事毕，新郎退出，新妇遂盘腿坐于炕上，不得随便下地，名曰坐财。大抵娶妇进门，若在前半夜（即亥正以前），则当夜合卺，第二日早晨即可下地；若已届子时，即为第二日，则新郎不得在屋内停留，须另觅宿处，新妇则须坐一夜一天，第二日夜间合卺，第三日晨间下地。

夫妇临睡以前，在炕上对坐，中间扣铜盆，吃长寿面（即切面，亦由女家预备）后同寝。次早新妇下地，开脸、梳头、戴钿子、穿敞衣、外褂，先往厨房祭灶、佛堂祭神、祠堂祭祖；夫妇同到上房叩见父母、翁姑（中设双椅并坐），谓之行双礼；次分大小，本家及亲戚长辈，请坐受礼；平辈相对请安行礼；小辈向新夫妇请安行礼。礼毕回屋，夫妇对坐炕上，由全福太太将两人长衣之下襟扯搭在一起，中间铺红挖单（即包袱皮），为倒宝瓶。此瓶水质金漆，由喜轿铺租用，预装五谷杂粮，以红绸扎口，届时启瓶倾出（此种风俗，或亦寓预祝丰收之义）。时约近午，女家男女偕来，谓之吃梳头酒，或曰坐筵席。是日男家门首彩绸（红、黄两色）排子，及垂头彩子，皆不拆下。女亲入门，进上房见礼后，即在棚内（席棚亦过是日始拆）官座分别序坐；男家设果席相款，敬酒安座，上大菜，沿俗皆不动筷。新郎须按桌磕头，上汤后，即放赏封起席。

次即新妇开箱，谓之开箱礼（此礼满、汉皆同），自翁姑、伯婶、长亲，皆须备物进献，兄弟、子侄晚辈亦均分别赠给。大抵为尺头（绸缎衣料）、鞋、袜、活计（分七件头、九件头，皆装匣）之类，一切皆由女家预备。丰俭并无规定，其高门大族，人口众多者，则供应尤为烦伙。

次为回门（即归宁），大约择双日子，如结婚后第二、四、六等日。是日新妇须于黎明前登车（俗谓不见婆家瓦，亦极滑稽）回家；新婿则可日上三竿，始着衣冠继往。岳家照例设宴款待，而后双归，归时则又不得迟至日落矣。

其王公府第之迎娶礼节，大同小异，唯应在神殿东间合卺，殿之西间，设备略如坤宁宫之制。次日新妇下地后，一切礼节完毕，即于西间跳神吃肉（详见第二节）。按旧制，婚后应每日跳神，萨满太太亦每日必至，后来礼节从简，仅举行一次而止。夫妇于神殿东间须住满一个月，始回卧室，其女家妆奁，概安置于卧室之内。

九 习尚娱乐

皇子满十八岁出学，由宗人府奏明，奉旨派给差使，其他经过荫袭考试，即可入仕当差，皆为其正当之职务。所学习熟练者，亦皆注重在此。至于公余消遣，原无一定范围，各随其性之所近，或所接近之人，习尚娱乐，各有不同。约而举之，如吟诗唱和，几为一时风气，往往乐此不疲，习画作字，均有研究。溯其原因，则清朝历代皇帝无不注重诗文，讲求翰墨；皇子及近支王公，令在上书房读书，选派翰林官授读，自幼至长，熏陶渐染，自然成为一种习尚。分府、出学以后，仍以吟咏笔墨为传统的习惯，骑射以外，多以此为日课（当然亦有不近此道者，未可概论）。后来有一时期且盛行押诗条之会，其法择任何古人诗句而藏其一二字，别取类似通用之字凡四，连本字并列于条，以待会友猜测。中者按所押款数多寡给酬，并有将整首五律、七律句句全做。其藏韵者为尤难，既须顾及本人之胜负，尤要揣摩押者之心理，一经披露（须对证古本），相视鼓掌。此外有爱习京剧（遇堂会常登台演唱）音乐、弦索及种花、养鸟、养鸽子、养金鱼，均雇有“把式”，专理其事。骑射本为满洲长技，从前皇帝时常举行蒐猎，其随围者皆皇族、贵族，平日马箭、马枪，皆须熟练。所以每值永定门外娘娘庙（俗称南顶）、东便门内蟠桃宫、西便门外白云观，年例开庙之时，皆有跑马组合，加入赛跑者谓之下道。每家各有养马之处，平日喂饲刷洗，备极珍护，以备驰骋临风，博得观众之喝彩。至平日对于衣服之制作形式，饮食之挑样讲究，车马之装饰华美，亦为一般习尚。并有时互约作“叉麻雀”之戏，则为赌博性质。

贵族因所得俸禄，既甚优厚，有庄田者，并有地租收入。所居府第住宅，皆由先人传付。平日养尊处优，不知物力艰难，生活所需，其权付之

“管事”。迨民国成立以后，从前所赖以养赡的条件，逐步消失，卖房搬家，已成普遍现象，生活日形拮据，几致不能自存。北京所谓“车、马、人”者，已无复昔日之景象，数十年来，愈趋没落，其势然也。所幸贵族之后裔子孙，其寄生、依赖之惰习，为环境所迫，亦渐革除。近十年中，受党的领导，教育改造，早已放下架子，劳动生产，学习技艺，各效所长，昔日所谓“公子哥儿”，除少数自甘堕落者外，顿改旧观。此稿上、下篇所写种种，追忆已成陈迹，但可供研究北京掌故者之参考资料而已。

其附带可述者，当有专为剥削贵族阶级而设之私营企业，其名为“老米碓房”。业此者为山东登、莱一带的人，原其性质，不过因由仓上领来俸米，有时须加舂串，仅收取加工手续费而已。后来与管事者勾结分肥，赴仓领米，一切手续皆由碓房代劳，每食所需，随时拉送，应用钱财，亦归其借给，米银折合，莫可究诘，而碓房遂大发其财。号称贵族者，只得坐待其剥削，至俸禄全停，同归于尽，事隔数十年，已少有道及之者，特附记篇末。

（一九六〇年十月）

图书在版编目（CIP）数据

回忆晚清宫廷生活/全国政协文史和学习委员会编. —北京：中国文史出版社，2015.9

（文史资料百部经典文库）

ISBN 978-7-5034-6642-7

Ⅰ.①回… Ⅱ.①全… Ⅲ.①宫廷—史料—中国—清代 Ⅳ.①K249.06

中国版本图书馆 CIP 数据核字（2015）第 190203 号

责任编辑： 金　硕

出版发行：**中国文史出版社**

网　　址：www.chinawenshi.net

社　　址：北京市西城区太平桥大街 23 号　　邮编：100811

电　　话：010-66173572　66168268　66192736（发行部）

传　　真：010-66192703

印　　装：北京新华印刷有限公司

经　　销：全国新华书店

开　　本：787×1092　1/16

印　　张：20　　　　字数：306 千字

版　　次：2016 年 1 月北京第 1 版

印　　次：2016 年 1 月第 1 次印刷

定　　价：42.00 元
